JACQUES NORMAND
l'enfant terrible

Données de catalogage avant publication

Gauthier, Robert

    Jacques Normand, l'enfant terrible

    1. Normand, Jacques, 1922-1998.   2. Artistes du
spectacle – Québec (Province) – Biographies.   I. Titre.

PN2308.N67G38   1998   791'.092   C98-941129-X

Pour en savoir davantage sur nos publications,
visitez notre site : **www.edhomme.com**
Autres sites à visiter : www.edjour.com •
www.edtypo.com • www.edvlb.com
www.edhexagone.com • www.edutilis.com

Dépôt légal : 3ᵉ trimestre 1998
Bibliothèque nationale du Québec

ISBN 2-7619-1377-9

DISTRIBUTEURS EXCLUSIFS :

• Pour le Canada et les États-Unis :
MESSAGERIES ADP★
955, rue Amherst,
Montréal, Québec
H2L 3K4
Tél. : (514) 523-1182
Télécopieur : (514) 939-0406
★ Filiale de Sogides ltée

• Pour la Belgique et le Luxembourg :
PRESSES DE BELGIQUE S.A.
Boulevard de l'Europe 117
B-1301 Wavre
Tél. : (010) 42-03-20
Télécopieur : (010) 41-20-24

• Pour la Suisse :
DIFFUSION: ACCES-DIRECT SA
Case postale 69 - 1701 Fribourg - Suisse
Tél. : (41-26) 460-80-60
Télécopieur : (41-26) 460-80-68

DISTRIBUTION: OLF SA
Z.I. 3, Corminbœuf
Case postale 1061
CH-1701 FRIBOURG
Commandes :   Tél. : (41-26) 467-53-33
Télécopieur : (41-26) 467-54-66

• Pour la France et les autres pays :
INTER FORUM
Immeuble Paryseine, 3, Allée de la Seine
94854 Ivry Cedex
Tél. : 01 49 59 11 89/91
Télécopieur : 01 49 59 11 96
Commandes : Tél. : 02 38 32 71 00
Télécopieur : 02 38 32 71 28

JACQUES NORMAND
l'enfant terrible

ROBERT GAUTHIER

LES ÉDITIONS DE L'HOMME

*À mon père et à ma mère qui
doivent bien rigoler
depuis qu'il les a
rejoints…*

Je remercie ceux qui m'ont tout appris de Jacques Normand en partageant généreusement leurs souvenirs avec moi : Charles Aznavour, Paul Berval, Jean Bissonnette, Jean-Marc Brunet, France Castel, Pierrette Champoux, Camil et Paul Chouinard, les frères de Jacques, Normand Chouinard, son neveu, Francine Mercier, sa compagne, Michel Conte, Roland Côté, Mimi d'Estée, Lucille Dumont, Clémence DesRochers, Monique Giroux, Pierre Petel, Jean Rafa, Alain Stanké et Janine Sutto, pour la mine de renseignements qu'ils ont constituée pour moi.

Je remercie également Rachel Fontaine pour sa patience et ses judicieux conseils ; Pauline Gill, romancière et amie, pour son aide inestimable.

Je remercie enfin celui que j'ai eu le privilège de côtoyer pendant deux ans et demi, Jacques Normand, pour sa force morale et son indéfectible disponibilité en dépit de la maladie.

PRÉFACE

Terrible? L'était-il tant qu'on voulait bien le dire? Question de générations, je connaissais la réputation que lui avaient valu des années d'action, un talent incomparable et un amour indéfectible du verbe. Ça, je le savais. Je me souvenais, aussi, qu'il m'était interdit au temps des *Couche-tard*.

Sous ce sobriquet «d'enfant terrible», je présumais l'audace, l'assurance, la liberté de faire et de dire.

Quand, en 1995, je m'aventurai à composer son numéro pour lui demander l'autorisation de sauver de l'oubli quelques-unes des 2000 chansons de son répertoire, j'allais à la rencontre d'un homme qui n'était plus un enfant depuis un bon moment, ça je le savais. Mais était-il si terrible qu'on voulait bien le dire?

— Bonjour, monsieur Normand!

— Laissez tomber le «monsieur» et appelez-moi Ti-Jacques, comme tout le monde!

Ça ne collait pas. «Monsieur Ti-Jacques» me connaissait déjà. Pas du tout étonné de ma requête, il me fit comprendre qu'il attendait mon appel.

— Depuis le temps que vous me trompez avec des Français!…

J'avais interviewé Jean Ferrat la veille.

Personne, jamais, ne l'avait appelé Ti-Jacques. Dieu merci!

Lors du lancement de la compilation de ses chansons, entouré d'amis et de collègues, il prit la parole comme on prend la Bastille.

— Me voilà «compacté»!...

Tous les soirs jusqu'au dernier, il a fait son spectacle. Souvent seul sur *sa* scène et seul dans *sa* salle, il refusait que tombe le rideau.

Si on m'avait demandé mon avis, je l'aurais autorisé à se coucher une ultime fois beaucoup plus tard encore.

Il était terrible. Terriblement tendre, séducteur, jeune, brillant. Il avait beaucoup d'avenir parce qu'il croyait terriblement qu'il était temps de faire quelque chose.

Inéluctablement, un jour, les gens de parole deviennent gens de silence.

À ceux qui ont encore le loisir du verbe, de raconter.

Il n'aura pas lu sa vie. Pas le temps. On la lira pour lui.

MONIQUE GIROUX

PROLOGUE

C'est en septembre 1996 que je suis entré en contact avec Jacques Normand pour la première fois. Scénariste de métier, je nourrissais le projet d'écrire une minisérie de quatre heures qui le mettrait en vedette. Je me sentais privilégié de pouvoir le rencontrer, un auteur ayant rarement l'occasion de voir un de ses personnages passer à l'histoire de son vivant. Et pour être vivant, Jacques Normand était bien vivant!

Cela ne veut pas dire que ce fut plus facile d'obtenir un rendez-vous. D'un naturel frondeur, il a toujours aimé la provocation, en particulier lorsque son interlocuteur est un «jeunot» d'une vingtaine d'années son cadet qui a la prétention d'écrire sa biographie. À présent que je le connais mieux, je sais qu'il brûlait de me rencontrer, mais qu'il jouait au plus malin pour me faire croire que cela le laissait indifférent. Cette attitude révèle bien le personnage. Ses amis le lui avaient prédit: «Tu verras, quelqu'un racontera ta vie, un jour...» Il y croyait, il le savait. Et, même s'il attendait son biographe comme d'autres attendent le messie, il n'avait aucune idée de ce à quoi ce messager de l'histoire ressemblerait. Sans doute avait-il idéalisé cet être, car quand je lui présentai la chose au téléphone, il préféra encore se faire prier.

Je dus attendre décembre avant qu'il consente à une première entrevue. Je pris l'ascenseur jusqu'au onzième étage.

La porte de l'appartement de la rue Drummond qui donnait sur un petit couloir assez sombre était ouverte. À ma gauche, les portes d'une penderie, à droite, l'entrée de la cuisine.

— Accrochez votre manteau! entendis-je.

C'était la voix de Jacques Normand et cela me fit un curieux effet de l'entendre. J'enlevai mon manteau et parcourus le petit couloir qui débouchait sur un autre couloir. À droite, le soleil éclaboussait le salon de lumière. Et Jacques Normand était là, assis dans un fauteuil, en robe de chambre — il m'accueillerait toujours en robe de chambre ensuite.

— Par ici, dit-il en me faisant signe d'approcher.

J'avançai vers lui et il me tendit la main en se tordant un peu le dos afin d'étirer son bras vers moi.

— Jeune homme, je préfère vous prévenir tout de suite, me lança-t-il, avant même que j'aie eu le temps de m'asseoir.

J'attendais, sur le qui-vive.

— Si vous êtes venu chercher des histoires de sexe, vous frappez à la mauvaise porte. Je suis prêt à vous raconter ma vie de long en large. Mais ma carrière seulement. Mes histoires de cœur et mes parties de fesses ne regardent personne et ce n'est pas aujourd'hui que je vais commencer à en parler. C'est du jaunisme et je ne veux pas...

Il fit une pause avant de me demander:

— Est-ce que ça vous va?

Cela commence mal pour moi, pensai-je.

J'étais prévenu. De toute façon, je ne venais pas chez lui pour jouer les confesseurs et je n'avais nullement l'intention de faire son procès. Ce que je voulais, c'était rafraîchir la mémoire de ceux qui l'ont applaudi, c'était raconter à tous ceux qui ne l'ont pas connu quel artiste formidable il avait été.

C'est ainsi qu'ont débuté nos deux années et demie de rencontres au cours desquelles j'ai découvert qui était Jacques Normand: un être secret et pudique qui ne me révéla jamais rien sur ses histoires d'amour. Ce que j'ai appris à ce sujet m'a été raconté par ses proches et je n'ai utilisé ce qu'ils m'ont dit que quand je le jugeais indispensable.

Les lecteurs me pardonneront sans doute d'avoir choisi de respecter son désir de discrétion. Le sien et celui des femmes de sa vie.

R. G.

CHAPITRE PREMIER

Qui s'étonnera d'apprendre que cet enfant terrible que fut Jacques Normand a choisi, pour faire son entrée dans le monde, des circonstances aussi paradoxales que celles de naître dans un cimetière, et qui plus est le jour de Pâques?

Par un beau dimanche après-midi, en se baladant à cheval dans les allées du cimetière Saint-Charles, Elzéar-Alexandre Chouinard, cet homme aux cheveux blonds et aux yeux bleus, découvre avec plaisir qu'une maison de la rue Saint-Vallier est à louer. «Ce serait parfait pour ma belle Alberta et nos neuf marmots», se dit-il. Une ombre apparaît cependant au tableau lorsqu'il se rend compte que le pâté de maisons dont l'habitation fait partie est pris en otage par un cimetière qui ne cesse de gagner du terrain aux dépens des vivants qui habitent le quartier. «On ne doit pas y être si mal puisque tant de familles y restent», pense-t-il enfin.

Homme d'audace et de réalisations, doué pour les calembours et la musique, Elzéar-Alexandre a toujours eu sa part de chance dans la vie. En père de famille consciencieux, il a attendu chaque naissance avec le même enthousiasme qu'il a vécu la première. Trois garçons et quatre filles accaparaient déjà le quotidien de son épouse Léda et émiettaient leur budget lorsque la grippe espagnole est venue semer le drame dans son foyer. Après onze ans d'une vie amoureuse assombrie par des inquiétudes financières et des grossesses répétitives,

Léda s'est éteinte, emportée par la grippe espagnole en laissant derrière elle un homme, à peine entré dans la trentaine,
et sept enfants dont l'aînée n'avait que dix ans.

Profondément désemparé, Elzéar-Alexandre n'a guère le
temps de s'apitoyer sur son sort. Ses proches l'exhortent, en
dépit de son chagrin, à chercher vite une femme qui lui
plaise et qui puisse s'occuper de ses petits. Or, nul autre que
lui n'en est plus conscient. Prendre la relève auprès de sept
enfants exige un amour et une audace hors du commun.
D'un physique plutôt agréable, il n'estime pas moins devoir
mettre tous ses talents de vendeur en œuvre pour trouver et
conquérir la perle rare. Par contre, Québec n'étant en ces
années qu'un grand village, les veuves et les veufs sont rapidement repérés.

De la bijouterie qu'il exploite, Elzéar-Alexandre n'est pas
sans avoir remarqué, de l'autre côté de la rue, une jolie fille
aux yeux couleur noisette et au profil troublant, qui travaille
comme vendeuse chez Paquette, un grand magasin de
Québec.

Poussé par une irrésistible envie de la connaître, il décide,
un certain midi de juillet, de la suivre à la sortie du magasin.
Quelle n'est pas sa surprise de la voir entrer chez la veuve
Boisseau-Vézina dont le mari et le gendre sont décédés eux
aussi de la grippe espagnole! «Ce serait donc elle, la petite
dame qui est restée avec un bébé sur les bras après la mort de
son mari?» se dit Elzéar-Alexandre, ravi. Une petite enquête
lui apprend que cette jeune femme déjà entraînée aux responsabilités maternelles ne semble pas avoir de courtisan. À
compter de ce jour, chaque fois qu'il le peut, il s'absente à
l'heure du dîner pour voir la belle Alberta sortir de l'immeuble. Tout devient occasion pour le jeune veuf de faire un
détour du côté de la mercerie et d'assister, le nez collé à la vitrine, à l'ascension de ses désirs pour la belle vendeuse. Le
grand parleur cherche maintenant la manière de l'approcher

et de la séduire. Il ne cesse de provoquer les occasions d'attirer son attention. Alors qu'elle vient de s'engager sur le trottoir qui longe le magasin Pollack, il fait mine de maladresse et frôle son épaule en voulant la dépasser. Avant qu'il n'ait le temps de trouver les mots pour s'en excuser, non seulement elle le fait à sa place, mais elle lui réserve un regard qui va bien au-delà du pardon. Un regard si envoûtant qu'il en est médusé.

Transporté d'espoir, Elzéar-Alexandre est disposé à passer à la prochaine étape. Il veut toutefois s'accorder le temps de concocter quelques formules magiques. Il ne doit pas trop tarder cependant, conscient qu'un petit bout de femme aussi bien tournée ne restera pas libre très longtemps encore. Vient ce matin, où, connaissant l'heure précise de son arrivée au magasin, Elzéar-Alexandre se place sur sa route et s'attire le sourire le plus engageant qu'il ait jamais vu. Le visage de la jeune femme s'empourpre, révélant au soupirant Chouinard que la gracieuse Alberta éprouve pour lui une quelconque attirance.

Un ami, témoin de sa nouvelle flamme, prétend devoir le mettre en garde :

— Tu es au courant que la belle Alberta n'est pas que vendeuse au magasin Paquette ?

— Et alors ? Ça change quoi qu'elle fasse la comptabilité, le ménage ou n'importe quoi d'autre ? demande Elzéar-Alexandre, méfiant.

— Oh ! Mais ce n'est pas n'importe quoi d'autre, comme tu dis. À ce qui paraît, chuchote-t-il entre les dents, elle jouerait au mannequin...

— Où ça ?

— Chez Paquette.

Elzéar-Alexandre s'esclaffe.

— Bien, c'est en plein le genre de femme qu'il me faut, réplique-t-il, charmé qu'Alberta soit capable d'une telle audace.

Des compagnes de travail, questionnées sur le sujet, lui confirment que, de fait, Alberta fait le mannequin à l'occasion pour les clientes du magasin. Cette révélation a l'effet d'une potion magique dans le cœur du veuf Chouinard. Le dimanche suivant, il frappe à sa porte pour l'inviter à un pique-nique aux chutes Montmorency.

Alberta ne doit pas acquiescer à sa demande. Ce serait courir le risque de passer pour une fille facile. Bien que très flattée de l'intérêt que lui porte le bijoutier au sourire irrésistible, elle a le cran de l'éconduire. Deux refus consécutifs n'auront pas raison de la passion qu'elle a allumée en lui. L'air quelque peu guindé dans sa chemise blanche au col amidonné, rehaussée d'une jolie cravate bleue à pois blancs, Elzéar-Alexandre vient une troisième fois frapper à la porte de la veuve qu'il croit récalcitrante. Il est loin de soupçonner qu'elle n'attend que cette preuve de ténacité pour accepter de monter, escortée de sa fillette, à bord du train de Sainte-Anne-de-Beaupré, le train des miracles.

Dieu! Qu'elle est belle dans sa robe de dentelle blanche, avec son large chapeau de paille d'Italie brodé de perles et son ombrelle, rehaussant l'éclat de ses yeux et le charme de son sourire. «Si je ne me retenais pas, je la demanderais en mariage aujourd'hui même!» se dit Elzéar-Alexandre. Un battement de cils, un regard vite esquivé, un frôlement habilement dissimulé viennent toutefois le convaincre qu'il n'est pas si désagréable de prendre le temps de s'apprivoiser.

Évitant d'étaler prématurément ses responsabilités familiales, de peur de rebuter sa charmante compagne, il se plaît, en bon conteur qu'il est, à lui faire le récit palpitant de ses expériences de jeunesse, des nombreux métiers qu'il a exercés dont celui de boulanger et de propriétaire de club de hockey avant de se lancer dans la bijouterie, commerce des plus lucratifs en cette période où des centaines de jeunes gens s'épousent dans l'espoir d'éviter la conscription.

Invitée à lui dévoiler son passé, Alberta fait, non sans émotion, l'éloge de son défunt mari, Albert Vézina, tailleur de fourrures chez Holt Renfrew.

— C'était un artiste, mon mari. C'est pour ça qu'en plus de gagner de gros salaires, il se plaisait tant à travailler dans la fourrure. On avait l'ambition de ramasser assez d'argent pour s'acheter une maison avant de se marier et on y est arrivés. Le soir et les dimanches, on passait des heures à chanter ensemble et je l'accompagnais au piano. Toute notre vie ressemblait à ces moments-là jusqu'au jour où la grippe espagnole...

Un sanglot dans la gorge, Alberta se retourne pudiquement vers la fenêtre de la locomotive. Elzéar-Alexandre doute alors qu'elle ait fait le deuil de son Albert et qu'elle soit prête à se remarier.

À bord de cette espèce de gros tramway qui se fraye un chemin entre le majestueux fleuve Saint-Laurent et les montagnes escarpées du comté de Charlevoix, Elzéar-Alexandre craint qu'il ne lui soit pas facile, entre le souvenir d'Albert et l'attachement qu'elle témoigne à sa petite Berta, de se tailler une place dans le cœur de cette jeune femme. Et que dira-t-elle lorsqu'elle découvrira les lourdes responsabilités de son soupirant?

Refusant de se considérer vaincu d'avance, Elzéar-Alexandre multiplie tant et si bien courtoisies et affabilités tout au long de cette première sortie que l'invitation à une autre balade pour le dimanche suivant est favorablement accueillie par la mère et par sa fille.

Mais il est long le chemin qui va de la simple balade amicale aux serments d'amour. Elzéar-Alexandre se morfond à trouver les moyens de conquérir la femme qui pourrait le mieux remplacer sa Léda dans la maison. Qu'Alberta semble apprécier son humour et sa générosité, que sa petite manifeste une joie évidente à se retrouver en sa compagnie, ne prouvent pas qu'une flamme amoureuse se cache derrière le pourpre dont se colorent les joues d'Alberta chaque fois qu'il l'aborde en public. Le jeune père de famille a suffisamment appris des femmes et de la vie pour savoir qu'il faut plus qu'une inclination pour demeurer fidèle, affectionné et heureux en amour.

Les semaines défilent et voilà que la jeune et jolie veuve croise de plus en plus souvent le fringant veuf sur son chemin, à la sortie du travail. «Est-ce le fruit du hasard ou une manifestation subtile de l'attrait grandissant qu'elle ressent pour moi?» se demande-t-il. Chaque fois qu'il s'arrête devant la vitrine du magasin, elle lui réserve son sourire le plus gracieux. Un doute traverse l'esprit d'Alberta, cependant. «A-t-il démontré autant de fiabilité et de sérieux que de jovialité au cours des précédentes sorties?» Il ne manquait que cette preuve pour gagner son amour.

Si Elzéar-Alexandre sait rire et faire rire, il sait aussi émouvoir et rassurer et il va le lui prouver. Les responsabilités ne lui font pas peur et il est prêt à le lui démontrer ce jour même, et sans hésitation. Un quatrième pique-nique aux chutes Montmorency s'organise, celui-là sans la petite Berta. Mais à peine Alberta et son amoureux ont-ils pris place dans le train des miracles que la formule cent fois répétée au cours des derniers jours lui échappe. Il avait prévu pourtant la lui servir aux premiers mouvements du train, question de ne gaspiller aucun des délicieux moments qu'il entrevoit pour cet après-midi en tête-à-tête. Lorsqu'il parvient à prononcer le nom d'Alberta, sur un ton qui annonce la confidence, sa voix devient frêle et sa gorge se noue. La jeune femme baisse les yeux pour ne pas l'intimider davantage, pense-t-il. Après d'interminables instants de silence et quelques longs soupirs, Elzéar-Alexandre déglutit, s'empare des mains de sa dulcinée et débite à voix basse:

— Alberta! sentez comme mes mains tremblent.

— Doux Jésus, avez-vous la fièvre, Elzéar ? dit-elle moqueuse, dissimulant ainsi son désarroi derrière le mince abri de l'humour.

Le silence se rétablit entre eux, mais plutôt que de les éloigner, cette fois-ci il les rapproche. Alberta garde les yeux baissés comme si le fait de ne pas fixer Elzéar-Alexandre dans les yeux allait soulager son embarras.

Elzéar-Alexandre s'essuie le front avec son mouchoir qu'il replie avec soin et replace dans sa pochette avec des gestes lents, histoire de gagner du temps. Puis, il lance :

— Alberta, vous savez que je vous aime.

Le regard toujours rivé sur son sac à mains, Alberta sourit.

— Mais vous, Alberta, m'aimez-vous ? enchaîne-t-il, soucieux. Pour toute réponse, Alberta lève les yeux et les plonge dans les siens. Elzéar-Alexandre prend une grande inspiration, expire et risque enfin le tout pour le tout :

— Alberta, voulez-vous m'épouser !

— Ça demande au moins quelques heures de réflexion, réplique Alberta, en proie à une vive émotion.

Obsédé par la réponse qu'il attend, Elzéar-Alexandre a du mal à trouver ce qu'il doit dire, lui, le beau parleur. Les gourmandises qu'il a préparées avec tant de fébrilité sont fades et les joyeux ébats des pique-niqueurs l'importunent. Sa compagne ne semble guère plus encline au divertissement, ce jour-là. Aussi, Elzéar-Alexandre n'est pas surpris qu'elle manifeste le désir de reprendre le train en plein cœur de l'après-midi. Sans doute souhaite-t-elle un lieu plus propice à la discussion, pense-t-il, de plus en plus inquiet.

Sitôt le train démarré, il relance la question qui le hante :

— Et puis ?

La jeune femme répond, non sans une certaine hésitation :

— Ma petite Berta vous adore. Ma mère vous adore, et moi..., et moi aussi ! s'exclame-t-elle enfin.

Elzéar-Alexandre croit rêver. «La chance m'est redevenue fidèle», se dit-il, heureux comme un roi.

Le bonheur les jette dans les bras l'un de l'autre. Mais l'euphorie du moment a tôt fait de céder la place à une vive appréhension dans le cœur d'Elzéar-Alexandre. Pour la première fois, il est tenté de regretter ses nombreuses paternités. Elles risquent fort de lui faire perdre la femme qu'il est parvenu à séduire. Conscient qu'il ne gagne rien à différer ce difficile aveu, la mine déconfite, il saisit la main d'Alberta et lui annonce, des trémolos dans la voix :

— J'ai quelque chose à vous dire...

Alberta attend, impassible. Il se demande si elle a vraiment envie d'entendre ce qu'il trouve si pénible à dévoiler.

— Je ne suis pas seul, Alberta. Je veux dire que...

— Que vous avez des enfants ? reprend-elle. Je le sais.

À la fois surpris et soulagé, Elzéar-Alexandre ose un peu plus encore.

— Six, serait plus juste, dit-il, oubliant volontairement de compter le dernier-né.

Alberta regarde droit devant elle, comme si elle n'avait rien entendu.

— En réalité, j'en ai sept, ajoute Elzéar-Alexandre, convaincu de n'avoir plus rien à perdre.

— Sept! s'exclame Alberta, avant d'ajouter sans réfléchir : c'est le conte de Blanche-Neige!

Désarmé, Elzéar-Alexandre se redresse sur le bout de son siège et la dévisage.

— Avec ma petite Berta, ça fera huit, ajoute-t-elle, en guise d'acquiescement.

Jamais il n'a connu une femme aussi imprévisible, et frondeuse par surcroît. Elle s'est montrée si réservée, qu'il n'a pas su voir qu'elle souhaitait ce moment avec autant d'impatience qu'il avait éprouvé d'inquiétude en le préparant. Il serait bien plus surpris d'apprendre que maintes fois, elle a dû réprimer une folle envie de lui sauter au cou et de l'étreindre avec la fougue dont l'amour la rend capable.

Le pressent-il que le courage lui vient de faire à cette exceptionnelle demoiselle, une dernière déclaration :

— Marguerite, ma plus vieille, n'a que onze ans.

Une fois de plus, Alberta ne bronche pas.

— Mes autres filles s'appellent Madeleine, Marcelle et Andrée. Mes garçons : Alfred, Roland et le bébé, Charlemagne, ajoute-t-il dans un même souffle.

Elle esquisse un sourire qu'il accueille sans trop en comprendre la signification. Est-ce complaisance, compassion ou simple courtoisie ?

— On trouvera bien le tour de s'organiser, dit-elle enfin.

En 1919, Elzéar-Alexandre Chouinard et Alberta Boisseau s'épousent, amoureux comme à vingt ans, équipés comme à trente-cinq. À compter de ce jour, tous les membres de cette famille portent le nom de Chouinard, les deux Alberta comprises.

Comme les familles nombreuses sont encouragées par l'État et l'Église en ce début du XXe siècle, le couple Chouinard n'hésite pas à faire sa part. Un an, jour pour jour, après leur mariage, Alberta met au monde Joseph-Jean, le premier enfant du « deuxième lit ».

Pourtant, malgré la reprise économique que connaît le Québec depuis la fin de la guerre, Elzéar-Alexandre doit trimer dur pour nourrir sa marmaille. Le commerce de livres et de revues qu'il mène parallèlement à celui de la bijouterie, laquelle ne rapporte plus que des miettes, ne génère que de minces revenus. Fort discret sur ce sujet, il lui arrive toutefois de transgresser de temps à autres sa sacro-sainte règle du silence. Revenant d'une tournée de ventes dans la région de Québec, alors qu'Alberta est occupée à allaiter son petit Joseph-Jean, il entre à la maison.

— C'est beau l'innocence, s'exclame-t-il, ses yeux démentant ses propos.

Son épouse le regarde, intriguée.

— Ah! Si j'avais son âge! Profites-en bien, mon petit Joseph. Profites-en, répète-t-il, se voulant blagueur.

— Pourquoi dis-tu des choses comme ça? lui demande Alberta, visiblement inquiète.

Elzéar-Alexandre s'approche de son fils et lui caresse le menton. Le bébé abandonne le sein de sa mère et se met à pleurer à fendre l'âme.

— Tu es content là? Tu as réussi à le faire brailler, dit-elle, contrariée.

— N'empêche que tout ce qu'il a à penser, c'est de téter le sein de la plus belle mère de tout le Québec, relance-t-il.

Alberta connaît bien son homme.

— Toi, tu as une idée pas catholique derrière la tête.

— Moi? Allons donc!

— Tu te souviens de ce que le docteur a dit? Pas avant quinze semaines. Alors, si tu avais l'intention de lui préparer un autre petit frère, il faudra remettre cela à plus tard.

Elzéar-Alexandre fronce les sourcils. Son regard s'embrume.

— Aurais-tu envie d'arrêter ça là, ma femme?

— Bien sûr que non. Les sauvages pourront revenir. Mais chaque chose en son temps. Si Dieu m'en donne la force, je suis prête à en avoir dix. Non, se reprend-elle, vingt autres.

— Ouais, fait Elzéar-Alexandre, redevenu songeur. Il faudra que les revenus augmentent avec les naissances. Sinon, ça va être difficile.

Le bébé cesse de pleurer et Alberta, redoutant une mauvaise nouvelle, cesse de se bercer.

— Je disais ça juste pour parler, reprend aussitôt Elzéar-Alexandre, pour dissiper l'inquiétude qui assombrit le regard de sa douce.

Conscient de conjurer le destin plus que de refléter la réalité, il ajoute :

— Ne t'inquiète pas, mes affaires marchent rondement.

Les événements lui donnent raison. Les affaires se remettent à aller mieux et les deux tourtereaux envisagent la mise en route d'un autre petit Chouinard, le dixième du nom. Leur vie amoureuse, commencée sur le train de Sainte-Anne-de-Beaupré dans une ambiance de miracles, se poursuit sous le signe du bonheur. Alberta harmonise tout ce beau monde qui vit maintenant comme de véritables frères et sœurs, et Elzéar-Alexandre leur assure le nécessaire sans les accabler de ses soucis financiers.

Dans la maison entourée de pierres tombales de la rue Saint-Vallier, le 15 avril 1922, naît le petit Raymond qui sera baptisé Raymond-Pascal, parce qu'il est né le jour de Pâques. Raymond-Pascal Chouinard, le dixième enfant d'Elzéar-Alexandre, le deuxième fils d'Alberta, un enfant chéri que tout le Québec chérira à son tour quand il deviendra Jacques Normand et qu'on l'appellera « l'enfant terrible ».

CHAPITRE II

Raymond n'a que deux ans lorsque les Chouinard quittent la «maison du cimetière» pour s'établir à Charlesbourg. L'activité fébrile d'Elzéar-Alexandre et les récriminations comme les espiègleries de dix enfants ne laissent guère de place à la routine dans cette famille. Et au rythme où se succèdent les grossesses d'Alberta, Raymond ne conserve pas longtemps ses privilèges de benjamin. À quatre ans, il est déjà détrôné par deux petites sœurs et un autre frère nouvellement né. Comme s'il voulait prendre sa revanche, il se montre particulièrement turbulent. De quoi donner raison à son père qui amène toute sa marmaille vivre à la campagne, dès la fin de l'année scolaire. «Ce sera mieux pour la santé des enfants et moins fatigant pour leur mère», allègue-t-il alors que des rumeurs courent à l'effet qu'Elzéar-Alexandre Chouinard n'en sera que plus libre de faire «le joli cœur» en ville.

L'été venu, Alberta et ses enfants quittent donc la région de Québec pour élire domicile, soit à Kamouraska, petit village riverain situé à cent cinquante kilomètres de Québec, soit au Lac-Sergent près de Saint-Raymond de Portneuf où Elzéar-Alexandre a construit lui-même sa maison sur des terrains que son grand-père et son père lui ont légués. Dans cette région qui abrite des paysans et des fermiers se cache tout au centre des forêts ce magnifique lac qui fait plus de six kilomètres de long sur trois de large. Un lac difficile d'accès pour le public, sans auberge ni restaurant ni même de plage. Le maire de cette petite localité les a interdits, car il redoute que ce lieu de villégiature privé devienne «un bordel avec des guidounes», comme cela s'est produit au lac Saint-Joseph.

À Saint-Louis-de-Kamouraska, par contre, Elzéar-Alexandre n'a pas besoin de posséder une maison pour y amener sa famille un été sur deux. Pour aussi peu qu'une cinquantaine de dollars, il peut en louer une meublée, vaisselle et literie comprises. Une maison suffisamment grande pour coucher une quinzaine de personnes. Le village est tranquille et peu fréquenté par les touristes, bien qu'il soit situé sur le bord du fleuve. On y rencontre quelques vacanciers venus de Québec, c'est tout.

À Kamouraska comme au Lac-Sergent, le père Chouinard ne rejoint sa famille que les samedis et dimanches. Les semaines passées dans la liberté la plus totale lui laissent suffisamment de temps pour aller chercher un salaire convenable, se faire plaisir et mijoter quelques mauvais tours à jouer. Sa réputation est faite et plusieurs s'en méfient, dont le curé du Lac-Sergent, ce gros homme à la petite cure, qui s'est souvent mépris à son sujet. La tentation de soupçonner Elzéar-Alexandre l'effleure mais s'estompe aussi vite lorsqu'un bon matin, le pasteur ouvre la porte à un de ces nombreux vauriens qui viennent de l'autre côté du lac, par la voie ferrée, pour quêter de quoi manger. Cette fois, le curé doit faire appel à tous les principes qu'il prêche du haut de la chaire pour se montrer généreux envers ce clochard dégoûtant à la joue balafrée et à la tignasse ébouriffée.

— Je vais vous donner de la nourriture, mais allez manger ça à l'orphelinat Don Bosco, ordonne-t-il au quêteux, pressé de le reconduire vers la porte de sortie.

Mais voilà que le mendiant riposte, montre du doigt le tableau du Christ en croix qui occupe tout un pan de mur du parloir et demande au pasteur sur un ton menaçant :

— C'est ça que Notre-Seigneur a dit, M. l'abbé?

Désarmé, le bon curé reste interdit tandis que son visiteur, d'une voix de prédicateur chevronné, récite la prière de saint Thomas More:

— Seigneur, donne-moi une bonne digestion et quelque chose à digérer. Seigneur, donne-moi une âme sainte, qui regarde toujours ce qui est beau et pur, qui ne s'épouvante pas en voyant le péché. Ne permets pas que je me fasse trop de soucis pour cette chose encombrante que j'appelle «moi». Seigneur, donne-moi l'humour pour que je tire quelque bonheur de cette vie et en fasse profiter les autres!

Le pauvre curé est tiraillé entre la peur que lui inspire cet indigent et la possibilité qu'il soit le Christ réincarné, descendu au Lac-Sergent pour le mettre à l'épreuve. Il va lui exprimer sa déférence lorsque Elzéar-Alexandre, impuissant à freiner un fou rire, doit mettre fin à sa plaisanterie. L'ecclésiastique ne la lui pardonnera jamais.

Passionné de théâtre dans sa jeunesse, Elzéar-Alexandre excelle dans le maquillage et les déguisements, et rien ne l'amuse autant que de saisir la moindre occasion d'exploiter son talent. Bien qu'il adore la bouffonnerie et le badinage, il se montre plutôt sévère avec ceux de ses enfants qui ont hérité de son tempérament.

Bambin espiègle, écolier fanfaron, Raymond s'attire plus souvent qu'à son tour des réprimandes, des privations et parfois même des punitions, lorsque son père doit intervenir, à la demande d'Alberta. Heureux lorsqu'il est en vacances, le jeune Raymond Chouinard l'est beaucoup moins à l'école, à plus forte raison avec les religieux qui visent avant tout à imposer la discipline et le respect de l'autorité à leurs élèves. Quant à l'enseignement dispensé, il est loin de répondre à sa soif de connaissances. Nombre d'enseignants lui semblent mal préparés. Trop de religieux s'acquittent de leur tâche par obédience, sans en avoir nécessairement les aptitudes et les connaissances. L'incompétence dont plusieurs font preuve horripile le jeune Chouinard à la «tête forte». À plus d'une reprise, il s'est soumis aux recommandations de sa mère: «Même s'ils se trompent, ça ne te permet pas d'être impoli et de nuire à leur autorité.» Mais un matin, lors d'une leçon d'anglais, il ne se résigne pas à fermer les yeux sur une erreur aussi flagrante. Devant sa classe de cinquième année, le frère Henri, ce religieux au caractère aussi sec que sa stature, s'acharne à faire répéter la conjugaison du verbe faire.

— *I do, you do, he do*..., clame-t-il, ne dérogeant pas à sa manie de promener son index dans son col pour rajuster ses blanches bavettes qui pendent toujours de travers.

Dès la première ronde de son incantation, Raymond lève la main. Mais comme le frère Henri semble prendre plaisir à l'ignorer, il ose intervenir sans en avoir obtenu la permission:

— Frère Henri, on ne dit pas: «*He do.*» On dit: «*He does.*»

— Pardon? s'écrie le professeur, en se tournant vers Raymond.

De son propre aveu «baveux comme deux» et persuadé d'avoir raison, Raymond ne se laisse pas intimider par cette «corneille» ignorante.

— *He does,* troisième personne du singulier du verbe *to do,* frère Henri, rétorque-t-il sur un ton provocateur, enfreignant du même coup la sacro-sainte obligation de respecter toute forme d'autorité, mais surtout lorsqu'elle est revêtue d'une soutane et d'un col blanc.

La colère empourpre le visage habituellement pâle du frère Henri. On le croirait prêt à déchiqueter l'insolent de sa bouche en bec d'aigle. Il bondit vers Raymond, et, saisissant le lobe de son oreille droite entre deux doigts puissants comme des pinces, il le traîne jusqu'à la porte de la classe, sous les regards effrayés de ses élèves.

— Sortez! Allez, ouste! Chez le directeur!

— Tant mieux! laisse échapper Raymond, assuré de prendre sa revanche sur un homme dont les fonctions font foi, croit-il, d'une plus grande instruction et d'une meilleure connaissance de la langue anglaise. Mal lui en prend car le vindicatif frère Henri décide d'abandonner sa classe pour accompagner lui-même son récalcitrant pupille jusque chez le directeur. Là, il prend bien soin d'informer son supérieur de sa version des faits avant de faire entrer Raymond dans le saint des saints et de retourner à sa classe.

Le directeur en impose déjà par sa stature d'armoire à glace. Son sourire d'oiseau de proie, accentué par de petits yeux à l'affût du meilleur angle d'attaque, sème une sainte frousse dans les âmes simples des plus audacieux. D'aucuns, parmi les plus timides, vont jusqu'à mouiller bien involontairement leur culotte. Son regard incisif pénètre Raymond jusqu'au trognon. «La corneille en chef n'entend pas à rire», se dit Raymond.

— Qu'est-ce que c'est que cette histoire? s'emporte le directeur.

— Bien, révérend frère directeur, hasarde Raymond avec une politesse affectée à la limite de l'insolence...

Raymond, qui a hérité du don de la parole de son père et de la droiture de sa mère, est convaincu d'avoir raison.

Mais le frère directeur n'entend pas s'en laisser imposer par ce jeune insolent.

— Laissez faire le «révérend»! Ainsi, ça ne vous suffit pas d'être insolent en classe, misérable cancre que vous êtes! Voilà que vous voulez donner des leçons d'anglais à votre professeur, maintenant? Je vous chasse de l'école. Allez-vous-en chez vous, petit effronté! Et comptez-vous chanceux que je ne vous administre pas la règle sur les doigts avant de vous laisser partir.

Depuis que son tour de taille ne l'autorise plus à utiliser sa ceinture, au risque de perdre son pantalon, le frère directeur a opté pour la règle de bois à lame de métal. Et les jeunes effrontés qui poussent l'outrecuidance jusqu'à le narguer dans son propre bureau ne sont pas étrangers à ce choix. Cet homme qu'aucune pitié ne vient infléchir ne peut accepter qu'on se moque de ses religieux.

La démarche empreinte de la crainte qui l'habite, Raymond retourne à la maison sans même avoir le droit de se rendre à sa classe pour y prendre son sac et ses objets personnels. «Pourvu que papa ne soit pas là», se dit-il, plus à l'aise de se confier à sa mère et espérant qu'elle le prévienne elle-même de la mésaventure de son «Momon» chéri, comme elle le surnomme. Heureux hasard, aucune des voitures d'Elzéar-Alexandre n'est garée dans les environs de la maison. Or, mi-compatissante, mi-accusatrice, Alberta lui impose de raconter à son père toute cette scène dans les moindres détails. Déçu, Raymond attend avec appréhension que son père rentre pour le dîner. Du premier au dernier mot de son exposé, Elzéar-Alexandre écoute sans broncher, incitant son fils à espérer la compréhension qui lui a fait défaut à l'école.

— C'est tout? demande-t-il, les yeux rivés à la table.

— Oui, soupire Raymond, quelque peu anxieux.

Elzéar-Alexandre dépose sa fourchette à côté de son assiette, se lève, saisit son fils par l'oreille droite — une fois de plus — et le traîne ainsi jusque sur la galerie.

— Va m'attendre dans l'auto, lui ordonne-t-il, tremblant de colère.

Les Chouinard demeurent à un peu plus d'un kilomètre de l'école et les enfants s'y rendent habituellement à pied, même si leur père possède deux automobiles et une camionnette pour la distribution de ses revues. Mais ce midi, l'exception fait loi.

Muet comme une carpe derrière son volant, Elzéar-Alexandre Chouinard prend le chemin de l'école sans desserrer les dents de tout le trajet. Arrivé sur les lieux, il attrape à nouveau l'oreille de Raymond et l'emmène ainsi devant tous les écoliers rassemblés dans la cour de récréation.

Désignant les quelques surveillants en soutane qui observent les jeux des élèves, Elzéar-Alexandre demande à son fils :

— Où il est, ton frère Henri ?

Raymond se contorsionne de douleur et de honte. Fébriles à l'idée du spectacle qui va leur être offert, les élèves accourent vers le grand monsieur et son fils récalcitrant.

— Il n'est pas là, papa, affirme-t-il, plaintif. Puis, plaquant sa main sur celle de son père qui lui tire l'oreille, il se lamente :

— Vous me faites mal, papa !

— C'est la culpabilité qui te rend la douleur insupportable, riposte son père.

— Tous les gars me regardent, se plaint-il, plus humilié que jamais dans sa vie d'enfant.

— Ce n'est sûrement pas ce que tes petits copains verront de plus édifiant dans leur journée. Maintenant, tu vas m'emmener au bureau du directeur.

Le cou cassé, Raymond trouve la force de dire :

— C'est par là...

Elzéar-Alexandre va frapper directement chez le frère directeur et, sans préambule, il lui dit :

— Frère, vous reconnaissez mon fils ?

Le frère directeur confirme d'un hochement de tête. Elzéar-Alexandre enchaîne :

— On vient s'excuser.

D'abord surpris, puis de plus en plus heureux, le frère directeur lui ouvre la porte.

— On n'a pas eu le temps de l'élever comme du monde, celui-là.

Sur les lèvres du frère directeur se dessine un large sourire de compréhension à l'égard d'Elzéar-Alexandre. À l'élève impudent, il réserve un regard malicieusement triomphateur.

— Je vous jure qu'à l'avenir, reprend papa Chouinard, si tout le monde dit : «*He do*», mon fils dira : «*He do*» comme les autres.

Raymond sort de cette expérience meurtri et indigné. Au-delà d'une conjugaison anglaise erronée, cet incident lui enseigne que la vérité n'est pas toujours bonne à dire. Que la justice des hommes a ses limites. Que les petits seront toujours impuissants devant les grands de ce monde. Que, pire encore, si son père a pris parti pour les religieux, c'est qu'il accepte que les choses en soient ainsi dans sa vie. Les garçons du premier lit savent depuis belle lurette qu'Elzéar-Alexandre n'hésite pas à taire ou à maquiller la vérité quand un besoin le commande. En pleine crise économique, on ne devient pas premier importateur de revues françaises et québécoises au Québec sans faire quelques concessions de ce genre. Si *Paris-Match, Confidences, Le samedi, La revue populaire* et *Le film* lui apportent une aisance financière satisfaisante, c'est qu'au prix de certaines entorses à la vérité, il a développé le don de plaire jusqu'à des limites que Raymond n'aurait pu soupçonner.

L'année scolaire se termine sans incident majeur. Au lieu de s'en réjouir, Alberta s'inquiète de son fils qui, depuis cet événement, manifeste une méfiance et une réserve qu'on ne lui connaissait pas.

À la fin du cours primaire de Raymond, Elzéar-Alexandre décide de rapatrier tout son monde au cœur de Québec, dans Saint-Roch, le quartier de prédilection des Chouinard. Le grand-père Chouinard a toujours vécu dans ce quartier, et, malgré les nombreux déménagements, — rue du Roi, rue de la Reine, rue de La Salle —, la famille n'en est jamais sortie. Les noms de rue disparaissent, mais les Chouinard demeurent.

Promu au cours supérieur, Raymond n'est pas plus motivé qu'il ne l'était à l'école primaire de Charlesbourg. Il soutient connaître déjà ce qu'on prétend lui enseigner. Soit que sa mère, qui parle un français impeccable, le lui a appris, soit que ses frères plus âgés ou son père le lui ont déjà montré. Il a, et il donne, l'impression de tout savoir; aussi ne vise-t-il guère plus haut que de réussir ses examens.

Toutefois, après l'école supérieure, tout comme son frère Jean, il souhaite s'inscrire à l'Académie commerciale, décrocher un bac et faire carrière dans une profession libérale. Alberta les y encourage fortement. Mais ses propres économies ne suffisent pas à payer leurs études. Elle ne peut compter sur les frères et les sœurs du premier lit, puisque les garçons tirent leur subsistance de multiples petits contrats alors que les trois filles aînées se sont faites religieuses — Marguerite et Marcelle chez les sœurs dominicaines et Madeleine au cloître des servantes du Saint-Sacrement. La contribution d'Elzéar-Alexandre s'avère donc indispensable. Le manque d'argent n'explique pas tout: Raymond sait très bien que derrière les réticences de son père se cache une particulière désaffection pour les études. Combien de fois n'a-t-il pas répété à ses fils:

— Moi, je suis sorti de l'école à quatorze ans et je m'en suis toujours très bien tiré. Je n'ai jamais manqué de travail. Si ça a marché pour moi, je ne vois pas pourquoi ça ne marcherait pas pour vous autres.

— J'aimerais ça avoir la même chance que certains de mes amis, dit Raymond.

Elzéar-Alexandre riposte en alléguant que tous ses amis à lui, Carmichael compris, sont devenus riches sans instruction et qu'il n'a pas l'intention de payer des études à ses enfants.

Alberta ne partage pas cet avis:

— Si on met des enfants au monde, déclare-t-elle, particulièrement des garçons, il faut au moins leur donner des armes pour se défendre dans la vie.

Alberta sait. Elle a déjà vécu tout cela dans sa famille, lorsqu'elle était jeune...

Mais comme les plus vieux des Chouinard sont tous allés travailler pour leur père — avec le peu d'instruction qu'ils avaient reçu, ils n'auraient guère pu faire grand-chose d'autre —, Elzéar-Alexandre n'en attend pas moins des fils d'Alberta. Il a besoin d'eux pour les livraisons, et il compte ainsi les préparer à lancer leurs propres commerces et à en vivre confortablement. À preuve, la vente des revues qui rapporte une petite mine d'or les jours de pluie, et les fins de semaine de température maussade. Les lecteurs de tous âges trouvent leur compte dans les bandes dessinées, les feuilletons, les articles pour hommes et les chroniques sportives ainsi que les conseils pratiques pour la ménagère.

Doué pour flairer les affaires lucratives, et à la condition que ces transactions n'exigent pas trop de capital, Elzéar-Alexandre court les compagnies en faillite, les achète pour une chanson et les revend avec un certain profit. «Vous n'arrivez pas à vendre quelque chose? Confiez-le-moi. Je vous fais le pari que je vais y parvenir», affirme-t-il encore. Le scénario qu'il monte de toutes pièces, au moment où la Deuxième Guerre mondiale embrase l'Europe, en est la preuve. Quand des compagnies de Toronto se retrouvent coincées avec des surplus de stock, quand plus une famille n'a de café ou de thé, Elzéar-Alexandre Chouinard en a. Mis au ban de nombreux commerces pour avoir berné les marchands avec son baratin, il n'a qu'à se présenter chez un épicier qui ne le connaît pas et à lui faire croire, histoire de lui jeter de la poudre aux yeux, que la marchandise qu'il possède vient d'une compagnie torontoise pour laquelle il a travaillé. Il fouine un peu partout dans le magasin en prenant tout son temps, observe les clients, écoute les récriminations de ceux-ci. Puis, quand il se sent sûr de lui, il s'approche du patron et lui demande innocemment:

— Vous n'avez plus de thé vert?

Le brave épicier, ignorant qu'il a affaire à un vendeur, rétorque infailliblement:

— Mon bon monsieur, on n'a plus de thé vert depuis six mois.

— Non! Ce n'est pas croyable, s'exclame Elzéar-Alexandre, la mine faussement contrite.

— Tout le monde s'est jeté sur le thé vert et on n'en trouve plus une seule feuille nulle part dans les épiceries.

— Allez-vous en recevoir bientôt? demande-t-il, innocemment.

— Il n'en vient plus. Ça nous arrive du Japon, ça. Mais depuis qu'il y a menace de guerre, les Japonais gardent leur thé...

— Ah, ah, du thé japonais!

— Le Japon, par les temps qui courent, faut pas trop s'y fier, s'entend-il dire, l'air mystérieux.

Elzéar-Alexandre est allé à Toronto et en Colombie-Britannique où il a rencontré des Chinois et des Japonais qui importent encore d'Asie. Il mise sur le fait que la guerre n'a pas encore éclaté dans le Pacifique, mais plus encore sur ses combines pour faire des sous. Il déclare au marchand:

— La compagnie, à Toronto, ne veut pas qu'on vende du thé vert à moins d'une commande de cinq cents piastres.

— Taboire! Ça fait de l'argent, ça. Vendez-vous d'autres produits de marques connues, au moins?

— On a du ketchup...

— Du Heinz?

— Non, mais il n'y a pas de différence, il goûte pareil...

— Ouais... Seulement, ici, les gens achètent rien que du Heinz...

Comme l'épicier tient absolument à son thé vert, Elzéar-Alexandre parvient à force de diplomatie à lui vendre pour cinq cents dollars de marchandise.

Mis au courant de ces succès, Raymond admire l'habileté de son père. Mais pas assez pour vouloir marcher sur ses traces. En cette période où, au Québec, les activités sportives ne jouissent que d'une pâle popularité, Raymond, tout comme ses frères, rêve de participer à des épreuves olympiques. Bon nageur, bon plongeur, bon «avironneur», il est membre des clubs de canot et de natation de Kamouraska, tandis qu'au Lac-Sergent, il fait partie de l'une des plus formidables ligues nautiques au Québec: la ligue *Canot et passion du Lac-Sergent*. Son équipe ayant battu toutes celles des lacs environnants, Raymond fait la fierté de sa famille.

— Ce n'est qu'un début, déclare-t-il, manifestant pour son entraînement plus d'enthousiasme et de persévérance qu'il n'en a jamais démontré pour ses études.

Il est presque un homme maintenant et il est bien déterminé à décrocher des médailles. Il y mettra le prix.

Chapitre III

Le lendemain de la Saint-Jean-Baptiste, fidèle à la tradition, la famille d'Elzéar-Alexandre Chouinard quitte le
quartier Saint-Roch pour le paisible village de Kamouraska.
Raymond, fier de ses dix-sept ans et de sa virilité naissante,
rêve de la plage mais plus encore des jolies filles qui viendront s'y exhiber. Les après-midi durant, étendu sur le quai
de Kamouraska, il confie au soleil le soin de donner à sa peau
le bronzage qui mettra en valeur sa beauté naturelle. De quoi
faire tomber en pâmoison toutes les «jeunesses» qui le verront. À cette ambition s'ajoute, et par bonheur, constate
Raymond, celle d'améliorer ses plongées. «Quoi de mieux,
se dit-il, que la performance athlétique pour enjôler une
fille.» De fait, sous les regards admiratifs des demoiselles, son
courage se décuple et ses exploits sont instantanément et
généreusement magnifiés.

La température splendide de ce 8 juillet 1939 promet un
samedi des plus palpitants. Une bande de copains et copines
— Monique, Claire, Cécile, Hélène, Simone, quelques-uns
des frères de Raymond, dont Charlemagne, et un dénommé
Robert Brissette, ami de la jeune Alberta, sa demi-sœur —,
se retrouvent sur la plage. L'entraînement prévu prend vite
l'allure d'un concours de séduction. Résolus à ne rien
ménager pour épater les filles, les garçons jouent à qui

plongerait le plus loin, du haut du quai, dans les vagues de la marée baissante. Quelques observatrices trouvent le jeu un peu trop risqué alors que la majorité poussent les plongeurs à dépasser leur dernier record.

Sans doute attirée par les cris de joie et les applaudissements de la bande en délire, une jeune fille encore jamais vue sur cette grève se glisse discrètement dans le groupe rassemblé au bout du quai. Dès que Raymond l'aperçoit, au défi de gagner la partie s'ajoute l'envie d'ensorceler de ses prouesses cette jolie blonde à la taille de guêpe. «Elle met sûrement les pieds à Kamouraska pour la première fois, sinon, je l'aurais remarquée», pense-t-il. À moins d'être aveugle, un visage illuminé de si beaux yeux et ombré de cils blonds comme le blé ne peut passer inaperçu, du moins pas au regard de Raymond Chouinard. «Cette belle inconnue à la bouche galbée pour les baisers les plus langoureux doit avoir seize ou dix-sept ans», conclut Raymond, jonglant avec cette puissance de séduction qu'il met à l'épreuve pour la première fois. Il n'a pas trop de la galanterie héritée de son père, et de la fine sensibilité de sa mère, pour rivaliser avec ses compagnons, aussi entichés que lui. Il les regarde se dresser sur leurs ergots comme de jeunes coqs, contrarié de les voir se pavaner comme des paons pour mériter l'admiration de la demoiselle. Et pourtant, il brûle d'envie de les rejoindre pour lui faire la cour. Mais, rien qu'à y penser, il se sent plus trouillard que sur un plongeon, à marée basse.

Ses yeux de velours et son sourire enjôleur sauront-ils, à eux seuls, ravir cet ange à la bande de puceaux qui se décarcassent à crâner et à se donner des airs de demi-dieux? Car, doit-il se l'avouer, plutôt mince, pour ne pas dire grêle, Raymond n'a rien de l'athlète qui roule des biceps, avec ses membres élancés qui semblent avoir pris une longueur d'avance sur le reste de son corps. «Le temps va finir par tout équilibrer», soutient sa mère à qui il en fait la remarque. Vient compenser toutefois, un torse arborant déjà une toison qui fait l'envie des plus vaniteux. Mais, qu'à cela ne tienne, Raymond déplore que sa mère ne lui ait pas enseigné, parmi tant de belles choses, la manière courtoise d'aborder une jeune fille. «C'est comme si je devais plonger dans une eau inconnue», se dit-il, en se frayant un chemin jusqu'à elle.

— Vous cachez le soleil à mademoiselle, lance-t-il aux jeunes hommes qui ont entrepris de lui compter fleurette.

— Je m'appelle Marie, dit-elle, gracieuse.

— Comme la Sainte-Vierge!

— Non. Comme ma mère.

— De l'esprit, par-dessus le marché?

La belle Marie baisse les yeux et ses joues soudain empourprées trahissent son émoi. Un à un, dépités, les premiers soupirants s'éclipsent.

— Moi, ma mère s'appelle Alberta, mais je ne m'appelle pas Albert pour autant. Je m'appelle Raymond. Raymond-Pascal Chouinard.

— Mon père, c'est Eugène, enchaîne-t-elle au grand bonheur de Raymond. Vous me voyez en Eugénie?

— C'est joli, Eugénie! Vous permettez que je vous appelle Eugénie?

— Je vous le permets à la condition que je puisse vous appeler Albert.

— C'est accordé avec, en prime, le droit de me tutoyer.

Le sourire qu'elle lui adresse vient confirmer ses dons de conquérant.

— T'es nouvelle ici?

— Je suis de Sainte-Foy.

— C'est mieux que d'avoir une sainte frousse, blague-t-il.

Raymond, devant l'air interloqué de Marie, comprend qu'il vient de gaffer. Il s'empresse d'expliquer:

— C'est une blague. J'adore les blagues absurdes. Ça désarçonne...

Marie ne dit mot.

— Il faut me pardonner... Je sais que j'ai un humour plutôt particulier. On l'apprécie une fois qu'on y est habitué...

— Tu crois? dit-elle, sceptique.

— J'en suis convaincu. Ça viendra aussi sûrement que tu es venue à moi aujourd'hui.

Tout en parlant, Raymond gagne de l'assurance.

— Parce que je suis venue à toi... En voilà une bonne!

— Ou bien, moi à toi... Peu importe puisque le résultat est le même. Je suis là. Tu es là. Nous sommes là. Je te préviens que je peux décliner ainsi tous les verbes de la langue française.

— Bravo pour la déclinaison, réplique-t-elle, résolument inatteignable.

Marie ignore que, loin de désarmer le jeune homme, les résistances le stimulent et décuplent son courage. Une preuve lui en est donnée sur-le-champ:

— Remarque qu'avec toi il conviendrait mieux de parler d'inclination... Je sens déjà un fort penchant pour toi.

— Je vois, dit la jeune fille, qui s'est mise à rouler entre ses doigts un bout du ruban de satin qui décore son corsage.

— Je savais que tu apprécierais mon humour... Tu sais que j'aurais pu tout aussi bien discourir sur le foie et la foi et Sainte-Foy. Tu t'es déjà demandé pourquoi le foie qui est masculin s'écrit avec un «e» alors que la foi n'en prend pas et que Sainte-Foy va se chercher un «i» chez les Grecs?

Et comme Marie fronce les sourcils, il croit bon de préciser:

— Un «y», c'est un «i» grec, tu comprends?

Devant l'air moqueur de Marie, Raymond comprend qu'il s'enlise. Il tente une diversion:

— Sainte-Foy, c'est loin de Kamouraska...

— On est venu rendre visite à ma grand-mère Obéline, explique-t-elle.

— Obéline! Mais elle devrait s'appeler Aubépine pour avoir réussi à si bien vous cacher.

Cette fois, Marie s'esclaffe. Raymond sait qu'il vient de marquer un point.

— Comme ça, tu connais cet arbrisseau épineux qui cache de jolies fleurs?

Il n'a pas le temps d'entendre sa réponse. Ses camarades commencent à s'impatienter, le réclament. Leur conversation est enterrée par les cris des garçons qui plongent dans l'eau écumeuse comme les escadrilles de moustiques s'abattent sur les malheureux qui s'aventurent dans les marais du bord de l'eau.

— Arrive Raymond, avant que l'après-midi soit passé! crient-ils.

— Je fais partie de l'équipe olympique canadienne junior. Il faut que je retourne m'entraîner, explique-t-il à Marie.

Faute d'argent, les entraîneurs ont décidé que les athlètes cumuleraient les disciplines de nageur et de plongeur. Les plongeoirs réglementaires se font rares au Québec...

Raymond court vers le bout du quai sous le regard insistant de son admiratrice.

— Regarde-moi bien! Tu vas voir comment se fait un vrai plongeon, crie-t-il, adressant à Marie son regard le plus fier avant de se lancer dans le vide, tête première, les deux mains jointes devant lui.

Comme un sabre, en une fraction de seconde, il fend la surface des eaux vertes et bouillonnantes du fleuve dans un plouf retentissant.

Quelques instants plus tard, le plongeur refait surface dans un bruit de baleine soufflant dans ses évents. En trois

brasses, il atteint le premier barreau de l'échelle de fer rouil-
lé, encastrée dans le quai, et grimpe lestement jusqu'en haut,
suivi de quelques camarades.

L'un d'eux déplore qu'il ait tardé à les rejoindre :

— L'eau baisse si vite qu'on n'en a plus pour très
longtemps encore. Dire que ce devait être notre plus belle
journée de pratique...

— Qu'est-ce que tu racontes ? L'eau baisse ? C'est ta
frousse qui monte, réplique Raymond, d'autant plus frondeur
qu'il sent les yeux de sa nouvelle flamme braqués sur lui.

L'orgueil et la sagesse ne faisant pas toujours bon ménage,
le nageur intrépide ne va pas priver Marie d'un autre de ses
exploits. Le vent qui vient de se lever leur souffle des vagues
d'au moins un mètre de hauteur. Quelle euphorie pour un
nageur que de se précipiter sur l'une d'elles juste à l'instant
où elle montre sa crête écumante.

— Qui vient plonger avec moi ? crie Raymond, défiant
les trouillards.

— C'est trop dangereux.

— Vas-y toi, si t'es si brave, dit un autre.

Tout comme son père, Raymond résiste difficilement
quand on le défie. En position de plongeur, il guette la vague
qui roule vers lui et s'élance, tenant en haleine les filles et
garçons attroupés au bord du quai. Plus un mot, plus un
geste et soudain, une salve d'applaudissements. Pressé de
regagner l'échelle du quai, Raymond se rengorge, gonfle le
torse, lève les bras vers le ciel en signe de victoire, promène
un regard de supériorité sur ses admirateurs et admiratrices,
de nouveau prêt à l'attaque.

— Venez donc, bande de peureux !

En mal de performance, trois autres copains, se moquant
du danger, se laissent entraîner. Le concours de plongeon
reprend de plus belle. Tour à tour, les garçons remontent sur
le quai et se précipitent dans l'eau.

Vers la fin de l'après-midi, la marée a considérablement baissé. Moins intrépides ou moins téméraires, un à un, les marathoniens, à l'exception de Raymond, jugent plus prudent de mettre fin à leurs exploits. Avides de profiter des derniers rayons du soleil, ils s'étendent sur la plage. Il n'y a plus que Raymond qui plonge encore. Son frère Charlemagne le met en garde :

— Tu te rappelles ce que maman a dit ? On ne plonge pas tout seul.

— Ouais, ouais... fait-il, évasif.

En d'autres temps, Raymond se serait rendu compte que l'eau baissait rapidement, mais il ne voit que les yeux des filles, aujourd'hui. Des yeux qui s'écarquillent un peu plus de plongeon en plongeon... Les yeux de Marie, en particulier.

Ses mains fendent l'eau, sa tête disparaît, et puis, plus rien.

Sur le quai, les jeunes gens, un peu las de regarder Raymond faire le jars, causent entre eux sans porter attention à ce qui se passe dans l'eau. Seule Marie a trouvé curieux que son plongeur préféré tarde à réapparaître. Elle gagne le bout du quai et fouille le fleuve d'un regard affolé.

— Il s'est noyé !... Venez vite ! hurle-t-elle, je ne le vois plus !

La panique gagne Charlemagne et ses copains. Robert Brissette interdit à qui que ce soit de se lancer à l'eau. Tous doivent demeurer sur le quai, prêts à porter secours pendant que lui descendra par l'échelle pour tenter de retrouver Raymond.

Les secondes durent une éternité. À son tour, Robert tarde à remonter. « Il est disparu », murmurent les uns. Les Chouinard savent que Brissette ne peut pas demeurer longtemps sous l'eau ; en tous cas, pas aussi longtemps que leur frère Raymond. « Deux morts », pense Charlemagne, désespéré et d'autant plus malheureux qu'en raison de sa fiabilité, Alberta lui avait confié la responsabilité de veiller sur ses frères.

Un froissement à la surface de l'eau, une tête cherchant désespérément à en sortir, un cri d'alerte et Robert disparaît de nouveau. Les garçons les plus braves se jettent dans le fleuve. Heureusement, car le sauveteur ne parvient pas à grimper dans l'échelle avec le corps inerte qu'il tire par la crinière.

Le corps de Raymond, immobile, est déposé sur la grève au milieu d'une quinzaine de jeunes gens pour qui cette journée risque de compter parmi les plus dramatiques de leur vie. Personne n'ose parler. Les yeux grands ouverts du malheureux plongeur expriment une stupeur sans nom. «Des yeux qui ont vu la mort», se dit Charlemagne, impuissant à réprimer le frisson d'horreur qui lui laboure le dos. Marie déplore que le secours lui soit venu trop tard. À ce plongeon-là, Raymond a manqué son coup. Il a mal visé. La crête de la vague se dissipait déjà quand il a quitté le rebord du quai.

Joseph Bellehumeur, le fanfaron du village, est «bâti comme un cheval». Il décide, en dépit de sa répugnance au bouche à bouche, de pratiquer sur le corps de son ami la méthode de réanimation que ses instructeurs lui ont apprise lors de ses cours de natation. Il approche sa bouche de celle du noyé quand tout à coup, d'un filet de voix, le rescapé balbutie :

— J'aimerais mieux la bouche de Marie, si ça ne te fait rien, Jos...

Cette voix d'outre-tombe cloue le secouriste amateur sur place.

Autour de lui, c'est la stupéfaction.

— Tu n'es pas mort, toi ? s'exclame Robert Brissette, occupé à soigner la coupure qu'il s'est infligé en voulant le sauver.

— Pas mort, mais pas fort, réplique Raymond qui, à la grande stupéfaction de ses camarades, a déjà retrouvé son humour.

Les frères Chouinard adressent à Dieu leur reconnaissance pour avoir sauvé la vie de Raymond et pour leur avoir épargné la colère de leur père. Quelques témoins vont, rassurés, reprendre leur place sur la grève lorsqu'un râlement de désespoir les ramène près du blessé.

Un brouhaha composé de rires et d'accusations d'inconséquences salue le retour de Raymond à la vie.

— Je ne peux plus bouger. Je ne sais pas ce qui m'arrive…

— Es-tu devenu fou? Nous faire un coup pareil!

— Les gars, les gars… supplie Raymond les yeux hagards.

— Il nous fait encore marcher.

— Vous le savez, c'est le portrait tout craché de son père! Deux farceurs pareils! Moi, ça m'écœure, je m'en vais!

— Je suis paralysé, insiste Raymond avec une intonation de panique dans la voix.

Charlemagne se penche sur son frère, à demi convaincu que celui-ci plaisante. Pourtant, à l'expression inquiète qui se lit sur le visage de ce dernier, un doute subsiste.

— Tu ne peux vraiment plus bouger? lui demande-t-il.

— Je ne sens plus mes pieds, mes jambes. Je ne peux plus bouger mes bras, ni rien.

— Bizarre, ça, ta langue n'est pas paralysée, elle! remarque son frère aîné, narquois, dans une ultime tentative pour s'assurer que Raymond ne le mène pas en bateau comme il le fait si souvent.

— Je ne blague pas. Va chercher papa.

— Pas la peine, dit Robert Brissette, revenu sur ses pas. On s'en va tous à la maison.

En déposant le blessé sur une civière improvisée, tous constatent que, de fait, son corps et ses membres sont anormalement flasques.

— Ce que je donnerais pour que mes parents ne le voient pas comme ça. Si on attendait un peu, suggère Charlemagne.

— On n'a pas le choix, reprend Marie, craignant le pire. On ne sait pas ce qui peut arriver si on retarde.

Raymond n'oubliera jamais le regard stupéfait de son père ni le désarroi de sa mère lorsque ses amis le font entrer dans la maison. Médusés, ils ne semblent pas entendre les piaillements des enfants qui cherchent à savoir ce qui est arrivé à leur grand frère.

Le choc de la nouvelle passée, Alberta écarte les amis, préférant entendre la version de l'accident de la bouche même de son fils.

— Ça s'est passé tellement vite. Je me souviens d'avoir senti l'eau froide sur mes épaules, ensuite, ma tête a cogné le fond et j'ai senti une douleur atroce dans mon cou. Après, plus rien.

— Mon pauvre «Momon»! T'aurais pu y rester, murmure Alberta en caressant le front de son fils chéri.

Incapable du moindre geste, Raymond ne peut répondre à l'étreinte de sa mère.

— Mais voyons donc, Alberta. Tu vois bien que c'est pas si grave, réplique Elzéar-Alexandre, d'un air cabotin. Puis, il se tourne vers Raymond pour l'interroger de nouveau: Tu ne peux vraiment plus bouger?

— Des pieds jusqu'au cou... Je suis sérieux, papa.

— En tout cas, tu n'as pas perdu ta langue — ce qui aurait été un bienfait!

— Papa! proteste Alberta.

— Il ne sent rien. Si c'était si grave que ça, il aurait mal quelque part.

— C'est justement cela qui m'inquiète, qu'il ne sente rien.

— Ça va passer. Une bonne nuit de sommeil. Si tu ne peux toujours pas bouger demain, on fera venir le docteur. En attendant, il faut soigner Robert.

«Je ne peux pas croire qu'il ne se rend pas compte que notre Raymond est dans un état grave», se dit Alberta.

Elzéar-Alexandre s'inquiète davantage de Robert qui perd son sang, que de la paralysie de Raymond qui, outre cet inconvénient, ne souffre pas et garde toute sa lucidité. Craignant que l'infection ne gagne la blessure de Robert, Elzéar-Alexandre décide d'envoyer chercher le docteur.

Penché sur la blessure qu'il referme de quelques points de suture, le Dr Demers s'enquiert des circonstances de l'accident.

— Comment va le rescapé, demande-t-il, les sourcils froncés.

— Il ne va pas si mal, le renseigne Elzéar-Alexandre. Il ne sent pas une miette de mal.

— À mon avis, c'est encore plus inquiétant, s'empresse d'ajouter Alberta.

— J'aimerais le voir, tranche le Dr Demers.

Lorsqu'il ressort de la chambre de Raymond, le médecin est perplexe :

— Étrange qu'il ne manifeste pas les symptômes que je redoutais...

— Lesquels, docteur ? demande Alberta, anxieuse.

— Des étourdissements, des maux de tête, des vomissements... Il se peut que ce ne soit qu'un choc nerveux. Mais il serait plus prudent de l'emmener voir votre médecin de famille dès que vous serez en ville, recommande-t-il aux parents Chouinard avant de partir.

Persuadée que son fils court un réel danger, Alberta supplie Elzéar-Alexandre de les ramener tous à Québec, le soir même. Le trajet qui sépare Kamouraska de Québec semble interminable à Raymond qui, même s'il n'éprouve aucune douleur physique, n'en est pas moins en proie à la frayeur. Raymond se sent prisonnier de son corps. Une impression étouffante lui serre la gorge. Quand, malgré les soubresauts de l'automobile sur la route cahoteuse, vient enfin le sommeil, des cauchemars l'assaillent. Tantôt il se voit dans une voiture qui, après être tombée dans un fossé, l'emprisonne sous sa carcasse de fer. Tantôt il sent l'eau glacée du fossé s'engouffrer rapidement dans la voiture et le submerger, sans qu'il puisse en sortir, ses jambes refusant d'avancer. Par quel miracle ses poumons fonctionnent-ils encore? Il se le demande.

Jamais la route de Saint-Louis-de-Kamouraska à Saint-Roch de Québec ne lui a semblé plus longue et le voyage, plus pénible. Alberta pleure à chaudes larmes en épongeant les sueurs sur le visage de son fils. Ses mots vibrants de tendresse et de sincérité s'avèrent impuissants à le consoler. Elzéar-Alexandre lui promet de consulter le Dr Samson dès la première heure, le lendemain matin.

Après la nuit passée au chevet de Raymond, Alberta le quitte à l'arrivée de l'ambulance. Le Dr Samson recommande que le malade soit hospitalisé le plus tôt possible et que des radiographies soient prises dès son arrivée à l'hôpital de l'Enfant-Jésus. Elzéar-Alexandre, inquiet, attend les résultats.

— Monsieur Chouinard, dit le Dr Samson, je n'ai pas de bonnes nouvelles à vous annoncer.

Le père de Raymond se raidit, paré à recevoir le coup.

— Les radiographies révèlent que votre fils a subi de graves dommages. Il insiste sur le terme «dommages».

— Des dommages?

— Je n'utilise pas le mot blessure, car on peut guérir de ses blessures... Mais je doute que votre fils guérisse des dommages qu'il s'est infligés. Tenez, regardez! dit-il en tournant les radiographies vers le père de Raymond. Votre fils a trois vertèbres cervicales fracturées. Je ne vous rendrais pas service en vous laissant la moindre lueur d'espoir.

Puis, il emprunte un ton plus solennel pour enchaîner:

— Monsieur Chouinard, votre fils ne marchera plus jamais.

Le silence s'installe entre le médecin navré et Elzéar-Alexandre catastrophé.

— Vous voulez dire qu'il restera paralysé des pieds jusqu'au cou pour le restant de ses jours?

L'homme est blafard, sur le point de s'effondrer. Un asquiescement de la tête lui confirme qu'il a bien compris.

— Il ne nous reste plus qu'à espérer, ajoute le Dr Samson, que les progrès de la science, avec le temps, viennent à son secours... En attendant, il ne peut même pas être question de fauteuil roulant. Il doit rester étendu.

— Il le sait?

Le docteur acquiesce :

— Allez vite le réconforter, monsieur Chouinard.

Elzéar-Alexandre se rend à la chambre de son fils en se rappelant la mort de Léda et un sanglot lui monte à la gorge. Les difficultés financières, les déconvenues du vendeur éconduit, le départ de ses filles aînées pour le couvent, les étourderies des enfants, tout cela n'est que peccadille en regard de la deuxième tragédie qui s'abat sur lui et sur sa famille. Adossé à la porte qu'il n'a pas le courage de pousser, la tête dans ses mains, il pleure.

De cette chambre, une lamentation se fait entendre et sans plus d'apitoiement sur sa propre douleur, il s'y précipite. Raymond, qui a reçu la nouvelle comme un coup de massue, est en larmes. Lui, l'athlète qui rêve de grands exploits sportifs, réduit à l'état de mollusque? C'en est trop. Il préfère mourir plutôt que de passer le reste de sa vie dans cette prison qu'est devenu son corps. Ce corps qui l'a si bien servi, ce corps qu'il exhibait, la veille, sous les regards de Marie et des autres filles. Grabataire, à dix-sept ans et pour la vie? Non! Le désespoir, la nausée et la révolte l'assaillent... Il voudrait se perdre dans la démence afin d'échapper à ce trop cruel destin.

Pendant que le jeune Chouinard sombre dans le découragement, son père lui promet de ratisser la planète pour trouver un spécialiste qui puisse le sortir de sa prison. Faudrait-il pour cela retourner frapper à la porte d'anciens clients, au risque de se voir rabrouer ou ridiculiser, Elzéar-Alexandre est résolu à ne reculer devant rien. Cette promesse, il la réitère à sa chère Alberta d'autant plus ébran-lée qu'une onzième grossesse la rend plus vulnérable. Il entreprend des recherches et est finalement mis en contact avec le Dr Wilder Penfield, un médecin des plus réputés de la région montréalaise.

Loin de l'euphorie que vit son père, et de l'espoir qui renaît dans le cœur de sa mère, Raymond est plongé dans la plus grande confusion : il a peur. Peur du mal. Peur de l'échec. Peur de la déception. Peur de sombrer dans un plus grand désespoir. Des scènes apocalyptiques défilent dans sa tête, presque aussi affolantes que la menace de passer sa vie dans la dépendance et l'impuissance.

Mais, plus il écoute son père lui parler de ce médecin thaumaturge, plus il réapprivoise l'idée de replonger un jour au bout du quai de Kamouraska.

— À ton âge, l'espoir n'est jamais une erreur, lui dit sa mère. Donne-toi donc une chance. Ça ne peut quand même pas être pire que c'est là.

— Je vais y aller, décide-t-il enfin quand son père lui demande s'il est d'accord pour consulter le Dr Penfield.

De peur que Raymond ne change d'idée, son père télé-phone aussitôt à Montréal. Un rendez-vous leur est accordé pour le lendemain, à une heure et demie.

Le malade est allongé et sanglé dans l'ambulance qui doit le conduire à l'hôpital Victoria, selon les recommandations faites par le Dr Penfield.

— T'as fait le bon choix, lui dit Elzéar-Alexandre qui a insisté pour accompagner son fils, quitte à faire le trajet de Québec à Montréal assis sur un inconfortable tabouret.

La route est dans un piètre état. Un pneu crève à tous les trente kilomètres. Il faut le changer sur place, en attendant le prochain village. Pendant qu'un garagiste se charge de la réparation. De plus, le moteur chauffe, ce qui fait penser aux ambulanciers que le radiateur a besoin d'eau. Ils lui donnent à boire et en profitent pour étancher leur propre soif à l'hôtel de la place. Après l'hôtel de Donnacona, il y a celui de Portneuf, puis celui de Batiscan, suivi de l'arrêt obligatoire au Cap-de-la-Madeleine. Comme midi va bientôt sonner, les deux hommes prennent tout leur temps pour s'offrir un copieux repas, de nouveau agrémenté d'un «p'tit remontant» comme dit l'un d'eux lorsque Elzéar-Alexandre, à bout de nerfs, leur en fait remontrance. Montréal est encore loin et les Chouinard craignent de ne pouvoir arriver à temps.

— Inquiétez-vous pas pour ça, dit l'un des deux ambulanciers, en prenant le volant. Si on voit que le temps est serré, on est équipé pour mettre la pédale dans le plancher. Puis, la sirène est pas là pour les morts, hein, M'sieur Chouinard?

— Allez-vous embrayer, enfin? riposte-t-il, acerbe.

Les deux éméchés ont presque réussi à endormir Elzéar-Alexandre de leurs refrains grivois, lorsque Raymond, qui n'a rien de mieux à faire que de regarder défiler le paysage par la fenêtre de l'ambulance, s'écrie soudain:

— Eille, les gars! Où est-ce que vous allez?

— À Montréal, c'te affaire! répond le conducteur, sur un ton rigolo.

— Je viens de voir «La Tuque 30 milles» sur le panneau...

— C'est vrai, ça? demande Elzéar-Alexandre, redoutant une blague du genre de celles que Raymond a l'habitude de faire.

— Arrêtez, puis allez lire le panneau, si vous ne me croyez pas!

Ce qu'ils font sur-le-champ. Raymond a raison. Elzéar-Alexandre est en furie.

— C'est pas correct? s'exclame le conducteur.

— Quoi? Vous chauffez ces engins-là sans même savoir où est Montréal, crie Elzéar-Alexandre, exaspéré. On s'en va pas à La Tuque, espèces de soûlons, on s'en va à Montréal! Vous vous êtes trompés de route! Vous rebroussez chemin tout de suite, sinon vous allez entendre parler de moi!

Sitôt dit, sitôt fait, le chauffeur ralentit dans le but de faire demi-tour sur le chemin de terre. Au moment où il s'apprête à braquer son volant sur la gauche, il entend le cri de panique de son coéquipier:

— Attention, l'autobus!

Elzéar-Alexandre a juste le temps d'apercevoir un autobus de la compagnie Transport Provincial que l'ambulance pique du nez dans le fossé qui longe un champ de blé. Tous les passagers se retrouvent cul par-dessus tête, à l'exception de Raymond dont le corps a été immobilisé par les sangles de la civière.

— Détachez-moi. Je vais mourir! Détachez-moi vite, hurle Raymond. Le temps que les passagers de l'autobus parviennent à retourner l'ambulance sur ses roues, il croit réellement qu'il va mourir. Elzéar-Alexandre tente bien de l'apaiser, mais il n'a pas le doigté d'Alberta.

Affolé et épuisé, Raymond a du mal à reprendre ses sens.

Le conducteur de l'autobus repart en promettant de prévenir les autorités pour qu'on leur envoie une autre ambulance dès son arrivée à Trois-Rivières.

Devinant qu'ils en auront pour plus d'une heure à attendre, avec un sans-gêne ahurissant, les ambulanciers s'installent confortablement pour cuver leur alcool. Ils ronflent encore en duo quand l'ambulance envoyée pour prendre la relève arrive enfin.

À l'heure où Raymond et son père se présentent à l'hôpital Royal Victoria, le Dr Penfield est déjà parti. Les deux passent la nuit dans une salle d'attente du Royal

Victoria. Nuit pénible, croyez-vous? À l'affût de la moindre occasion de rigoler, ils y trouvent tant et si bien leur compte, qu'au petit matin, cette aventure qui aurait pu tourner à la tragédie prend les allures d'une partie de plaisir.

Constatant que les infirmières ne résistent pas à ses charmes, Raymond met ses inquiétudes en quarantaine et, en faisant le récit de leur folle équipée, il les fait rire aux larmes.

Quand le Dr Penfield arrive, vers les onze heures, les infirmières du département montent la garde autour du beau don Juan, au grand dam de quelques «pète-sec anglo-saxonnes westmountaises» d'un autre âge. Soucieux d'expliquer l'envoûtement des jeunes femmes, Elzéar-Alexandre s'exclame:

— Vous comprenez, ce n'est pas tous les jours qu'elles ont l'occasion de s'occuper d'un nageur olympique, se rengorge-t-il, toujours aussi fier de ses enfants. Vous saviez que mon fils était aussi champion de canot?

— En effet, ce jeune homme devait être en pleine forme avant... dit le Dr Penfield procédant à l'examen. Il devrait être capable de passer à travers...

— À travers quoi, docteur? demande Raymond, blanc comme le drap qui le couvre.

Il existe un traitement auquel le médecin songe depuis longtemps, mais qu'il n'a jamais expérimenté, faute de candidat assez jeune et robuste pour le supporter.

— À travers le *stretch,* répond-il.

— Qu'est-ce que c'est ça? demande Elzéar-Alexandre, impuissant à masquer son appréhension.

S'adressant au malade, le Dr Penfield explique:

— C'est un attelage qui encercle ta tête et passe sous tes épaules, comme ça. À cet attelage, on fixe deux câbles au moyen desquels tu seras hissé à quelques pieds de terre, puis... Le médecin hésite un instant avant de poursuivre: Puis, vlan! On te laisse tomber de tout ton poids.

— C'est effrayant, s'exclame Raymond, les yeux exorbités.

— C'est juste un mauvais moment à passer. Songe que la secousse provoquée par la chute va te remettre les os en place.

Un silence d'effroi règne dans la salle d'examen.

— Pourquoi vous ne m'opérez pas à la place, demande Raymond, la voix chevrotante.

— Parce que ce serait comme d'essayer de réparer une vitre avec un marteau...

— Autrement dit, il ne me reste plus que deux solutions : retourner à la maison avec un abonnement à vie à la civière, ou passer par le *stretch*...

— Tu as tout compris, approuve Wilder Penfield.

— Dans ce cas, allons-y pour le *stretch*. Ça ne pourra pas être pire que c'est là, conclut Raymond, se souvenant des recommandations de sa mère.

Le jour même, le nageur olympique se retrouve suspendu à un mètre et demi du sol dans un attelage comme en portaient les victimes de l'Inquisition soumises à la question au fond de cachots souterrains.

— Je ne savais pas qu'on pouvait atterrir en parachute sans avoir à prendre l'avion, dit-il pour dédramatiser la situation.

Expulsé de la salle de traitement, une demi-heure plus tard, Elzéar-Alexandre voit son fils transporté sur une civière vers la salle des rayons X. L'attente est longue. Ce qu'il donnerait pour obtenir la permission de passer les portes battantes derrière lesquelles se joue le destin de Raymond. Il n'est de supplications, de menaces ou de flatteries qui puissent faire fléchir le personnel hospitalier.

— Monsieur, vous attendez ici, comme tout le monde, lui répète-t-on.

— Monsieur Chouinard, le traitement a donné les résultats escomptés, vient enfin lui apprendre le Dr Penfield.

L'enthousiasme se répand sur l'étage comme une traînée de poudre. Le Dr Penfield ordonne qu'on mette Raymond dans une «religieuse» pour empêcher sa colonne vertébrale de bouger. Un plâtre le recouvre de la ceinture jusqu'à la tête, ne laissant que le visage à découvert. Mais cette macabre momification n'éloigne pas les infirmières qui se précipitent à sa chambre aux heures de service et même après.

Cinq jours plus tard, le Dr Penfield déclare:

— Monsieur Chouinard, vous pouvez ramener votre fils à Québec. Le temps fera le reste.

En attendant l'ambulance, tôt le lendemain matin, Elzéar-Alexandre, la valise de Raymond à la main, escorté de son fils allongé sur une civière, est occupé à acquitter les frais de séjour et le coût des soins lorsqu'il croit reconnaître une voix… familière. Il se retourne brusquement. Les ambulanciers qui les ont catapultés dans le fossé, la semaine précédente, sont là pour les ramener à Québec!

CHAPITRE IV

Rentré de Montréal dans un plâtre qui l'immobilise de la tête au bassin, Raymond n'a pour toutes distractions que la radio et les livres classiques qu'apporte son père au logement familial de la rue de La Salle. Mais encore faut-il que sa mère trouve le temps de lui faire la lecture, accaparée qu'elle est par ses tâches routinières et le rôle d'infirmière privée qu'elle a adopté depuis l'accident. Raymond n'aurait pu trouver à ses côtés âme plus dévouée et plus généreuse qu'Alberta. C'est elle qui le nourrit, le change, le lave, elle qui s'occupe de son grand fils comme d'un petit garçon qu'il est redevenu bien malgré lui. Chacun de ses gestes tisse un nouvel écheveau de liens entre la mère et ce presque homme emprisonné dans son corps.

Ce dernier se rend compte quotidiennement de tous les sacrifices qu'elle s'impose pour lui. Raymond s'attache profondément à sa mère. Voilà sans doute pourquoi, tout le reste de son existence, celle-ci occupera la première place dans sa vie. Les autres femmes, elles, ne feront que passer…

Malgré ces soins, Raymond s'ennuie à mourir. Comble de malheur, les affaires périclitent pour Elzéar-Alexandre. Les mariages de guerre se faisant de moins en moins nombreux, le commerce des bijoux perd de sa popularité. Le domaine des livres et des revues pourrait devenir lucratif à la condition d'élargir son réseau de distribution. Le courage et l'ingéniosité ne lui faisant pas défaut, il s'y attaque dès cet automne 1939.

Pendant que pour ses frères et sœurs la vie reprend son cours normal, il en va tout autrement pour Raymond et ses parents. Le jeune homme prend occasion de tout pour exprimer son exaspération. Et comme il passe la majeure partie de son temps à écouter la radio, aucun des trois animateurs des stations, qu'il s'agisse de CHRC, de CKCV ou de CBV, n'échappe à ses récriminations:

— On dirait qu'ils sont payés pour dire des insignifiances! Je n'ai jamais appris le métier, mais je suis sûr que je n'aurais pas de mal à faire mieux, gémit-il à longueur de jour.

— Qu'est-ce que tu veux qu'on y fasse, mon pauvre garçon? lui répond Alberta, désemparée.

Les frères de Raymond le trouvent bien critique:

— Pour qui tu te prends, toi, pour te permettre de juger les annonceurs? T'as même jamais tenu un micro dans tes mains...

— Ça me suffit d'avoir des oreilles puis une tête sur les épaules pour distinguer ce qui est bon de ce qui est pourri.

Et puis un jour, il réclame sa mère dans sa chambre pour lui dire, ravi:

— Écoutez ce gars-là, maman! Lui sait faire de la radio. Vous allez voir comme il a le tour d'interviewer ses invités.

Assise sur le pied de son lit, Alberta écoute l'animateur.

— Quelle voix chaude! Tu sais son nom? demande-t-elle, non moins charmée par les propos qu'elle entend.

— C'est Roger Baulu, un nouvel annonceur que Radio-Canada vient d'embaucher.

À compter de ce jour, avec l'assentiment de sa mère, Raymond impose le silence à toute la maisonnée dès que cette voix se promène sur les ondes. Il ferme les yeux pour mieux savourer ses réparties et s'imprégner de la perfection de sa diction. Son admiration devient telle qu'oubliant le verdict médical, il se surprend à rêver: «Un jour, je ferai comme lui. On entendra ma voix aux quatre coins du pays. »

D'autres bons animateurs tels Jacques Desbaillets et Jean-Maurice Bailly viennent injecter dans les veines du jeune Raymond l'espoir de faire partie de cette relève.

— Pensez-vous qu'ils auraient de la place pour rentrer une civière dans les studios, maman?

— Tu veux rire!

— Non, maman. Je vous jure, sur mes pieds ou sur le dos, j'y serai un jour.

La rumeur fait le tour de la famille comme une traînée de poudre et les railleries se font plus caustiques:

— Mesdames, mesdemoiselles, messieurs, ici Raymond-Pascal Chouinard, le plongeur-annonceur de CHRC!

— Laissez-le donc tranquille. Vous ne trouvez pas qu'il a assez d'être malade, plaide Alberta.

— «Pruneau»! Il va falloir te secouer drôlement le prunier avant que tu sois capable de te faire aller la voix dans un micro.

Raymond est affublé de ce sobriquet depuis le jour où une grand-tante lui a offert un panier de pruneaux en cadeau.

— Si tu tombes sur le microphone, tu vas te faire une méchante prune! ajoute un autre.

— C'est pas tout d'avoir la langue bien pendue! le taquine Roland, encouragé par les autres.

— Ce n'est pas pour ta santé que l'on s'inquiète! ironise Joseph-Jean.

— C'est pour le ridicule qui va retomber sur la famille, ose renchérir Charlemagne, acclamé par les rires de ses frères.

— Lève-toi et marche, mon frère Raymond, déclare Paul sur un ton faussement solennel, avant de s'esclaffer.

Cette fois, le sarcasme a atteint les limites de l'acceptable. La moutarde monte au nez de Raymond:

— Sortez de ma chambre, espèces d'imbéciles! Allez, ouste! Dehors! ordonne-t-il, affectant d'être dans une colère noire.

Alberta, qui s'est promis d'intervenir le moins possible, les semonce vertement, avant de se tourner vers son «Momon» pour le calmer.

— Il ne faut pas te fâcher pour ça, dit-elle. Tes frères ne sont pas méchants. Ils ne peuvent plus te jouer de tours comme avant, alors ils essaient de s'y prendre autrement!

— Je sais bien. Pour être franc avec vous, je vous dirai que ce n'est pas contre eux que je suis fâché. C'est contre moi. Leurs doutes ébranlent mes espoirs et c'est cela qui me met en colère! Si mes propres frères ne me font pas confiance, qu'est-ce que je peux espérer de ceux qui ne me connaissent pas?

— Ça ne veut rien dire. C'est bien connu, ce ne sont pas nos proches qui apprécient le mieux nos talents, répond Alberta.

— Mais je vais leur montrer, moi...

Les mâchoires serrées sur son dépit, il enchaîne:

— Maman, je veux marcher! M'entendez-vous? Je veux marcher!

— Marcher? Mais il faudrait commencer par...

— Je sais, je sais. Il y a des étapes à franchir avant...

«Pourquoi aller au-devant des déceptions? pense Alberta. Advenant un échec, ne va-t-il pas s'exposer encore une fois à l'ironie de ses frères?»

Le regard suppliant, Raymond attend son acquiescement.

— Tu me promets de ne pas te décourager si tu ne réussis pas du premier coup? Ça peut être long et difficile, tu sais. Sans compter que ce n'est pas sûr que tu y arrives...

— Je vais réussir, maman.

— Laisse-moi le temps d'en parler à ton père, puis de préparer tes frères, allègue-t-elle, histoire de l'amener, sans le vexer, à reconsidérer ses intentions.

Non moins angoissé que son épouse, Elzéar-Alexandre suggère à son fils de commencer par essayer, avec son aide, de s'asseoir sur son lit.

— Quand tu auras réussi ça, on pourra te sortir de ta chambre. Ensuite, tu essaieras de faire bouger tes jambes, dit-il.

— Et je commencerai à marcher, ajoute aussitôt Raymond.

Ankylosé par des mois d'immobilisation, le moindre mouvement requiert une énergie qui lui fait défaut. Il s'épuise rapidement. Mais poussé par une invincible volonté de réussir, le malade reprend des forces jour après jour au point qu'autour de lui, on commence à croire qu'il pourra de nouveau marcher.

Au printemps 1940, Raymond, grâce à la constance de ses efforts, fait «ses premiers pas», sous le regard ébahi de ses frères.

— Je marche! Je marche! s'exclame-t-il avant de retomber dans les bras de son père, exténué par l'effort fourni.

Des larmes de joie perlent sur le visage d'Alberta et les enfants jubilent. Elzéar-Alexandre, étranglé par l'émotion, tend la main à son fils avec une fierté que les mots n'arrivent pas à traduire.

Ce soir-là, et jusque tard dans la soirée, c'est la fête chez les Chouinard.

Au cours de ce même été, les progrès de Raymond sont tels que le Dr Penfield décide de lui retirer la «religieuse» dans laquelle il était prisonnier depuis dix-huit mois et de la remplacer par un heaume. Bien que peu esthétique, ce genre de grand casque, comparable à ceux que portaient les hommes d'armes au Moyen Âge, lui recouvre la tête et les épaules mais lui laisse une liberté de mouvement qui lui permet de s'adonner à d'autres exercices. L'évolution est fulgurante. Trois semaines plus tard, Raymond se déplace à volonté dans la maison.

Pendant qu'au prix d'efforts héroïques, Raymond Chouinard recouvre un peu de sa liberté, d'autres jeunes hommes de son âge risquent de perdre la leur. La «guerre», ce mot qu'on retrouve sur toutes les lèvres, fait trembler les mères et leurs fils. Soucieux de gagner chaque jour un peu plus d'autonomie, Raymond se préoccupe bien peu des événements qui se déroulent dans les vieux pays.

— J'ai envie de courir, de faire des folies, de prendre le tramway pour traverser Québec, d'emprunter le traversier de Lévis! lance-t-il à ses frères Camil et Joseph-Jean.

— Tel que je te connais, dit ce dernier, tu serais assez fou pour te jeter à l'eau.

— Tu peux bien te moquer, toi. As-tu seulement idée de ce qu'on ressent, en dedans, quand on a cru pendant un an et demi qu'on passerait le reste de sa vie aux dépens de tout le monde? Qu'on ne serait plus jamais capable de se prendre à manger, de faire ses besoins tout seul? Peux-tu t'imaginer ce que ça peut faire quand, après des mois d'enfer, tu découvres un bon matin que tes jambes sont capables de te porter de nouveau? Peux-tu comprendre ça? répète Raymond, tandis que sa mère essuie du revers de la main des larmes qu'elle n'a pu retenir.

Attiré par les éclats de voix, Charlemagne entre dans la cuisine juste à temps pour entendre la dernière phrase de son frère. Il saisit un reproche derrière ses propos. Ne pouvant que constater le manque de compréhension et d'empathie de plusieurs de ses frères depuis cette tragédie, il s'exclame:

— C'est quand même pas de ma faute si tu as paralysé. Je t'avais prévenu...

— Je sais, je sais. C'est de ma faute. Rien que de ma faute. Tu n'es pas le seul à penser que je me suis comporté comme une cervelle brûlée. Et tout ça pour une fille...

Le regard du jeune homme s'embrume.

— Une fille que je n'ai jamais revue, en plus. Marie... Marie qui, donc? Je ne me souviens même plus de son nom de famille, murmure-t-il, nostalgique.

Ses progrès lui permettant de se déplacer par lui-même, Raymond sort désormais tous les jours. Au grand regret de sa mère, il prend le tramway pour aller s'enfermer durant des journées entières dans une des salles obscures des cinq cinémas de la rue Saint-Joseph.

— Tu vas t'user les yeux, mon grand.

— Voyons, maman, où est-ce que vous avez pris ça?

— Passer tes grandes journées, comme ça, dans le noir...

— Un écran de cinéma, ça n'use pas les yeux, voyons!

— Je sais ce que je dis.

— Qu'est-ce que vous connaissez là-dedans, hein?

— Ta mère connaît pas mal plus de choses que tu le penses...

— Seriez-vous oculiste, par hasard?

— Non, mais j'aurais pu le devenir si on m'en avait donné la chance.

Raymond hausse les épaules, sachant bien que sa mère ne tarira pas sitôt d'arguments. Mis à part le fait que le cinéma le fascine, Raymond ne dispose pas de loisirs plus enrichissants et aussi peu dispendieux. Les séances de cinéma ne coûtent que douze cents, à l'exception de l'admission au cinéma de Paris qui s'élève à vingt-cinq cents, car on propose deux films pour ce prix. Des westerns, des films français, des chefs-d'œuvre et des navets, Raymond en voit pour tous les goûts. Ainsi évite-t-il de se mettre en situation de ressentir davantage les limites de son handicap. Et, en dépit des craintes de sa mère, il n'a pas mal aux yeux.

Son état physique s'améliorant de jour en jour, le jeune Raymond a l'idée saugrenue d'aller, entre deux séances de cinéma, s'enrôler dans l'armée.

Alberta est décontenancée.

— Tu sais bien qu'on ne t'acceptera pas, dans l'état où tu es là, mon pauvre garçon.

Mais Raymond concocte un plan.

— Ça me prend une libération de l'armée si je veux trouver du travail.

— Trouver du travail?

— Sans ce papier, explique-t-il, on vous prend ou pour un tire-au-flanc, ou pour un déserteur... Par contre, avec une décharge en bonne et due forme, j'aurai moins de difficulté à me décrocher un job.

Pour s'être résignée un jour à la perspective que Raymond ne soit plus jamais en mesure de gagner sa vie, Alberta le trouve téméraire de se mettre en quête d'un travail. Mais elle a appris avec Raymond que le silence vaut mieux que l'interdiction.

Avant que quiconque ne l'en dissuade, Raymond se rend dans la haute-ville, se présente à l'édifice qui abrite le bureau de poste central, voisin du château Frontenac, et s'engage dans l'armée. Il porte l'uniforme jusqu'au moment où, à la suite d'un examen médical de rigueur, on lui signifiera la fin de sa carrière militaire. Elle aura duré vingt-quatre heures.

Quelques semaines plus tard, très tôt le matin, Raymond est réveillé en catastrophe par son père:

— Lève-toi, vite. Des agents de la RCMP veulent te voir.

— Ils sont ici?

— Ouais. Tu sais pourquoi?

— Je m'en doute, de répondre Raymond. Voulez-vous sortir que je m'habille? demande-t-il, pressé d'échapper aux questions de son père.

En retournant près des agents de la Gendarmerie royale du Canada, Elzéar-Alexandre croise Alberta qui, alertée par des voix étrangères, a vite passé une robe de chambre. Affolée à la vue de ces messieurs en uniforme, elle insiste pour connaître le but de cette visite pour le moins impromptue. Muets comme des carpes, les policiers attendent l'apparition de Raymond pour s'expliquer.

— C'est toi, Raymond-Pascal Chouinard? Tu t'en viens en prison.

Alberta fond en larmes. Une autre épreuve vient de s'abattre sur son fils chéri. Sitôt la porte refermée sur ces hommes escortant leur fils menotté, Alberta tombe dans les bras de son mari.

— Mais qu'est-ce qu'ils peuvent bien avoir à lui reprocher? demande-t-elle, à travers ses sanglots.

— Je ne le sais pas, mais je pense qu'il y a quelqu'un dans cette maison qui pourrait en avoir une petite idée...

Elzéar-Alexandre file vers la chambre de Joseph-Jean qui simule, il pourrait le jurer, un profond sommeil.

— Tu ne t'en sortiras pas comme ça! Lève-toi, puis viens nous dire ce que tu faisais avec Raymond, ces dernières semaines.

Dans l'armée ou sans l'armée, entraîné au combat depuis l'instant où il avait résolu de décrocher une médaille aux Olympiques, Raymond avait trouvé un autre champ de bataille sous les ordres d'un général tout à fait singulier, l'abbé Gravel, curé de Saint-Roch, un nationaliste dur qui encourageait ses jeunes ouailles à distribuer des tracts et des pamphlets contre la conscription.

Raymond Chouinard, qui s'était pris pour la réincarnation de Valcombre, écrivait les pamphlets et son frère Joseph-Jean, son aîné de deux ans, les polycopiait à la Gestetner, chargeant des gamins de les distribuer à la sortie de l'aréna aux gens venus assister à la joute de hockey des As de Québec.

Le pamphlet accusait Mackenzie King d'avoir menti en promettant aux citoyens que jamais, nulle part au pays, les Canadiens ne seraient appelés à participer à une guerre extraterritoriale.

— Mais c'est grave, ça! de s'exclamer Alberta.

— Grave pas grave, riposte son mari, je te jure qu'ils ne vont pas me l'enfermer comme ça, mon Raymond. Si ça prend le meilleur avocat de Québec pour le sortir de prison, je sais où le trouver.

Elzéar-Alexandre, endimanché, part retenir les services de maître Antoine Rivard.

— Mon fils a commis des bêtises, il faut le sortir de là!

— Ça ne sera pas une traînerie, de répliquer le disciple de Thémis.

Le matin de l'audience, les Chouinard, confiants en leur avocat, se présentent à la Cour dans la plus grande sérénité.

— Votre client est accusé d'avoir écrit, d'avoir imprimé, d'avoir fait imprimer, d'avoir distribué, d'avoir fait distribuer des pamphlets de nature à nuire à l'effort de guerre de Sa Majesté, dit le juge en s'adressant à maître Rivard.

— Nous plaidons coupables, Votre Honneur, répond Antoine Rivard.

La famille Chouinard est sidérée.

Le juge assène aussitôt un coup de maillet sur sa table et prononce la sentence sur le banc.

— Deux mois d'emprisonnement pour l'inculpé, Raymond-Pascal Chouinard. La séance est levée.

Sous les regards consternés des siens, Raymond, blafard, est conduit à la prison commune de Québec.

Qu'il soit incarcéré le même jour que le maire de Montréal, Camillien Houde, ne pèse pas lourd dans la balance des consolations. Ne pouvant compter que sur les visites de sa mère, la honte d'avoir un fils en prison empêchant son père de s'y présenter, ne serait-ce qu'une seule fois, Raymond a tout le loisir de cogiter et de replacer l'événement dans des perspectives qui étonnent Alberta.

— Tu sais, maman, des affaires de même, c'est pas grave. Je ne suis ni un voleur ni un tueur. J'ai juste été fidèle à mes convictions.

Avare de commentaires sur ce qu'il a vécu en ces deux mois d'incarcération, Raymond ne laisse pas moins deviner à ses proches qu'il a profité de cette solitude imposée pour étoffer ses rêves.

C'est ainsi que, par un bel après-midi du printemps 1941, il s'engouffre dans le tramway qui doit l'amener à la station de radio CHRC.

Il est quatre heures de l'après-midi quand il se présente devant la jolie réceptionniste du poste. Raymond a le temps d'apercevoir le nom de cette dernière sur la petite plaque posée sur le bureau avant de l'aborder.

— Bonjour mademoiselle Bédard! fait Raymond, d'une voix un peu plus haut perchée que d'habitude.

— Que puis-je faire pour vous? s'informe la demoiselle, sans trop accorder d'attention au jeune homme qui ne demande qu'à faire montre de sa courtoisie.

— Qui doit-on voir pour devenir annonceur?

— Annonceur? répète-t-elle, en levant les yeux sur Raymond pour détailler ce blanc-bec.

— C'est bien ça.

— Pour ça, il faut vous mettre en ligne, répond-elle, moqueuse. On ne devient pas annonceur comme ça, mon pauvre monsieur, poursuit-elle pour le décourager.

— Ah non? Comment le devient-on, demande Raymond, déterminé à ne pas se laisser démonter.

Le charme de Raymond exerce déjà son influence sur Mlle Bédard.

— En fin de compte, je ne serais pas étonnée que vous soyez plutôt doué pour ce métier, dit-elle. Mais il faut plus que le talent...

— Avec votre concours... fait-il, mi-suppliant, en la vrillant de son regard le plus enjôleur.

Parce qu'il l'amuse, elle décide de se montrer coopérative:

— Il faut voir M. Aurèle Pelletier... Mais il est occupé pour l'instant, lui explique-t-elle, l'œil espiègle.

— Qu'à cela ne tienne, j'attendrai.

— Ça pourrait être long...

— J'ai tout mon temps.

— Comme vous voulez. Vous pouvez vous asseoir, dit-elle en lui indiquant une rangée de chaises adossées au mur.

Fasciné par le va-et-vient incessant des gens qui entrent et sortent, traversent le hall d'entrée en coups de vent, empruntent allègrement le couloir, Raymond ne regrette pas ces heures d'attente. Il jubile chaque fois qu'à travers ce brouhaha il reconnaît certaines des voix qui l'ont charmé pendant ces dix-huit mois d'immobilité. Celle de Félix Leclerc, entre autres.

À cinq heures, il n'a toujours pas vu Aurèle Pelletier. Faussement timide, Raymond se dirige vers le bureau de la réceptionniste.

— J'attends toujours, mademoiselle. Pourriez-vous vérifier si M. Pelletier ne m'a pas oublié?

— Mon Dieu! Mais Aurèle est parti. Il vient tout juste de passer devant vous. Comment se fait-il que vous ne l'ayez pas vu?

— Comment peut-on, mademoiselle, reconnaître quelqu'un qu'on n'a jamais vu? Je ne suis pas devin, moi!

— Oh! Excusez-moi, je pensais que vous le connaissiez. Vous êtes fâché?

— Y aurait de quoi... Mais avec des yeux comme les vôtres, je me demande qui hésiterait à vous pardonner... Et si je me permettais d'être un peu polisson, j'ajouterais...

— Chut! fait-elle en posant un doigt sur ses lèvres. N'ajoutez rien. Vous en avez suffisamment dit comme cela.

Le téléphone sonne à cet instant et, bien à regret, Mlle Bédard doit répondre.

— Je reviendrai demain, lui chuchote Raymond.

Il va sortir mais se ravise et revient sur ses pas.

— Voulez-vous vraiment vous faire pardonner votre erreur? lui demande-t-il, comme s'il ne lui avait pas déjà accordé ce pardon.

Mlle Bédard plaque sa main sur le combiné.

— Oui, répond-elle, le prenant au dépourvu.

— Alors, je vous invite au bar du Capitol.

Tout Québec sait que les annonceurs de CKCV ont l'habitude de se retrouver au bar Chez Marino, situé dans le même immeuble que leur station de radio.

— Ce serait avec plaisir, mais... voilà mon ami, dit-elle en levant les yeux vers la porte par laquelle vient d'entrer un jeune homme à pas feutrés.

En apercevant ce petit monsieur timide qui attend que l'inconnu s'éloigne pour s'approcher de sa bien-aimée, Raymond pense, dépité: «C'est toujours aux mêmes!...»

Le lendemain, dès l'ouverture des bureaux, Raymond patiente à la porte de celui d'Aurèle Pelletier.

— Qui c'est, celui-là, s'enquiert M. Pelletier auprès de sa réceptionniste venue le prévenir.

— Il veut devenir annonceur, monsieur.

— Ouais... grommelle-t-il, dubitatif. Ils veulent tous le devenir.

Néanmoins, Mlle Bédard ayant maintes fois fait preuve d'un flair excellent pour dépister les bons candidats, il ne peut se permettre de sous-estimer son opinion.

— Et vous, demande-t-il? Comment le trouvez-vous?

— Il a l'air gentil garçon.

— Gentil garçon? répète le directeur, à demi convaincu.

— Il a de beaux yeux... ajoute Mlle Bédard en rougissant.

— Vous dites toujours cela!

— Mais lui, c'est vrai. Ah! Et puis, j'oubliais: il a une très belle voix.

— À la radio, ça convient mieux que d'avoir de beaux yeux.

— Vous devriez le voir, il est assez beau!...

— Vous savez que je ne peux rien vous refuser.

Sous ses airs bourrus, Aurèle Pelletier cache un caractère jovial et un entregent de bon aloi. Homme corpulent et peu disert, il aime aller droit au but.

«Mlle Bédard n'a pas menti, se dit-il en détaillant Raymond. Il est beau garçon... Avec des yeux qui lui dévorent le visage. Et il a de la prestance avec ça. Et si le ramage se rapporte au plumage...»

— Comme ça, vous voulez devenir annonceur...

C'est beaucoup plus une constatation qu'une question. Mais Raymond n'en demande pas tant pour livrer le fond de sa pensée sans détours, car il est convaincu que c'est dans la vérité que réside le meilleur moyen de convaincre le directeur de CHRC de ses bonnes intentions.

— Oui, monsieur. Depuis presque deux ans, j'écoute la radio tous les jours. Je peux vous dire qu'il est temps que ça change!

— Vraiment? ironise M. Pelletier devant la naïve impudence de ce jeune homme qui joue le «Jos connaissant».

— Je n'ai jamais entendu autant d'inepties de ma vie! Le niveau intellectuel en ondes fait du rase-mottes, si vous voulez tout savoir. À part un ou deux annonceurs, comme Félix Leclerc, les autres n'en mènent pas large. Je ne sais pas grand-chose de ce métier-là, mais je suis sûr que ça ne serait pas difficile de faire mieux! Tout ce que je vous demande, c'est de me mettre à l'essai.

Aurèle Pelletier grimace un sourire condescendant.

— Soit, jeune homme, je vais vous faire passer une audition. On verra bien de quoi vous êtes capable, avec un micro devant vous.

Aurèle Pelletier trouve sur son bureau quelques feuillets de textes publicitaires qu'il lui remet en lui demandant d'aller les lire au micro. Raymond a des papillons dans l'estomac : aux deux premières publicités s'en ajoute une troisième, rédigée en anglais. Lui qui ne parle pas un traître mot d'anglais va-t-il avouer son ignorance ? Il réfléchit à la situation et convient que, cette fois, la vérité ne saurait le bien servir. Il entre en studio, se place au microphone et lit les textes que lui a donnés Aurèle Pelletier en prononçant de son mieux le message dédié aux auditeurs de Toronto.

C'est le coup de foudre.

— Où est-ce que vous avez appris le métier ? lui demande Aurèle Pelletier, après lui avoir présenté ses félicitations.

— Je vous l'ai dit, en écoutant la radio, répond Raymond, laconique.

— Et l'anglais ? Comment vous faites pour le parler comme ça ? C'est sûrement pas à l'école que vous l'avez appris, s'étonne Aurèle Pelletier.

— Oh, ça !... répond Raymond évasif, se rappelant ses mauvaises leçons d'anglais.

— Eh ben, mon vieux, vous m'épatez !

Raymond ignore que M. Pelletier ne parle pas un traître mot d'anglais.   -

— Ce n'est pas parce que je ne suis pas très solide sur mes jambes que je n'ai pas d'oreille, dit-il, gourmé du succès de cette entrevue.

— Attendez-moi ici, dit M. Pelletier.

— Je suis engagé ?

— Je vais chercher Narcisse.

— Narcisse ?

— Narcisse Thivierge, Monsieur Radio lui-même, le grand patron de CHRC, précise le directeur, abandonnant Raymond dans son bureau.

Pelletier frappe à la porte de son patron et passe la tête par l'ouverture :

— Je crois que j'ai trouvé quelqu'un! Je veux te faire entendre son audition.

Cet homme très occupé se fait un peu prier avant de le suivre.

En passant devant le bureau d'Henri Lepage, le patron des annonceurs, Pelletier l'invite lui aussi à se joindre à eux:

— Arrive, ça en vaut la peine!

Quelques instants plus tard, ces messieurs s'assoient dans le petit studio pour écouter de nouveau ce jeune homme que Pelletier qualifie déjà de prodige. Raymond n'a pas le temps de terminer que Narcisse Thivierge affirme:

— J'en ai assez entendu.

Puis, il jette un regard complice à l'intention du chef des annonceurs qui se tourne aussitôt vers Raymond et lui dit:

— Au début, tu commenceras à quinze piastres par semaine pour soixante heures de micro.

— Quinze piastres! s'exclame Raymond qui n'en revient pas.

— Ce n'est pas assez? lui demande Narcisse Thivierge, prêt à s'offusquer.

— Bien sûr que c'est assez, monsieur! s'exclame Raymond qui aurait travaillé gratuitement si on le lui avait demandé.

— Raymond Chouinard... As-tu l'intention de garder ça comme nom?

— Je ne sais pas. Pourquoi, vous n'aimez pas mon nom?

— Ce n'est pas ça. Plusieurs préfèrent changer de nom. C'est une question d'intimité, de vie privée. Tu vas voir, tu risques de te faire achaler tout le temps.

— Je n'avais pas pensé à ça.

— Ben! c'est le temps d'y penser maintenant, parce que tu commences demain matin.

Raymond réfléchit à toute vapeur.

— Je pourrais prendre le nom de jeune fille de ma mère. Ça lui fera plaisir. C'était une demoiselle Boisseau.

— Alors, bienvenue à CHRC, Raymond Boisseau, dit M. Pelletier, en lui tendant la main.

En sortant du studio, Raymond croise des gens fort connus dont Raymond Laplante, Félix Leclerc, le poète, et Lucien Côté qui lui demande :

— Ça a marché, l'entrevue ?

— Si ça a marché ? Je commence demain ! annonce Raymond triomphant.

— Combien par semaine ? demande-t-il, indiscret.

— Quinze.

— Batince ! lâche Félix qui s'est rapproché. Ça fait trois ans que je suis ici et j'en gagne seulement douze !

Mal à l'aise, Raymond cherche une excuse :

— Oui, mais tu n'es pas bilingue, toi, je pense.

— Non.

— Ben, c'est ça.

— Tu parles anglais, toi ? s'étonne Félix.

— Non !

— Bon, bien alors ?

— M. Pelletier ne m'a pas demandé si je parlais anglais non plus ; il m'a demandé si j'étais bilingue. J'ai dit oui : je parle canadien, montréalais, québécois et gaspésien. Ce qui fait pas mal de langues.

Félix est séduit par la spontanéité et l'humour de Raymond :

— On ne peut pas tout avoir, conclut-il, bon enfant. Si le bon Dieu avait voulu que je sois bilingue, j'aurais gagné plus ! Allez, viens, je t'offre une bière.

Le cœur rempli d'allégresse par son succès, Raymond acquiesce à l'invitation de ce génie de la parole avec le sentiment que cette première rencontre pourrait être l'amorce d'une belle amitié entre lui et ce poète trop modeste.

Raymond Boisseau commence donc à CHRC comme «annonceur-maison». Ce qui ne le libère pas de tâches plus terre-à-terre comme de faire tourner les disques en l'absence de l'opérateur, mettre la station en communication avec l'émetteur quand il entre le premier et se prêter à de menues tâches, y compris celle de laver la vaisselle. Raymond est disposé à tout, tant il est heureux d'avoir relevé ce grand défi. Ses frères qui s'étaient moqués de ses ambitions devront, à compter de ce jour, se ranger du côté d'Alberta pour admettre que Raymond n'est pas qu'un rêveur. Il vient de prouver non seulement que ses désirs n'étaient pas utopiques, mais qu'il sait déployer l'énergie nécessaire pour les réaliser.

À force d'efforts constants, un an plus tard, en 1942, il y a belle lurette que Raymond marche à peu près normalement. Il y a bien sûr cette raideur caractéristique dans le dos et le cou qui peut donner l'impression qu'il est en état d'ébriété, croyance que Raymond préfère entretenir plutôt que de passer pour un infirme.

Une fois par semaine, chaque mercredi midi, CHRC diffuse une émission en provenance du château Frontenac. Il s'agit généralement de dîners pour hommes d'affaires et membres de clubs comme les Rotary et les Chevaliers de Colomb, pour qui l'on fait venir un invité spécial. Voilà que pour un de ces dîners, on attend nul autre, comme orateur du jour, que le général Charles de Gaulle, des Forces françaises de la Libération cantonnées en Angleterre.

Raymond ne tient pas le général de Gaulle en très haute estime. Antibritannique comme la majorité des Québécois, il est antigaulliste du seul fait que les Anglais appuient de Gaulle. En réalité, c'est encore plus simple que cela. Raymond n'est pas d'accord avec le général pour la simple et bonne raison que ce dernier s'est réfugié à Londres, ville de son ressentiment.

C'est donc tout naturel pour lui d'accorder son appui au maréchal Pétain.

La rareté du personnel dans les stations de radio oblige les annonceurs à tout faire eux-mêmes. Raymond ne fait pas exception à la règle. On lui remet une feuille de route qu'il doit suivre de demi-heure en demi-heure. Ce jour-là, son bout de papier stipule que de Gaulle doit occuper l'antenne de midi à une heure et demie. Or, le général se fait si volubile que deux heures vont bientôt sonner quand il entame une fresque d'histoire qui risque de durer tout l'après-midi. Raymond fait donc signe à l'opérateur de couper l'entrevue.

L'opérateur s'y oppose vertement:

— Pas question!

— Ce n'est pas toi qui vas se faire engueuler, si on ne passe pas le bulletin de nouvelles!

— Oui, mais le général de Gaulle, c'est beaucoup plus important que les nouvelles!

— Qu'est-ce que j'ai dit? Tu lui coupes le sifflet!

Dans des cas semblables, l'annonceur a autorité sur l'opérateur. Ce dernier n'a d'autre choix que d'obtempérer aux ordres de Raymond.

— Bon, bon, je coupe.

Ce faisant, Raymond vient d'outrager deux éminents personnages. Dans son énervement, il a oublié que le général de Gaulle devait être remercié, à la fin de son allocution, par nul autre que le sénateur Moreau, de Lévis. Or, non seulement ce monsieur occupe l'honorifique fonction de sénateur, mais il est aussi le propriétaire de la station de radio CHRC. Pour la circonstance, il est à prévoir que les deux villes de Québec et de Lévis écoutent le discours sur les ondes de CHRC. Surtout Lévis, où réside la famille du sénateur Moreau. Femme, enfants, belles-sœurs, beaux-frères, oncles, tantes, neveux et nièces, cousins, cousines, grands-parents et petits-enfants sont rivés à leur poste de radio pour entendre leur sénateur prononcer son mot de remerciement.

En moins de temps qu'il n'en a fallu pour interrompre le discours de l'éminente personnalité française, Raymond passe le seuil de la porte avec ses quinze jours de paie. La maladresse n'a plu ni aux gaullistes, ni aux Canadiens français du Québec, ni à la direction de la station.

— Non seulement, vous êtes renvoyé de cette station de radio, mais jamais plus vous ne pourrez parler dans un microphone! affirme Henri Lepage.

Raymond se retrouve dans la rue avec, comme prime de licenciement, un chèque de trente dollars. Chèque qu'il pulvériserait tant il a honte de sa bévue.

Il lui semble entendre sa mère : « Mais à quoi as-tu pensé ? »

Pour n'avoir pas su mesurer les conséquences de sa décision, Raymond vient de mettre fin à son plus grand rêve. Un rêve auquel il doit d'avoir retrouvé le respect de ses frères. Un rêve qui aurait pu l'amener aussi loin qu'une médaille olympique. « Dire que ma pauvre mère était si fière de moi, pense-t-il, atterré : Comme on peut être bête !... », se répète-t-il, déambulant vers les rues Victoria et Saint-Jean, en mal de réconfort.

Refusant comme toujours de s'apitoyer sur son sort, l'idée lui vient d'aller noyer sa déroute au restaurant-bar Chez Marino. Des gens du milieu de la radio, tant de CBV, de CHRC que de CKCV s'y trouvent, bavardant et fraternisant autour d'une bière. Raymond reconnaît Saint-Georges Côté, la plus grosse vedette de la ville de Québec ; le cousin germain de ce dernier, Lucien Côté, l'indiscret qui lui avait demandé combien il gagnait, André Serval, un chanteur fantaisiste, et un jeune dandy toujours tiré à quatre épingles, annonceur officiel à Radio-Canada : René Lévesque. Une seule femme a osé s'immiscer dans cet essaim d'hommes : la romancière Claire Martin — Montreuil de son vrai nom.

Sous l'effet magique des consommations, Raymond retrouve tant et si bien son humour et sa bonhomie des beaux jours, que son aberration de l'après-midi prend les allures d'une aventure loufoque à laquelle tous les clients sont invités à boire, aux frais de l'animateur congédié. «C'est la "tournée du général"», clame Raymond, tout fier de son jeu de mot. Puis, il en offre une deuxième, une troisième, et encore, jusqu'à ce qu'il ait épuisé sa paie de congédiement. À chaque tournée, il ne se fait pas prier pour raconter son histoire à tous ceux qui ne l'ont pas encore entendue.

Saint-Georges Côté trouve amusante la mésaventure qui vient d'arriver à Raymond.

— Qu'est-ce que tu vas faire, à présent, lui demande-t-il.

— Je ne sais pas! La mère des stations de radio n'est pas morte, à ce que je sache.

— Non, mais toi, ton chat est mort pour un bon bout de temps, lui lance un confrère peu amène qui croit avoir lancé un trait d'esprit lumineux.

Raymond lance un regard acerbe au mauvais plaisantin.

— Laisse tomber, conseille Saint-Georges Côté. J'ai peut-être quelque chose pour toi... Pour dire vrai, ça dépend... ajoute-t-il, habile à distraire Raymond de sa colère contre «le petit crétin» qui vient de l'insulter.

— Ça dépend de quoi?

— Sais-tu chanter?

— Si je sais chanter? Je sais tout faire, crâne Raymond, que l'alcool rend plus vaniteux.

— Le patron, chez nous, à CKCV, cherche un animateur capable de chanter. Un gars qui pourrait animer des émissions pour les «madames», le matin...

— Ah oui?

— Si tu peux chanter, tu es son homme, lui assure Saint-Georges Côté en l'invitant à monter dans la tour du Capitol qui abrite CKCV, la deuxième station privée à Québec.

Chemin faisant, Saint-Georges Côté précise :

— Le patron s'appelle Paul... Lepage.

— Ah oui! dit Raymond, que les noms indiffèrent pourvu qu'il décroche un autre emploi à la radio.

— Ça ne te sonne pas une cloche, Lepage, s'inquiète Saint-Georges Côté.

— Non, je ne vois pas, reconnaît Raymond.

— Il vaudrait mieux que tu t'ouvres les yeux puis les oreilles, parce que j'ai bien peur que ça te cause un sérieux problème...

— Un problème? Pourquoi un problème?

— Parce que Paul Lepage est le frère d'Henri Lepage, le type qui vient de te foutre à la porte de CHRC. Si ce n'est pas un problème, ça, je me demande ce qu'il te faut.

— Est-ce qu'on est obligé de lui dire que son frère vient de me virer? demande Raymond.

— Quand tu vas lui dire que tu viens de CHRC, la première chose qu'il va faire, ça va être d'appeler son frère Henri.

— Ouais. C'était trop beau pour être vrai, dit Raymond, vaincu avant même de s'être présenté au combat.

— Mais j'ai une idée...

Le joyeux drille vient d'imaginer une astuce pour faire passer Raymond comme une lettre à la poste.

— À CHRC, tu travaillais sous le nom de Raymond Boisseau, n'est-ce pas. Pour ton entrevue à CKCV, décide Saint-Georges Côté, on va te trouver un autre nom. Qu'est-ce que tu dirais de Jacques Normand?

— Jacques Normand? répète Raymond pour se familiariser avec le nom.

— Normand, c'est populaire... Quant à Jacques... pourquoi pas?

C'est ainsi qu'à partir de l'été 1942, Raymond Chouinard, alias Raymond Boisseau, devient Jacques Normand.

— Où travailliez-vous ? lui demande Paul Lepage.

— À CHRC.

— Ah oui ? Vous n'étiez pas bien à CHRC ?

— Oui, j'étais bien, mais...

— Mais quoi ?

— J'étais très bien, seulement... hésite Raymond.

— Je gagerais que mon frère et vous, ça n'allait pas.

— C'est ça, oui ! s'empresse de confirmer Raymond.

Un large sourire éclaire enfin le visage du directeur. Paul Lepage est un homme de décision et sans complaisance excessive pour les liens de famille. En son for intérieur, il se réjouit déjà à la pensée de piquer un annonceur de talent à son frère.

— J'ai hâte de lui annoncer ça. Il va me tuer ! conclut-il en pouffant de rire.

Et comme Jacques Normand, alias Raymond Boisseau, ne déride pas, Saint-Georges Côté, pressé de célébrer sa victoire, lui administre une vigoureuse tape dans le dos.

— Ris donc, face de carême !

— Vous allez être mieux ici, dit Paul Lepage. On a bien de l'ouvrage...

Raymond n'en croit pas ses oreilles. Comme par miracle, le rêve qu'il a cru devoir enterrer reprend forme moins de deux heures après s'être écroulé.

Passant du vouvoiement au tutoiement, Paul Lepage lui demande :

— Il paraît que tu chantes ?

— Un peu... Comme tout le monde. Mais je ne connais pas la musique, s'excuse Raymond.

— Ça n'a pas d'importance, rétorque Lepage. Tu commences une nouvelle émission à partir de lundi avec Saint-Georges Côté. Pour trente piastres par semaine, tu chanteras et tu feras chanter les dames.

Après avoir cuvé sa virée et tiré des leçons de l'événement qui l'a provoquée, Raymond entre à CKCV par la grande porte, réembauché au double du salaire qu'il touchait la veille. Et qui plus est, les deux postes appartiennent à la même compagnie. Il conclut que la chance l'accompagnera pour le reste de ses jours. Une seule chose le turlupine : s'habituer à son nouveau nom.

De fait, en peu de temps, le nom de Jacques Normand est sur toutes les lèvres. Pendant qu'Henri Lepage et compagnie se mordent les doigts de l'avoir congédié au lieu de le semoncer, une troisième station le convoite. Maurice Valiquette, réalisateur à CBV, le concurrent d'en face, au palais Montcalm, demande à Jacques de se présenter à son bureau.

— Pensez-vous que vous pourriez parler anglais avec un gros accent français... à la Maurice Chevalier ou à la Charles Boyer ? lui demande-t-il.

Jacques se contente de sourire.

— J'ai une émission qui va commencer à vingt heures le samedi soir : *Ici, l'on chante.* Et comme elle sera diffusée sur les deux réseaux français et anglais de Radio-Canada, il faut annoncer dans les deux langues.

Jacques, qui ne connaît que des rudiments d'anglais, hésite. Animer une émission de radio en anglais...

Le directeur ne s'en formalise pas.

— C'est une grosse affaire, explique M. Valiquette. Vous allez être entouré des plus belles voix de Québec. Vous connaissez le quatuor que forment Colette et Rolland, Madeleine Lachance et les Boulevardiers ?

Présumant de la réponse et fort heureusement pour Jacques, il enchaîne :

— Vous allez être accompagné par l'orchestre de Gilbert Darisse du château Frontenac. Diffusée juste avant le hockey, cette émission-là pourrait bien décrocher une cote d'écoute étonnante...

Jacques retient son souffle tant la proposition l'enchante. « Un rôle digne du meilleur annonceur », se dit-il.

— On va vous entendre d'un bout à l'autre du Canada. *Coast to coast,* vous vous rendez compte ?

Le cœur de Jacques bat la chamade. C'est l'apothéose pour le petit Chouinard du quartier Saint-Roch qui n'a pu se rendre aux jeux Olympiques mais qui se voit marcher sur les traces de Roger Baulu, son idole. Son ravissement est à la mesure de la détresse qu'il a ressentie lorsque le Dr Samson l'avait condamné à la civière pour le reste de ses jours.

À cette émission grande diffusion vient s'en greffer une autre, d'un commanditaire local, celle-là, et qui est animée par René Lévesque. Jacques doit chanter quatre chansons, tous les matins, de neuf heures à neuf heures quinze. L'animateur n'apprécie pas les talents de chanteur de Jacques. Et, réciproquement, Jacques cherche de quelle qualité d'annonceur René se croit doué. Ils sont quittes et deviennent vite de bons amis.

Comblé de bonheur, voilà que Jacques est invité à couvrir un événement d'envergure avec nul autre que son premier et grand idole, le caïd des annonceurs, Roger Baulu. À la première conférence des Grands, à Québec, en 1942, Jacques doit jouer le rôle de reporter. Ne connaissant rien à ce métier, il se considère privilégié d'être initié par l'expert en la matière. Cette insigne faveur se double, dès les premières rencontres, d'une amitié comme jamais Jacques n'en a connue. Les deux gaillards n'ont rien à leur épreuve. Complices dans les fredaines, les calembours et les supercheries, ils poussent le défi jusqu'à réaliser une entrevue avec les chiens de Roosevelt et de Churchill.

Tous les jours, Roger Baulu présente un bulletin de nouvelles à Radio-Canada. Son travail terminé, c'est l'occasion de fêter, car la conférence abrite de sept à huit cents journalistes venus du monde entier. René Lévesque, qui aspire à s'enrôler dans l'armée pour devenir correspondant de guerre, agit comme reporter, lui aussi. Comme tout le monde, il assiste aux conférences de presse et réalise des interviews.

En plus de sa permanence à CKCV, Jacques anime deux émissions par semaine à l'antenne de CBV, la plus importante en termes de diffusion, et il commence à se faire connaître comme chanteur. D'abord à *Ici l'on chante* le samedi soir et, à dix heures quarante-cinq, tous les matins de la semaine, il pilote une émission qui, par sa verve et son esprit déjà «vitriolique», enchante les auditrices et auditeurs québécois.

Jacques Normand, heureux de son sort, est loin d'imaginer que sa carrière va connaître un nouvel envol en ce printemps 1942. Vers les dix heures moins le quart, ce matin-là, alors que l'émission tire à sa fin, le régisseur l'informe d'un appel important : une personne tient à lui parler immédiatement et l'attend au bout du fil.

— Je viens de vous entendre à la radio, dit une dame à la diction fort soignée. Vous avez une voix magnifique, éclatante.

— Merci du compliment, chère madame. Malheureusement, je dois vous demander de m'excuser. Si vous voulez bien patienter, je vous reviens, le temps de lire une publicité et de faire tourner le prochain disque.

— Avec plaisir, cher monsieur.

Jacques hésite à retourner au téléphone. «Ça ressemble à un des sales tours de la bande des joyeux lurons», pense-t-il. Et pour cause, en plus des René Lévesque, Félix Leclerc et Saint-Georges Côté, ils sont toute une bande de plaisantins qui se rassemblent chez Marino et qui passent leur temps à se faire les coups les plus pendables. «Si c'est un tour, je suis déjà piégé, constate Jacques, alors autant aller jusqu'au bout!» Mais lorsque, reprenant le récepteur, il croit reconnaître la voix d'Henri Deyglun, il trouve la farce plutôt outrée.

— Vous pourriez venir à la chambre numéro 13 de l'hôtel Victoria? Nous aimerions discuter avec vous, dit la voix.

— Oui, monsieur. J'arrive tout de suite, répond-il,
assuré qu'un des bons imitateurs du groupe se paie sa tête.

Jacques met une demi-heure à aller frapper à la chambre
numéro 13. «Ils vont toujours bien sécher un bout de temps,
les sacripants», se dit-il.

Mais quelle n'est pas sa surprise de se voir accueilli, à
l'hôtel, par nulle autre que Mme Mimi d'Estée.

— Entrez, mon cher jeune homme.

Mimi d'Estée et son mari, Henri Deyglun, logent bel et
bien à l'hôtel Victoria. Elle est de passage à Québec pour y
jouer, avec André Robert, *Mimi, la petite ouvrière.* Henri
Deyglun écrit à ce moment *Vie de famille,* un roman-fleuve
radiophonique qui passe à dix heures tous les matins sur les
ondes de Radio-Canada. Invariablement, les Deyglun
ouvrent la radio une dizaine de minutes à l'avance pour ne
pas manquer le début de l'émission d'Henri.

— C'est un réel plaisir de rencontrer un jeune Français
fraîchement arrivé au pays, lui confie Mimi d'Estée.

Jacques retient un fou rire et s'empresse de clarifier ce
quiproquo.

— Je ne suis pas français, madame. Je suis un Québécois
pure laine de la paroisse Saint-Roch.

— Vraiment! Vous parlez un si beau français...

«D'où ce jeune prodige peut-il venir?» s'était demandé
le couple Deyglun qui connaît tous ceux qui chantent en
français, les Jean Clément et consorts.

Jacques les a subjugués.

— Ce qui serait dommage, lui avoue Henri Deyglun, ce
serait de laisser... comment dire? De laisser... se perdre un
talent comme le vôtre.

— Perdre! riposte-t-il. Que voulez-vous dire?

Ignorant sa question, M. Deyglun enchaîne:

— Que diriez-vous de venir à Montréal, monsieur Normand?

— Ça pourrait me plaire, si je n'avais déjà beaucoup de travail ici. Trois émissions, pour être précis. Mes affaires vont bien à Québec.

— Je n'en doute pas, avec une voix pareille. Mais vous avez sûrement déjà pensé à venir à Montréal? Québec, ce n'est qu'un petit village. C'est à Montréal que ça se passe.

Devant l'évidente perplexité de Jacques, il ajoute:

— En attendant que vous arriviez, tout à l'heure, j'ai parlé avec le patron de Radio-Canada à Montréal, mon ami Beaudet. Comme vous le savez, *Vie de famille* chapeaute plusieurs séries radiophoniques. Je cherche un jeune premier pour *Mariages de guerre*. Je me propose d'écrire un nouveau rôle... Je l'écrirais spécialement pour vous, cela va sans dire.

— Un rôle de jeune premier dans *Mariages de guerre*?

Jacques n'ose y croire tant l'événement dépasse toutes ses attentes.

L'heure n'est pas aux tergiversations et pourtant, il hésite. D'une part, il aimerait bien faire encore un bout de chemin à Québec avant de sauter dans l'inconnu. En revanche, il sait qu'il devra aboutir à Montréal s'il veut que sa carrière prenne de l'expansion. En quête d'un conseil judicieux, il va frapper à la porte de Paul Lepage, son patron à CKCV.

— Ça m'embête drôlement, lui avoue M. Lepage. J'ai misé beaucoup sur toi pour la saison prochaine. Mais, en toute honnêteté, je n'ai pas à te dire, même si je serais bien tenté de le faire, «Ne pars pas, ou, attends un an, au moins». Tôt ou tard, c'est inévitable, tu t'en iras à Montréal pour faire ton métier. C'est la métropole...

Paul Lepage se frotte le menton, fixe sa jeune vedette et lance comme un aveu d'impuissance:

— Je ne peux que te souhaiter bonne chance.

Fort de l'acquiescement de son directeur, Jacques doit maintenant affronter sa famille. Le chagrin de la séparation l'effraie. Même s'il vient coucher à la maison familiale de Saint-Roch de moins en moins souvent depuis qu'il loue une petite garçonnière sur les remparts, il appréhende la réaction de sa mère et la sienne, conscient que cet exode leur infligera une douloureuse déchirure. Et il y a son père. Comment oublier les énormes sacrifices qu'il s'est imposés pour le faire soigner? Jacques constate qu'il est profondément attaché à cet homme.

Le samedi venu, vers l'heure du dîner, à deux jours du départ, il se rend chez ses parents. Un sentiment de tristesse l'assaille chaque fois qu'il entre dans cette maison devenue trop grande depuis le départ des aînés. Heureusement, le sourire de sa mère, l'accueil de son père et l'admiration des plus jeunes ont tôt fait de dissiper sa mélancolie. En l'apercevant sur la galerie, prévenante comme toujours, Alberta s'empresse de lui dresser un couvert.

— Approche, «Momon», je te sers une bonne soupe.

— Je n'ai pas faim, maman.

— Tu vas bien manger un peu quand même. Tu es maigre comme un casseau.

Jacques n'est pas maigre du tout, mais Alberta est convaincue qu'il se nourrit mal depuis qu'il habite Québec.

— Assieds-toi et ne discute pas. Je te sers, lui déclare sa mère sur un ton à décourager toute réplique.

Jacques s'installe à table, résigné à avaler sa soupe, même s'il se sent trop excité pour accepter quoi que ce soit d'autre. Comme si elle avait senti le malaise de son fils, Alberta le submerge des nouvelles de l'un et l'autre de ses frères et sœurs. Elzéar-Alexandre guette l'instant de silence de sa femme pour prendre la parole:

— Puis, la radio? Ça marche en grande, hein? On ne manque pas une seule de tes émissions dans la maison.

— Vous êtes bien chanceux, papa! Moi, des fois, il m'arrive d'en manquer des bouts, blague Raymond.

— Tes oncles, tes tantes, toute la famille adore t'entendre.

Flatté, Jacques se contente de protester, faussement modeste:

— Voyons, papa, vous exagérez...

— Qui aurait dit que tu en arriverais là, quand on pense qu'il y a deux ans, tu ne pouvais même pas bouger le petit doigt, reprend-il.

Jacques sent le moment venu de plonger. Sur un ton qui se veut solennel, il déclare:

— Papa, maman, j'ai une nouvelle extraordinaire à vous annoncer!

— Oh, mon Dieu! s'exclame Alberta, le regard inquiet.

— Pourquoi, maman, vous morfondre comme ça sans savoir de quoi il s'agit?

Les jeunes s'impatientent.

— C'est quoi, ta nouvelle?

— Je viens de rencontrer un homme très important. Il s'appelle Henri Deyglun. Il m'offre un rôle dans *Mariages de guerre*.

Les frères de Jacques s'esclaffent.

— Toi? Comédien? On aura tout entendu...

— Il me ramène avec lui à Montréal, précise Jacques.

— Je le savais que c'était quelque chose comme ça! laisse tomber Alberta, catastrophée.

Moins prompt à réagir, Elzéar-Alexandre tient à connaître les raisons de ce départ inopiné. Jacques les lui expose avec un enthousiasme si contagieux que son père se lève de table et, d'une main tendue vers la sienne, lui offre ses félicitations avec une fierté sans pareille.

Alberta sanglote.

— Pourquoi vous pleurez comme ça, maman? La maison ne sera pas plus grande qu'avant, je ne vivais déjà plus avec vous.

— À Québec, on peut au moins espérer te voir arriver à n'importe quel moment, c'est proche, mais là...

— Mais vous en avez une douzaine d'autres autour de vous, dit Jacques, sachant bien qu'il a toujours occupé une place privilégiée dans le cœur de sa mère.

Nier qu'il lui rend la pareille serait mentir. Même avant l'accident, l'un et l'autre se manifestaient un attachement peu commun.

— Puis papa est là, aussi. Vous devriez en profiter pour vous reposer enfin. C'est bien votre tour de prendre ça aisé. Vous vous êtes démenée toute votre vie pour nous élever!

— Ça ne fait rien. Vous serez toujours mes petits. Ça ne veut pas dire que je ne suis pas contente pour toi, «Momon». On le savait que ça devait arriver, un jour ou l'autre. C'est juste qu'on n'est jamais préparé, quand ça arrive pour de vrai.

— Pour être franc avec vous, je vous avoue que ça me fait un peu peur. Mais je sais qu'il faut que je parte.

— Je suis sûr que ça va bien aller, reprend son père. Tu es déjà populaire à Québec. Je te fais confiance, tu vas séduire le cœur des Montréalais.

— Pas juste des Montréalais, papa, de tout le Québec, reprend Jacques, complice de la confiance que son père lui exprime.

Et se tournant vers sa mère, il ajoute:

— Vous allez m'entendre tous les jours, maman, comme avant...

— Tu pars quand, au juste?

— Demain soir.

— Pas tout de suite comme ça, mon pauvre garçon, gémit-elle.

— Je vais revenir ici aussi souvent que je le pourrai, les fins de semaine.

— Tu me le promets? demande-t-elle, la voix brisée de chagrin.

Avec son pouce, Jacques trace une croix sur son front, sur sa bouche et sur son cœur.

— Promis, maman. Puis, si je meurs...

— Ne dis pas ça! rétorque Alberta. Ça pourrait porter malheur. Tu as déjà eu assez d'épreuves comme ça.

— C'est grand, par exemple, Montréal, dit Elzéar-Alexandre pour mieux dissimuler l'émotion qui le gagne.

CHAPITRE V

Descendu à la gare Windsor au petit matin, Jacques dispose de peu de temps pour se trouver une chambre d'hôtel, y déposer ses bagages et se présenter à l'heure convenue à Radio-Canada, à l'angle des rues Sainte-Catherine et Drummond. Il s'arrête donc à l'hôtel Lasalle, rue Mackay, non loin de l'édifice King's Hall qui abrite les studios de la société d'État, juste en face du Dinty More. Passant continuellement de l'euphorie à l'angoisse, Jacques n'a pu fermer l'œil de la nuit. Il n'est donc pas très en forme lorsqu'il se présente au studio de la rue Sainte-Catherine. Ce qui devrait être considéré comme un privilège — jouer un premier rôle — n'en est plus un tant les exigences lui semblent élevées.

« Qu'est-ce que je fais ici ? » se demande-t-il, en entrant dans cet édifice aux longs couloirs sombres. Son appréhension devient telle qu'il est tenté de rebrousser chemin lorsqu'il aperçoit Mme Coulombe, la réalisatrice attitrée de M. Deyglun. Celle-ci est loin de soupçonner, en invitant Jacques à la suivre, que la pensée d'être présenté à l'équipe le fait trembler de tout son corps.

— Connaissez-vous Fred Barry ? lui demande-t-elle.

— Je n'ai pas cet honneur, mais je l'ai souvent entendu à la radio.

— Monsieur Barry, voici notre jeune premier, Jacques Normand.

«Fred Barry, le grand des grands», se dit Jacques les mains moites d'émotion.

D'une main chaleureusement tendue vers lui, M. Barry l'accueille le plus simplement du monde et lui souhaite une cordiale bienvenue dans l'équipe.

Vient ensuite Paul Guévremont, une autre des grandes figures de la radio, aussitôt suivi de Mme Jeanne Maubourg-Roberval, une des voix qu'il écoutait religieusement après son accident et qu'il vénère toujours. Aux hommages que Jacques lui présente, elle répond en le suppliant de ne pas l'appeler «Madame».

— Je n'oserais pas, madame... J'ai trop d'admiration pour vous. Et puis, donner la réplique à Mme Maubourg-Roberval, c'est comme si on disait à un jeune comédien: «Demain, tu joues avec Sarah Bernhardt.»

— Ça, c'est tout un compliment! dit-elle gentiment.

En présence des artistes chevronnés, Jacques doute de pouvoir satisfaire les attentes de ses patrons. «Savent-ils seulement que je n'ai jamais fait d'études préparatoires au théâtre?» se demande-t-il. Le défi est grand, car le succès du théâtre radiophonique repose uniquement sur la voix. Il ne suffit pas de donner la réplique, il faut avoir le ton juste, savoir jouer avec sa voix. Conscient d'avoir beaucoup à apprendre, Jacques est intimidé; Radio-Canada ne saurait accueillir, croit-il, des artistes qui ne savent se produire avec brio. À plus forte raison dans une émission qui décroche les plus hautes cotes d'écoute.

Hanté par toutes ces interrogations, il ne voit pas venir vers lui Raymond Laplante, Miville Couture et Félix Leclerc qui travaillent dans ce même édifice, sur d'autres émissions.

— Ça va aller, p'tit gars, ça va aller. Tu t'en fais trop, lui répètent-ils, à l'instar d'Henri Deyglun qui a eu l'occasion de le louanger auprès de ses anciens collègues de Québec avant qu'ils ne le rejoignent.

— *Stand by,* dans deux minutes! annonce Mme Coulombe, la réalisatrice. Voici vos textes.

D'une main tremblante, Jacques s'empare des feuilles et se dirige vers le studio.

Le bruiteur s'installe devant ses trois tourne-disques et lance l'indicatif musical de *Mariages de guerre.*

Jacques sent sa gorge se serrer. «Ça tient du miracle si je réussis à projeter un filet de voix dans ce micro», songe-t-il. À voir le bruiteur qui se démène comme un diable dans l'eau bénite pour reproduire les bruits du vent, de la pluie, des claquements de porte, des freins de voitures, des grincements de roues, il se sent moins seul à devoir trimer dur pendant les quinze minutes que durera l'émission. Quand vient son tour de donner la réplique, dans les regards qui se tournent vers lui, en une fraction de seconde, il lit, non pas l'inquiétude et le doute, mais la confiance et l'empathie qui vont le propulser au-delà de sa peur. Un sentiment comparable à celui qu'il a tant de fois éprouvé sur le plongeoir avant de se lancer sur la crête de la plus haute vague le saisit. Il donne sa deuxième réplique, sa troisième et toutes les autres avec une telle ferveur qu'une salve d'applaudissements éclate dès que les micros sont fermés. Jacques est rentré par la grande porte et il vient de prouver que le choix du couple Deyglun était judicieux.

Cette victoire, si éclatante soit-elle sur le plan artistique, s'accompagne d'un recul financier considérable. Premier rôle ou non, tous les comédiens de *Mariages de guerre* gagnent le même cachet, soit six dollars par jour, de loin beaucoup moins que ce que Jacques touchait à Québec. Navré de cet état de fait mais incapable de payer davantage ses comédiens, Henri Deyglun confie son embarras à sa femme. Celle-ci lui suggère d'exposer son problème à sa grande camarade, Mme Jean Despréz, Laurette Auger de son vrai nom, femme du célèbre comédien Jacques Auger.

— J'ai découvert un prodige, à Québec, lui confie Henri.

Jean Despréz s'esclaffe, moqueuse. Mais il poursuit :

— Ce jeune homme de talent a tout balancé pour me suivre. À Québec, il était un véritable homme orchestre : animateur, annonceur, chanteur, et j'en passe. Il animait même en anglais et en français sur le réseau, le samedi soir. Si tu lui écrivais un petit rôle dans *Jeunesse dorée,* ça l'arrangerait...

— Et toi aussi, si je comprends bien.

— Je me sens responsable de lui, avoue Henri. Même si je doublais son revenu, il serait encore inférieur à ce qu'il gagnait à Québec. Ce jeune homme a besoin d'argent et comme il vient juste d'arriver, il n'a pas la même chance que ses camarades qui jouent dans quatre ou cinq feuilletons pour gagner leur vie.

Jean Despréz réfléchit.

— Je l'engage, dit-elle, mais à une condition...

Henri attend légèrement inquiet.

— Tu trouves un rôle pour une de mes protégées, une demoiselle Gabrielle Côté, qui a pris le nom de Lise Roy.

— Un peu de talent, au moins ? demande-t-il, visiblement réticent.

— Beaucoup de talent et, ce qui est rare, c'est une travailleuse acharnée. Cette jeune fille prend non seulement des cours de théâtre, mais aussi des leçons de chant. C'est une excellente chanteuse et une très bonne comédienne. Elle mérite qu'on s'occupe d'elle.

Henri ne s'attendait pas à devoir se creuser la tête ainsi pour venir en aide à son jeune comédien. De retour à son bureau de Radio-Canada, contrairement à son habitude, il se prend à souhaiter le départ du personnel afin de retrouver la tranquillité dont il a besoin pour créer un rôle qui pourrait mettre en valeur les talents de cette Mlle Roy. L'idée lui vient soudain d'illustrer le drame que vivent quotidiennement, depuis le début de la guerre, des milliers de Canadiennes

Un regard troublant qui ne parvenait pas à voiler sa tristesse.

La maison natale de Jacques, entourée du cimetière Saint-Charles, rue Saint-Vallier à Québec.

Il aimait la lecture et possédait une mémoire phénoménale.

À ses débuts à CKCV, là où il prit le nom de Jacques Normand.

Grâce au journal *Radio Monde*, Lise Roy et Jacques Normand
allaient bientôt former le couple le plus populaire du Québec.

Rencontre fortuite du couple
Lise Roy – Jacques Normand
avec Momo Desjardins.

Le couple s'envole vers
Chicago où l'attend M. Wrigley,
le magnat du chewing-gum.

En direct d'Hollywood, Jacques et Lise participent à l'émission radiophonique la plus populaire du temps des Fêtes.

Une pause bien méritée de Lise et Jacques entre deux émissions, en compagnie de Pierre Dagenais.

Avec Estelle et Guy Mauffette, et Roger Baulu.

Avec son inséparable pianiste, Billy Monroe.

La joyeuse bande se retrouve à Paris en compagnie de Jacques Canetti, Félix Leclerc, Claude Jutra, Michel Legrand et Fernand Raynaud.

Charles Trenet ne manquait jamais de rendre visite à son grand ami lors de ses passages à Montréal.

Avec Mimile Prud'homme, au Faisan Doré.

Paul Desmarteaux, Roger Baulu, Jean Rafa et Gilles Pellerin au cours d'une émission du *Fantôme au clavier,* à CKVL.

Walter Eiger, le pianiste de Charles Trenet, en compagnie de Pierre Roche et Charles Aznavour.

Avec Roger Baulu, Nicole Germain, Jean Rafa et Jovette Bernier, tout était prétexte à fêter entre amis.

abandonnées par leur fiancé. Il suffirait d'ajouter au scénario une voisine à Mme Béla (jouée par Mimi d'Estée). Le jeune soldat, interprété par Jacques, ferait la connaissance de cette jeune femme, et tous les deux vivraient une histoire d'amour des plus pathétiques.

Débordant d'enthousiasme, Henri s'empresse d'informer Jacques de l'ajout d'un nouveau rôle et de l'arrivée d'une nouvelle comédienne. Le jeune soldat de *Mariages de guerre* est ravi. Et pour cause, son patron vient de lui trouver une bien jolie et gentille partenaire. Dès les premières émissions, l'histoire plaît énormément au public. Grâce à ce feuilleton, les noms de Jacques et de Lise se retrouvent sur toutes les lèvres. Le jeune couple va devenir le plus populaire de la province.

Jacques et Lise prennent l'habitude d'aller dîner ensemble à la cafétéria de Radio-Canada. Puis peu à peu, le temps du repas ne leur suffisant plus, Jacques invite régulièrement sa belle Lise dans sa petite chambre à l'hôtel Lasalle. Il ne la quitte que le soir venu, après l'avoir reconduite à Longueuil, au domicile de ses parents. Rentrer seul à Montréal lui devenant de plus en plus pénible, il loue un petit appartement coquet à proximité de la famille Côté.

La série tire à sa fin lorsque Henri Deyglun convoque ses deux plus jeunes comédiens à son bureau.

— Vous aimez toujours jouer dans *Mariages de guerre*? leur demande M. Deyglun sur un ton d'une solennité qui prête à mille et une interprétations.

Jacques et Lise ont un sourire qui confirme leur plaisir d'être ensemble.

— Seriez-vous prêts à quitter Montréal?

«Ça y est, se dit Jacques. Il est au courant de notre relation et il nous envoie vivre nos amours ailleurs.» Le regard de Lise témoigne des mêmes craintes.

— Le Nouveau-Brunswick, ça vous dit quelque chose?

— Jamais allé, répond Jacques.

— Je ne serais pas surpris que vous n'ayez même jamais mis les pieds en Ontario. Encore moins au Vermont.

Les deux tourtereaux le regardent avec inquiétude.

— Mes enfants, c'est vous qui allez tenir les rôles principaux en tournée, leur annonce-t-il, triomphant.

Henri Deyglun vient d'adapter son feuilleton de treize semaines et la pièce de théâtre en trois actes sera jouée durant l'été, à travers la province, en Ontario et jusque dans le Vermont.

L'enthousiasme des deux jeunes comédiens a remplacé l'appréhension des minutes précédentes. Éprise de Jacques comme elle l'est, Lise voit dans cette tournée l'occasion de se rapprocher de celui qu'elle aime. Pressée d'entendre Jacques lui faire des aveux, elle compte sur le dépaysement, la griserie du voyage et leur présence sur la scène pour créer un climat propice à l'épanouissement de leur amour.

Hélas ! deux jours plus tard, le conte de fées tourne au cauchemar, et pour Lise, et pour toute la troupe d'Henri Deyglun. M. Côté, en père de famille autoritaire, s'oppose à ce que sa fille parte en tournée. Par ailleurs, pour Henri, remplacer Lise à pied levé par une autre vedette est inconcevable. Le public attend le couple Jacques Normand-Lise Roy, et personne d'autre. Lise est consternée.

— Si je pars, je ne remettrai plus jamais les pieds chez moi ! m'a dit mon père.

— Je parlerai à votre père, propose Henri.

— Oh ! non... Vous risqueriez de tout gâcher.

— Mais comment ?

— Il serait si choqué que vous interveniez, qu'il pourrait aller jusqu'à m'interdire de chanter dans les cabarets... Je préfère mourir !

— Allons, mon petit. Nous allons sûrement trouver un moyen. Ne vous inquiétez pas.

Or, la saison d'été approche à grands pas et M. Côté, Émile de son prénom, demeure toujours inflexible. Ce que voyant, Mimi d'Estée, qui affectionne les deux jeunes comédiens, suggère à Jacques:

— Vous qui avez la langue si bien pendue, vous devriez essayer de parler à M. Côté. Il écoutera peut-être davantage quelqu'un qu'il connaît.

— Je veux bien essayer, concède Jacques, mais comme ce monsieur se méfie des gens comme moi et des artistes en général, je ne vous promets rien. Depuis qu'il sait que j'ai habité une chambre d'hôtel pendant plusieurs mois et que je gagne ma vie dans le monde de la radio, il ne m'a pas en très haute estime.

Émile Côté travaille comme facteur aux Postes canadiennes et il se targue, bien qu'il ne soit pas riche, de payer une bonne instruction à ses enfants.

Invité par Lise à se joindre à la famille pour le souper, la mine revêche de M. Côté fait douter Jacques du succès de sa démarche. De fait, le repas se déroule dans une ambiance de suspicion, les deux hommes ne cessant de s'épier l'un et l'autre. Émile Côté prête à Jacques des intentions qu'il n'a pas, nourrissant des préjugés qu'entretiennent bien des gens au sujet des artistes.

— C'est rien qu'une bande de bohémiens! lance-t-il en parlant de la troupe de *Mariages de guerre*.

Piqué au vif, Jacques ne peut demeurer silencieux.

— Si vous saviez ce que je pense des mœurs bourgeoises et de la pudibonderie, marmonne-t-il.

Il est vrai qu'en matière de morale, le milieu artistique s'est toujours démarqué du reste de la société. Libertinage, divorces, unions libres, parties fines, partouzes même, sont monnaie courante. Des rumeurs courent aussi selon lesquelles plusieurs homosexuels seraient à l'emploi de Radio-Canada, seul milieu où ils peuvent circuler sans être montrés du doigt.

Jacques se défend bien d'être le débauché que M. Côté soupçonne; il exige qu'on le respecte. Le père de Lise l'a compris et ne le relancera pas sur cette piste.

— Passe encore que ma fille chante dans des cabarets jusque tard le soir; grâce au ciel, son frère l'accompagne, dit-il. Mais partir en tournée, ça, jamais!

— Vous avez l'air d'oublier que je serai là pour veiller sur elle...

— Vous n'osez quand même pas penser que je vous ferais confiance! réplique Émile.

— Vous avez tort, monsieur Côté.

— Faites-moi rire! Croyez-vous que je ne vois pas vos yeux quand vous les posez sur elle! Un regard...

Émile Côté cherche l'adjectif approprié.

— Quel regard? demande Jacques, indigné.

— Le concupiscent, monsieur!

— Quoi?

— Parfaitement! Comme un vautour qui s'apprête à fondre sur la proie qu'il convoite!

— Voyons donc, papa, s'interpose Lise, encore plus étonnée que son père prête d'aussi mauvaises intentions à son amoureux.

Émile Côté pointe un doigt accusateur vers sa fille.

— Tu es prévenue. Si jamais tu pars en tournée, tu ne remettras plus jamais les pieds dans cette maison. C'est bien compris?

— Mais je ne suis plus une petite fille, réplique Lise, au bord des larmes.

— Quand tu seras mariée, tu feras ce que tu voudras! Mais tant que tu vivras sous mon toit, c'est moi qui déciderai.

Jacques fronce les sourcils. Sans s'en douter, Émile Côté vient de lui lancer un défi. Depuis toujours et en dépit des épreuves qui ont marqué sa jeunesse, Jacques n'a reculé devant aucun de ceux qui lui étaient présentés.

— Qu'est-ce que vous venez de dire ? intervient Jacques. Quand elle sera mariée ?... Qu'à cela ne tienne, alors, nous allons nous marier !

Le père de Lise est médusé. Mais sans lui laisser le temps de se ressaisir, Jacques s'approche de lui, lui tend la main et fait sa demande en bonne et due forme.

La nouvelle du mariage se propage comme une traînée de poudre dans le milieu artistique de Montréal. Les journaux publient à qui mieux mieux des histoires toutes plus rocambolesques les unes que les autres sur l'union du couple chéri du public. C'est alors que Marcel Provost, du journal *Radio Monde,* entre en contact avec son propriétaire, Jack Tietolman, pour lui faire part d'un projet «absolument fabuleux» :

— Les couples sont à la mode, *boss*! Regardez le succès de Robert L'Herbier et de Rolande Desormeaux! Le mariage de l'année... du couple de l'année, *boss*! insiste-t-il. Nous publierons toutes les photos en exclusivité dans le journal. Vous rendez-vous compte du battage publicitaire que ça va faire ? Le tirage va grimper en flèche !

Emportés par le cyclone Marcel Provost, Jacques et Lise, entre les répétitions de *Mariages de guerre* et leur union médiatisée par *Radio Monde,* ne savent plus où donner de la tête.

À quelques jours de la première représentation, le mariage est célébré en grandes pompes à l'église Saint-Charles de Longueuil en présence des familles et d'un public qui les avait déjà mariés depuis longtemps dans son cœur. Pas un membre de la presse n'aurait raté cet événement.

Contraints à de courtes vacances avant leur mariage, la tournée leur tient lieu de voyage de noces. La troupe donne plus de cent représentations. Les sautes d'humeur de Jacques inquiètent sa jeune épouse qui avait imaginé que l'exotisme, le dépaysement et la complicité allaient solidifier leur relation. Mais la faible lueur d'amour qui a incité Jacques à demander Lise en mariage faiblit devant les œillades de ses admiratrices. Il suffirait de peu pour que l'une d'elles, soufflant la flamme dans le cœur de Jacques, la voit s'embraser. Tout indique en effet qu'il n'est pas vraiment amoureux de Lise. De fait, depuis le jour de la grande demande, Jacques et Lise vivent très différemment leur belle aventure. Alors que lui la considère comme un simple intermède, Lise s'imagine qu'elle va durer toujours.

C'est dans un climat plutôt morose que le couple suit la troupe aux États-Unis. Malgré les difficultés personnelles de leur union, de ville en ville, de salle en salle, c'est toujours le même succès auprès d'un public fidèle à ses héros radiophoniques.

En septembre, le retour à Montréal s'annonce encore plus sombre. L'avenir inquiète Jacques. Que la tournée ait marqué la fin de *Mariages de guerre* à la radio le soulage à certains égards. Toutefois, elle signifie aussi qu'il ne lui reste plus que son rôle dans *Jeunesse dorée* pour assurer sa subsistance et celle de Lise.

Des honneurs attendent cependant le couple. Au Gala des artistes, Jacques reçoit la médaille d'or décernée à l'artiste le plus populaire élu par le public, tandis que Lise est élue « Miss Radio ». Jacques croit le moment bien choisi pour se libérer du carcan qu'il ressent de plus en plus à jouer des personnages imaginés par les autres. Il désire revenir à son gagne-pain préféré, la chanson. Il présente donc à CKAC un projet où Lise et lui chanteraient. Il a déjà choisi le titre de l'émission, *Y a du soleil*, titre inspiré d'une populaire chansonnette française de Maryse Damia, dont les paroles se chantent comme suit : *Y a du soleil, dans tes grands yeux, c'est mes vacances…*

CKAC a vite fait de saisir ce qu'elle considère comme une occasion en or de rafler la meilleure cote d'écoute de toutes les stations de radio. Noblesse oblige, elle met le grappin sur un des plus gros commanditaires connus, la gomme à mâcher Wrigley's. L'émission remporte un franc succès.

— Ces *kids*-là, je veux les voir ici, à Chicago, ordonne le commanditaire qui a eu vent de leur succès.

Quelques jours plus tard, Jacques et Lise montent à bord d'un appareil de la Trans-Canada Air Line en direction de Chicago. Les voyageurs sont accueillis comme des princes à leur arrivée.

Ils empruntent ensuite un long couloir d'où ils aperçoivent le gros bureau derrière lequel trône M. Wrigley, le millionnaire américain. La pièce est spacieuse, meublée de fauteuils en cuir et éclairée de lampes torchères qui diffusent une lumière tamisée. Le bureau a ceci de particulier qu'il paraît au moins trois fois plus long que large.

Après les avoir invités à s'asseoir et à prendre un *drink* avec lui, le magnat de la gomme leur révèle sans tarder, non pas le motif de son invitation, mais les avantages d'un bureau conçu tout en longueur :

— C'est pour mieux observer mes visiteurs, déclare-t-il en riant, sans cesser de les regarder.

Jacques et Lise sont intimidés. M. Wrigley se targue d'être un homme de grande perspicacité et il se vante de deviner le caractère de ses visiteurs et de les jauger rien qu'à leur façon de marcher.

— Mais nous sommes ici pour discuter d'affaires sérieuses, reprend-il en mordillant un gros cigare entre ses lèvres.

— *As you want, Sir,* acquiesce Jacques, avec son accent à la Maurice Chevalier.

— *You speak a very good English !*

— *With a big* accent français, se défend Jacques.

— *No, no, no ! Your English is perfect that way. Don't change a word to it !*

— *If you say so*, de répondre Jacques, en lorgnant du côté de Lise de qui il espère une approbation.

Plus impressionnée encore que ne l'est son mari, elle n'a d'yeux que pour ce décor somptueux et la moquette moelleuse d'un pourpre sanguinolent. Entrecoupées de longues pauses pendant lesquelles le riche Américain tire sur son cigare, il expose son projet qui, dit-il, devrait les emballer. Propriétaire du club de base-ball et du Wrigley Stadium de Chicago, il voudrait emprunter le titre de l'émission comme slogan pour son *advertisement campaign*. Jacques se demande ce que quatre petits mots comme *Y a du soleil* ont à voir avec du chewing-gum. Mais enfin, il n'est pas là pour contredire un éventuel bienfaiteur. Présumant de leur consentement, l'homme d'affaires leur annonce qu'ils sont invités à son *Wrigley's Hour*.

— *Do you know about the Wrigley's Hour?* leur demande-t-il.

— *Of course !* fait Jacques à qui l'Américain déclare qu'il n'existe pas de plus gros show dans toutes les *States*.

Effectivement, avec ses trois heures de diffusion sur tout le réseau NBC en direct de Hollywood, *Wrigley's Hour* bat les records de toutes les émissions du temps des fêtes. Les plus grands noms du show-business américain y participent : Bob Hope, Bing Crosby, Lionel Barrymore, Edda Hopper, Dan Dailey et Gene Autry, le fameux cow-boy qui berce l'enfance de nombreux Québécois qu'on initie au cinéma dans les sous-sols des églises. Ils devraient se considérer comme privilégiés de figurer deux minutes à cette émission, mais M. Wrigley leur offre sept ou huit minutes de plein temps en ondes. Jacques et Lise se voient dès lors propulsés au firmament des vedettes américaines, dans le vrai « grand monde » du music-hall *made in USA*.

— Tu te rends compte, Jacques ? Nous allons travailler avec les plus grandes stars du monde, s'exclame Lise, installée sur le siège arrière de la limousine qui les conduit au studio.

— Je n'en reviens pas, avoue Jacques, les yeux pétillants d'un bonheur qu'il voudrait partager avec sa mère.

Or, ce bonheur s'annonce de courte durée. Depuis son arrivée à Hollywood, souffrant plus que jamais de son handicap physique, Jacques fait des siennes. Il devient amer et retourne son amertume contre sa compagne. Sa violence, bien que verbale, peut être décapante. Du vitriol, comme son humour.

Lise n'est pas loin de penser que ce voyage va sonner le glas de leur mariage. Rien ne va plus entre eux. Alors qu'ils étaient de bons amis, d'excellents camarades, ils se chamaillent pour des riens. Et peu à peu, ils doivent se rendre à l'évidence : ils ne sont pas vraiment faits l'un pour l'autre. En dehors du travail, peu de points communs les unissent et la communication s'avère de plus en plus difficile. Leur mariage, arrangé pour satisfaire les besoins d'un public en mal d'idoles, ne peut survivre aux assauts du quotidien. Calmement, tendrement, ils songent à prendre chacun le chemin qui leur convient, quitte à se redire bonjour au passage. Tous deux le déplorent, conscients du malaise créé autour d'eux et dans leurs familles.

Quelque temps plus tard, Lise, qui vit d'autres amours de son côté, s'aperçoit qu'elle est enceinte. Elle s'efforce de garder le secret, mais bientôt, Jacques est le seul à l'ignorer. Le bébé ne peut pas être de lui, car, comme deux autres de ses frères, il est stérile depuis qu'il a contracté des fièvres au cours de son enfance.

En fin de compte, Lise se décide à tout lui révéler. À sa grande surprise, Jacques ne prend pas trop mal la chose. Elle lui demande :

— Que vas-tu faire, maintenant ?

Jacques la regarde dans les yeux et lui dit sans broncher :

— Je vais reconnaître l'enfant. Ce n'est pas de sa faute, après tout...

Lise donne naissance à une fille. À l'occasion du baptême, Jacques et Lise convient tous leurs amis à sabler le champagne. Cette fête un peu triste marque la fin de leur union. Parce qu'il accorde tant de prix à la loyauté, Jacques vit cet événement comme une haute trahison.

Peu après le baptême de Dominique, Lise quitte Jacques pour aller vivre chez ses parents avec l'enfant que ce dernier ne reverra que deux fois dans sa vie. Leur grande et belle histoire d'amour médiatique aura duré le temps que jaunisse le papier journal sur lequel elle s'est étalée, sur trois colonnes à la une.

Le divorce accordé à la demande de Lise, Jacques, d'une discrétion irréprochable, refusera dès lors de parler de lui, de ses sentiments, de ses émotions, de ses pensées intimes. Comme un félin, il retombe sur ses pattes. À ce bleu au cœur s'ajoutent de vives et inlassables douleurs à la colonne vertébrale. Jacques doute de pouvoir exercer encore longtemps ce métier qu'il chérit.

CHAPITRE VI

Après la rupture avec Lise, Jacques s'enfonce dans une pénible solitude. Histoire de tromper cette sensation de vide qui le plonge dans un état d'insécurité, il recommence peu à peu à fréquenter les salles de cinéma et de concert. Ayant vécu d'incessantes aventures qu'il n'a pas toujours eu le temps de faire siennes, Jacques prend plaisir à renouer avec le monde du théâtre. Les Compagnons du père Legault jouent à l'Ermitage et, pour rien au monde, il ne manquerait une de leurs représentations.

Ce nouvel engouement le met en contact avec des comédiens qui vont jouer sur son destin comme ils jouent sur la scène. Marjolaine Hébert, Janine Sutto et son mari Pierre Dagenais, Jean Lajeunesse et sa femme, Janette Bertrand, Robert Gadouas sont de ceux-là. Ainsi, la relation qui s'établit avec la gracieuse Marjolaine se révèle d'une intensité rare. Tous deux brûlent du même feu intérieur, sont consumés par le même désir d'évoluer sous les feux de la rampe. Jacques trouve en elle des qualités comparables à celles de Roger Baulu : une justesse de ton et une assurance hors du commun. Les fréquenter l'un et l'autre lui apparaît comme un privilège unique, et créer des liens durables avec ces gens qu'il considère comme ses maîtres s'avère d'une extrême importance.

À côté de la passion qu'il partage avec ses pairs et de sa fidélité envers ses amis, Jacques éprouve un attrait marqué pour les conquêtes éphémères. Quoi de plus tentant et de plus facile que de séduire ces jeunes femmes qui sont là à tourner autour de lui, soit à la sortie de Radio-Canada, soit dans les bars, ou encore dans les restaurants et sur la rue, et qui lui lancent des œillades sans pudeur. «Tendre la main, cueillir le fruit, ce n'est pas si grave, après tout», se dit le don Juan. Mais à qui s'inquiète de savoir s'il aime cette vie de séducteur, il redit sa répugnance à parler de sa vie privée et de ses sentiments.

Le charme de Jacques ne séduit pas que les jeunes femmes. Victimes de son charisme, Janine Sutto et Pierre Dagenais lui accordent rien de moins qu'un rôle dans *Songe d'une nuit d'été,* de Shakespeare. Le jeu de Jacques est exquis, la pièce est excellente, mais faute d'argent, elle ne connaît pas le triomphe qu'elle mérite. À l'Ermitage, on joue en plein air, ce qui n'est guère indiqué lorsque la pluie vient chambarder chaque représentation, comme c'est le cas cet été-là. Le spectacle connaît un franc succès d'estime, comme on dit poliment dans ces cas-là, mais il se révèle un four financier monumental.

Après cette deuxième expérience, Jacques comprend qu'il ne sera pas plus à l'aise dans le théâtre classique que dans le théâtre radiophonique. Il possède trop de créativité pour prendre plaisir à réciter des répliques où tout est prévu au mot près, trop d'ingéniosité pour incarner un personnage qu'il n'a pas lui-même créé. Un soir, ses amis à qui il s'en est ouvert insistent pour qu'il les accompagne dans une boîte de la rue Sainte-Catherine. L'établissement appartient à Jack Horn, un Viennois fort apprécié de tout le monde et qui a baptisé son cabaret le Vienna Grill Café, par nostalgie de sa ville natale. Le Vienna, contrairement à d'autres cabarets, ne présente que des vedettes locales. Aucun artiste international n'y donne de spectacles. Ce soir-là, Hector Pellerin et Guy Robert, les inséparables, sont à l'affiche, fiers d'exécuter leur duo de piano à roulettes et leur numéro autour des tables. Le public aime ce genre de divertissements et il en redemande lorsque Hector Pellerin s'empare du micro et annonce :

— Mesdames, messieurs, j'ai le plaisir de vous apprendre que nous avons parmi nous ce soir une vedette des plus appréciées en la personne de M. Jacques Normand. Une bonne main d'applaudissements pour l'accueillir, mesdames, messieurs !

Jacques, qui adore les imprévus, se lève, remercie gracieusement l'assistance, s'incline légèrement, lève les mains pour calmer la salle et s'apprête à se rasseoir, quand il entend Hector lui demander haut et fort de venir interpréter une de ses chansons favorites. Au grand étonnement du public, il ne se fait pas prier. Il prend place sur la scène sous les ovations répétées de l'assistance et, le temps de vérifier si les musiciens connaissent la pièce qu'il a l'intention d'interpréter, il leur chante *Sur les quais du vieux Paris* avec une telle ferveur qu'on dirait qu'il les a fréquentés toute sa vie, lui qui n'a jamais mis les pieds là-bas. Fidèle à lui-même, son tour de chant terminé, Jacques gratifie le public de quelques blagues puisées dans l'actualité. Enchanté par cette prestation, Jack Horn, le patron, lui offre de venir chanter une semaine à son cabaret. Jacques accepte. Ses fans se donnent rendez-vous.

— C'est bien ce qu'on te disait, Pierre et moi. C'est de l'*ad lib* qu'il te faut, s'exclame Janine Sutto, rayonnante.

— C'est un bon cabaret qui te conviendrait, lui conseille Pierre Dagenais...

Malheureusement, dans le Montréal des années 40, les cabarets, considérés comme des fiefs de la pègre, ne présentent que des shows en anglais et n'offrent pas beaucoup de variété. La trentaine de boîtes qui pullulent dans le *Red Light* et ses rues avoisinantes, constituant le fameux *Montreal by night* du temps de la guerre, proposent sensiblement le même spectacle. Les mêmes gags circulent d'une boîte à l'autre, conçus par des professionnels au service exclusif des super-stars américaines comme Bob Hope et Johnny Carson. Ces textes, publiés dans le *Miller's 10 Thousand Jokes,* aux États-Unis, une fois usés à la corde par ces grands noms du show-biz, sont ensuite recyclés par leurs auteurs et refilés aux artistes de deuxième catégorie, y compris les animateurs qui font les belles nuits de Montréal.

« C'est tout un monde que celui des cabarets », affirment les assidus de ce milieu, qui en décrivent le rituel avec un certain cynisme. Pour compléter le show qui comprend deux représentations les soirs de semaine et trois le samedi, on invite une chanteuse de *Hit Parade* ou l'inévitable « chanteur à voix ». La soirée se termine avec un numéro de cirque acheté des États-Unis par catalogue, où défilent indistinctement chiens savants, contorsionnistes et danseuses exotiques. Les animateurs n'ont pas à se creuser la tête pour trouver de nouvelles formules.

L'expérience de Jacques Normand au Vienna Grill Café aura été de courte durée. Janine Sutto et Pierre Dagenais, non moins convaincus de son talent, le présentent cette fois aux frères Martin, deux Marseillais amateurs de théâtre et propriétaires d'un autre cabaret, le Vieux Val d'Or. Les frères Martin daignent le recevoir, mais ils lui imposent de chanter dans une salle pratiquement vide en plein après-midi. En dépit de cette atmosphère sinistre, Edmond Martin se montre plutôt charmé. Le couple Sutto et Dagenais profite de cette lueur d'intérêt pour faire l'éloge de leur protégé qu'ils présentent comme un homme de cœur et de courage, et d'une intelligence remarquable.

— Travailleur acharné, homme de métier, Jacques est doué d'un humour et d'un sens de la réplique admirables. Son pouvoir d'improvisation est unique ! clame Pierre.

— Il fascine les hommes et les femmes, les jeunes comme les moins jeunes. Plusieurs se targuent d'être qui son ami d'enfance, qui sa sœur, sa femme, sa maîtresse, déclare Janine avec une sincérité et une conviction telles qu'Edmond Martin, ce bonhomme jovial au cœur d'or qui rêve d'ouvrir un cabaret francophone, est gagné.

Hélas! hormis quelques roitelets de la pègre, il est pratiquement impossible d'obtenir un permis de débit de boissons par les voies normales. Et sans permis de boisson, adieu public, adieu revenus! Ce permis qui prend une si petite place sur le mur d'un cabaret représente un grand privilège. Ne l'obtient que celui qui a «travaillé» pour Maurice Duplessis, pour ne pas dire contribué à la caisse du parti de l'Union nationale.

Le premier ministre du Québec a coutume de dire en distribuant ces permis: «Ce n'est pas une confirmation, c'est une tolérance...», sous-entendant: «Le jour où vous ne ferez plus mon affaire, je vous le retirerai.» Voilà pourquoi les artistes, vivant de maigres revenus, ne peuvent être propriétaires de cabarets. Il leur faut de l'argent, moins pour ouvrir un cabaret que pour décrocher ce fameux permis.

Aux gros sous, il faut ajouter de «sacrées bonnes connexions», sans quoi les prétextes pleuvent pour retirer le permis déjà accordé.

— Ça joue dur, sur la *Main*! affirme le Marseillais.

Le Vieux Val d'Or est une boîte infecte qui croupit au 1417, rue Saint-Laurent. Ce cabaret western s'est d'abord appelé le Frolics avant d'être rebaptisé tour à tour le Connie's Inn, le Casino de Paree pour finalement devenir le légendaire Vieux Val d'Or. Les grosses bouteilles de bière trônent sur les tables et il n'est pas rare de les voir achever leur règne en mille éclats sur la tête des clients qui, une fois éméchés, ne peuvent concevoir une soirée sans une bonne et virile bagarre générale.

Sa complainte terminée, Edmond Martin revient à la prestation de Jacques:

— Si vous le voulez bien, peuchère, je vous engage tout de suite comme animateur.

— Vous avez déjà un animateur et, d'après ce que je peux voir et entendre, la clientèle semble l'apprécier au plus haut point...

— Personne n'en fait de cas, bonne mère! Il parle dans le vide, écoutez-le! riposte Edmond Martin, qui n'a pas perçu l'ironie dans la remarque de Jacques et qui poursuit:

— Non, moi, ce que je cherche, c'est quelqu'un qui va les divertir suffisamment pour leur passer l'envie de casser la baraque à chaque samedi soir.

— Ouais... fait Jacques, dubitatif. Je ne sais pas...

— Vous avez de l'esprit?

— Mais je n'ai pas d'étoile de shérif! rétorque Jacques, en retournant les revers de sa veste, sur laquelle il feint de chercher une médaille ou un badge quelconque.

Il jette ensuite un coup d'œil sur la clientèle attablée autour de lui et demande:

— Sincèrement, monsieur Martin, croyez-vous que ces gens-là soient en mesure d'apprécier mon humour?

— Par-dessus le marché, vous chantez comme un pinson!

— Pinson, pinson! Jacques grimace. Je ne suis pas sûr qu'ils en «pincent» pour moi tant que cela. Chanter, c'est une chose, mais le répertoire, c'en est une autre! Quand les bouteilles vont se mettre à siffler autour de moi, je voudrais bien être un pinson pour prendre mes ailes à mon cou et disparaître.

— Que voulez-vous dire?

— Je n'ai pas du tout l'impression que mon répertoire plaira à votre clientèle. Le western et moi, vous savez... Comme on ne monte pas le même cheval... de bataille, je ne serais pas surpris de devoir décamper au grand galop...

— C'est parce qu'ils ne connaissent pas autre chose. C'est à vous de leur apprendre...

— Ouais... C'est toute une mission que vous me demandez là. Je risque d'épuiser ma monture. Je vous préviens que si je monte en selle, ce ne sera pas sur une selle western...

— À vous de choisir celle que vous voudrez, acquiesce le tenancier sans sourciller.

Jacques n'est pas familier avec ce monde. En acceptant l'offre d'Edmond Martin, il se demande ce qu'il va bien pouvoir faire de ce public réuni dans ce trou immonde.

— Je vous donne carte blanche, lui promet Edmond Martin de sa voix chantante.

— Carte blanche, je veux bien, seulement moi, je sens que je vais m'attirer des bosses et je ne veux pas me ramasser le crâne fendu.

— Allons donc! Ce sont des agneaux. Ils roulent des mécaniques comme cela, mais c'est de la frime.

Jacques n'est pas rassuré pour autant. La grande majorité de la clientèle de ce cabaret compte des bons vivants un peu mal dégrossis, des péquenots qui ont quitté leur campagne natale dans l'espoir de trouver du travail à Montréal. La plupart d'entre eux végètent dans le *Red Light* et se réunissent au Vieux Val d'Or pour évoquer des souvenirs nostalgiques pendant des soirées entières.

Jacques n'a pas grand-chose à craindre de ceux-là, d'ailleurs. S'il doit se méfier de quelqu'un, c'est plutôt de la poignée d'habitués incurables, s'ajoutant à quelques petits malfrats sans envergure qui n'en possèdent pas moins de longs couteaux et qui font usage de plus de coups de poing que de compassion.

— Des petits *racketeers* italiens qui assujettissent les lieux à leurs lois. Ces gangsters à la noix se comportent comme les rois et maîtres de la place sous prétexte qu'ils sont à la solde de Vincent Cotroni, lui apprend M. Martin.

Lorsque Jacques doit se rendre de nouveau au Vieux Val d'Or pour discuter affaires avec les frères Martin, il supplie

Roger Baulu de l'accompagner là-bas, tant il a la frousse de s'aventurer tout seul dans ce bar mal famé.

Edmond Martin l'observe, à la fois goguenard et admiratif. Le Marseillais espère ardemment que Jacques acceptera son offre, car il rêve de donner un nouveau style à son cabaret. Voyant Jacques hésiter et craindre quelque peu, il doute d'avoir misé sur le bon artiste pour y parvenir. Tellement d'éléments jouent contre ce nouveau venu.

— Rien ne vous force à accepter, dit Edmond avec un accent qu'il se fait un point d'honneur d'exagérer. Je comprendrais, té!...

— Si vous pensez que je vais reculer, vous me connaissez mal. J'ai toujours su me faire respecter, affirme Jacques.

— Les petits truands de cette espèce, ça ne respecte rien, proteste le Marseillais.

— Monsieur Martin, vous avez bien dit que j'avais carte blanche, n'est-ce pas? Alors, faites-moi confiance.

— Il est barjo! s'exclame M. Martin en se tapant le front du plat de la main.

— Ne vous en faites pas pour moi! conclut Jacques, péremptoire.

— Bon, feint de concéder Edmond Martin. Mais avant, dit-il en passant abruptement au tutoiement, tu devras rencontrer le proprio.

— Le proprio?

— M. Cotroni. Vincent Cotroni.

Homme plutôt courtois, propriétaire de nombreux cabarets à Montréal, M. Cotroni — Vic pour les intimes — l'accueille chaleureusement. Après avoir passé son enfance et sa jeunesse dans le Faubourg à la mélasse, il a fréquenté la même école que tous les petits Québécois du faubourg, le même marché, angle Ontario et Amherst, les mêmes rues et ruelles. Qui plus est, Vincent Cotroni est fasciné par les arts. Sans pousser sa passion jusqu'au mécénat, il aime accorder une chance à ceux en qui il a confiance, se plaisant à être considéré comme l'ami des artistes.

— Vous commencez la semaine prochaine, monsieur Normand. Si vous ne me décevez pas, après le Vieux Val d'Or, il y en aura beaucoup d'autres. Vous pouvez en être certain.

Ne pas le décevoir, Jacques le veut bien, mais son humour et son charme naturel suffiront-ils à conquérir un public entiché de western et de show à l'américaine où, sous prétexte de faire rire, l'insulte prend le dessus. Lorsqu'il envisage de se produire sur la scène du Vieux Val d'Or, Jacques ne peut faire autrement que de mesurer la dose de courage qu'il devra déployer et la chance dont il aura besoin pour réussir. Fort heureusement pour lui, sa détermination n'a d'égal que son obstination.

Dès le premier soir, à peine Jacques a-t-il chanté quelques chansons de son répertoire que les injures fusent de tous les coins de la salle.

— Fifi! Tapette! entend-il à travers les rires gras des clients.

Des habitués, se dandinant, montent sur les tables et font des gestes efféminés, le bras replié, le poignet cassé, le postérieur déhanché, et les fesses serrées. Déconfit, Jacques s'efforce de les ignorer pendant qu'ignares et incultes rivalisent de sarcasmes et de grivoiseries.

Estimant n'avoir plus rien à perdre, le chanteur-anima-teur ordonne aux serveurs de retirer toutes les bouteilles de bière sur les tables. Les ténors de Vic Cotroni en sont, on ne peut plus, indignés. Et pour cause, le Vieux Val d'Or ne percevant aucuns frais de couvert à la porte, les revenus pro-viennent exclusivement de la bière, abstraction faite de la prostitution, bien entendu. La soirée terminée, une virulente discussion s'engage entre l'animateur, le personnel du cabaret et ses propriétaires.

— Vous allez nous ruiner! hurlent ces derniers.

— Mais vous ne comprenez donc pas que ce serait plus payant de vendre une once de Canadian Rye que deux grosses Molson.

— Le monde veut de la bière! Le «fort», ils n'aiment pas, protestent les Italiens.

— Ils vont s'habituer...

— Tu sais, le *pea soup,* il est peu probable qu'on te laisse le temps de t'habituer à nous... De toute façon, tu n'y arriveras pas avec tes manières de...

Aux insultes de la clientèle s'ajoutent maintenant des menaces à peine voilées. Témoin compatissant, Edmond Martin vient le rejoindre.

— Il ne faut pas s'en faire avec eux. Ils causent, ils causent!... dit-il.

— Ils ne me font pas peur, crâne Jacques, qui ne cesse pourtant de jeter des coups d'œil dans son dos.

— Je vais m'en occuper, promet M. Martin.

Convaincu d'avoir raison, Jacques doute cependant de parvenir à gagner ce «sacré public inculte». Et à en croire la démarche d'Edmond Martin auprès du grand patron, il n'est pas seul à remettre en question sa présence au Vieux Val d'Or.

— Le petit, il en arrache, peuchère!

— Qu'est-ce qu'il a?

— Tes gars lui font des misères, bonne mère!

— Bah, ça va l'endurcir.

— En attendant, le ton monte...

— *Ma qué* se passe-t-il! crie Cotroni. On ne peut jamais avoir la paix! Que veux-tu que je fasse? Assommer mes gars?

— Tu devrais leur parler. Ils ne le lâchent pas. Ils lui crient des noms, ils le menacent de lui zigouiller la langue, s'il continue. J'ai bien peur qu'ils en viennent à remplacer les injures par des tessons de bouteilles de bière...

— Mais qu'est-ce qu'ils lui reprochent, encore?

— D'abord, de chanter en français.

— Bande d'incultes, grogne Cotroni, tiraillé entre les exigences de bas niveau de ses acolytes et le talent de son jeune poulain.

— Puis d'avoir volé son job à l'ancien animateur.

— Tony?

— Tony, acquiesce Edmond.

— Tony, je l'ai placé ailleurs, il fait trois fois plus de foin qu'icitte!

— Mais eux, c'est Tony qu'ils veulent.

— *Va fango*! Très bien, s'il faut que je leur parle, je vais leur parler, dit-il enfin.

Vic Cotroni met tant de temps à passer de la promesse à l'action, que tout le monde est monté à cran contre Jacques Normand. On veut sa peau.

Les «bel canto» de la chorale italienne du Vieux Val d'Or n'y vont pas par quatre chemins:

— Tu nous débarrasses de ce gars-là! Il fait fuir les clients...

— Donnez-lui une chance, les gars. Il chante de belles chansons françaises, non? Ah, bien sûr, ça ne vaut pas *O solé mio,* concède-t-il, mais...

— Pas question. Nous, c'est le Tony qu'on veut ravoir avec sa guitare, puis son lasso!

— Oubliez ça, le Tony, il gagne beaucoup trop cher, maintenant, pour revenir icitte.

— Son nouveau job lui a monté à la tête, quoi? Il faut le faire redescendre sur terre, patron. C'est lui qu'on veut, réclament les Italiens qui, pour une des premières fois, parviennent à s'entendre sur quelque chose.

— Il ne sera pas content, le Tony, décrète Cotroni. Enfin, je vais voir ce que je peux faire.

— Vic! Tu n'as qu'à dire et il obéira, lui rappelle Marcello, un grand escogriffe qui joue de la lame de rasoir comme un artiste.

— Mais non, mais non, mon garçon, il n'est pas bon d'abuser de son pouvoir, le corrige Vic Cotroni d'un ton docte. La persuasion, c'est bien meilleur.

Tony, vexé de se voir rappelé au Vieux Val d'Or, accepte, le temps de son entretien avec Vic Cotroni. Mais, rentré chez lui en toute vitesse, il bourre sa valise simililéopard et s'éclipse de Montréal sans laisser d'adresse. Certains prétendent qu'ils s'est enfui à Toronto. La rude tâche de trouver un nouvel animateur incombe donc aux deux Marseillais.

— Et le petit, tu en fais quoi? demande Edmond avec un accent de reproche dans la voix à l'endroit de Vic Cotroni.

— Ne t'inquiète pas pour le petit, réplique le patron d'un ton débonnaire. Il ne perdra pas au change. Je vais l'expédier assez loin qu'il n'aura plus aucun de mes gars sur le dos. Ces têtes de mules sont capables de flanquer le feu à la boîte qui l'embauchera...

— Ils lui en veulent tant que ça?

— C'est pas ça, dit Cotroni en se tapant le front du creux de la main. *Ma qué,* tu sais ce que c'est... Ils n'ont rien entre les deux oreilles!

Quelques jours plus tard, celui que les Montréalais considèrent comme le roi de la pègre rencontre Jacques pour lui faire part de sa décision.

— Arrive, fiston, j'ai à te parler.

Jacques sait trop bien ce qui l'attend. Il suit néanmoins Vic Cotroni au fond de la salle du Vieux Val d'Or, prend place devant lui à la table réservée au patron et attend le verdict.

— Toi, je t'aime bien, tu sais!

Un aveu aussi intimiste et flatteur venant du grand Cotroni le désarme.

— Merci, monsieur Cotroni, se contente-t-il de répondre, se demandant à quoi rime cette comédie.

— Mais les gars, eux autres, peuvent pas te blairer.

Jacques déglutit avant de se reprendre :

— Ça, je m'en doutais !

Vic Cotroni hausse les épaules et écarte les bras, un sourire béat sur le visage. Jacques croit voir devant lui le Christ bien vivant, prêt à lui dire : « Laissez venir à moi les petits enfants. »

— Tu vois ! Je ne t'apprends rien, reprend Cotroni, manifestement soulagé.

Assuré d'être viré aussi abruptement qu'il l'a été par son patron de CHRC, Jacques se demande ce que le grand patron attend pour lui remettre son chèque. Histoire d'amortir le choc, il prend les devants :

— Ça n'était pas une bonne idée de m'engager à votre cabaret, hein, monsieur Cotroni ?

— *Ma qué,* tu sais ce que c'est, *lé* monde, c'est pas toujours du monde.

— À qui le dites-vous !

Un insoutenable silence se glisse entre les deux hommes, aussi hésitants l'un que l'autre à prononcer le difficile constat.

— Vous voulez ma démission ? demande Jacques, pressé d'en finir.

— Ça ne me fait pas plaisir, Jack ! Mais je ne veux pas d'histoires avec mes gars. Tu comprends ?

— Je comprends. Je peux partir aujourd'hui même, si vous avez quelqu'un pour me remplacer.

— T'occupe pas de ton remplaçant. C'est notre problème, ça. L'important, c'est que tu t'organises pour partir aujourd'hui même.

Cette fausse complaisance irrite Jacques qui n'est pas du genre à se faire désigner la porte deux fois. Il est déjà engagé vers la sortie lorsque Cotroni le rappelle :

— Pas si vite. Il y a autre chose.

Jacques se retourne et, la main sur la poignée de la porte, incite le patron à faire vite.

— Les gars n'exigent pas seulement que tu quittes le Vieux Val d'Or... Ils ne veulent plus te voir la face nulle part... à Montréal.

— Hein?

Jacques revient sur ses pas, consterné. Toutes les blagues qu'il a faites sur le dos de ces morons lui reviennent en mémoire. Voilà que l'heure est venue d'assumer le prix des flèches empoisonnées qu'il ne s'est pas gêné de leur lancer en riposte aux avanies reçues.

— Mais moi, je te l'ai dit, reprend Cotroni, apparemment sincère, je t'aime beaucoup. C'est pour ça que je ne te laisserai pas tomber.

— Qu'est-ce que vous voulez dire?

— Tu vas t'éloigner un peu, pour quelque temps.

Jacques, inquiet de l'avenir de sa carrière, s'apprête à riposter.

— Il n'est pas question que je retourne à Québec! le prévient-il.

— Qui t'a parlé de Québec?

Jacques fronce les sourcils. Quelle mauvaise surprise lui prépare encore Cotroni?

— J'ai le cabaret qu'il te faut, dans une grande ville... Une vraie grande ville. Là-bas, on a besoin d'un chanteur français. Tu vas être la vedette.

Jacques se méfie d'une trop grande prodigalité. La seule grande ville qui l'intéresse au Canada, c'est Montréal. Il pâlit soudain à l'idée d'être envoyé à Toronto.

— New York, Jack, je veux t'envoyer à New York, au Bal Tabarin. Tu connais le Bal Tabarin?

Jacques n'en croit pas ses oreilles. Les pupilles dilatées de bonheur, il fixe Cotroni qui a anticipé son acquiescement.

Il doit partir plus précipitamment encore que lorsqu'il a dû quitter Québec pour suivre Henri Deyglun à Montréal. Des menaces s'ajoutant à l'urgence d'aller occuper ce poste d'animateur-chanteur à New York, le temps de saluer sa famille ne lui est même pas alloué. Il chasse la nostalgie en se répétant ses proverbes favoris : « Il vaut mieux faire quelque chose plutôt que de laisser se faire la chose. » Et encore, « On ne bâtit pas sur des hiers. Hier n'est plus, aujourd'hui est quasiment du passé et demain arrive au grand galop. » L'aventure lui ouvre les bras, il ne va pas la laisser s'échapper.

À son arrivée dans la métropole américaine qu'il visite pour la première fois, c'est le coup de foudre. New York éblouit Jacques de ses mille feux. Le rythme effréné, la masse grouillante des gens qui se bousculent sans se voir l'enchantent. Cet univers pourtant si éloigné de la petite ville de son enfance l'émerveille. Le conquérant en lui n'a pas assez d'yeux pour tout voir, de bras pour tout embrasser. À peine vient-il de frôler le sol de cette mégalopole qu'une frénésie coule dans ses veines et que son cœur palpite au rythme des voitures qui filent à vive allure.

La nécessité de trouver un endroit pour dormir l'amène sur la 49e rue, quand il aperçoit, près du Center, une maison de six étages perdue parmi les gratte-ciel. L'allure européenne de la maison Winter l'attire. Au préposé à l'accueil, Jacques demande :

— *Have you a room for me ?*

— *We rent to Francophones only !* lui répond le garçon avec un semblant d'accent français.

— Ça tombe bien, dit Jacques. Je suis Canadien français.

En cette année du débarquement de Dieppe, en Normandie, les Canadiens français ont bonne presse, même aux yeux d'un Français immigré à New York avant la guerre.

— Ça change tout, alors ! Vous pouvez aller voir Mme de Winter, c'est la patronne. Et, baissant la voix, il ajoute sur un ton de confidence :

— Je vous préviens, elle n'est pas commode. Mme de Winter est Belge et elle a des principes ! Vous allez voir, murmure-t-il, en la désignant du doigt.

Jacques s'approche de Mme de Winter qui le détaille d'un air sévère. Il imagine mal que cette dame du genre pète-sec puisse tenir une maison de pension avec bar, au cœur d'une ville comme New York.

— Vous parlez français, jeune homme?

— Bonjour madame, répond Jacques, en guise d'affirmation.

— À la bonne heure! C'est obligatoire dans la maison. Pas d'anglais.

— Alors, ça tombe bien, s'esclaffe Jacques, car mes ancêtres étaient de la Touraine.

— Non!

— Si, si, rétorque-t-il à la dame, avec un sourire irrésistible.

— Vous voulez une chambre, je présume?

— Vous présumez juste, ma chère dame.

«De toute évidence, je lui ai tombé dans l'œil pour qu'elle se contente de m'offrir une chambre sans prendre le temps de m'énumérer la liste des règlements de la maison», pense Jacques.

— C'est dix dollars par semaine, annonce-t-elle, en préparant la fiche de réservation.

Une chambre dans le plus minable des hôtels borgnes coûte au moins le double... Pensez donc! Mme de Winter peut imposer les conditions les plus strictes, Jacques s'en moque.

— Pas de visiteurs, surtout pas de *visiteuses,* insiste-t-elle, sous peine de renvoi sur-le-champ.

L'hôtelière lui fait visiter sa chambre, au sixième étage. Une mignonne petite pièce d'une propreté impeccable.

«Il ne manquait plus que je me retrouve en pension», se dit Jacques qui n'a encore jamais tenté cette expérience. Comble de bonheur, la plupart de ses voisins (pas de voisines) sont des étudiants, américains ou européens, qui parlent tous français.

Heureux comme il ne se souvient pas de l'avoir été depuis ce jour mémorable où il a décroché son premier rôle d'annonceur à la radio, tôt le lendemain matin, adresse en main, Jacques se dirige vers le Bal Tabarin, à l'angle de Broadway et de la 47ᵉ rue. Mais quelle n'est pas sa surprise de lire sur l'affiche placardée à la porte du cabaret : «Jacques Normand *from* Paris».

«Je savais que ce cher M. Cotroni avait plus d'un tour dans son sac, mais je ne l'aurais jamais cru capable d'aller jusqu'à me faire passer pour un Français pour se débarrasser de moi, ou... pour respecter ses engagements», se dit Jacques, pressé de se corriger. Avec un contrat de deux cents dollars par semaine en poche, le jeune chanteur québécois *«from* Paris» n'a plus le choix : il doit jouer le jeu. Il est à chercher les moyens d'y arriver le plus allègrement possible, lorsqu'un heureux hasard le met sur la route de René Lecavalier et de François Bertrand. Les deux annonceurs reviennent d'un séjour à Alger où les chansonniers parisiens se sont donné rendez-vous pour fuir la guerre. Ils lui apprennent que le Bal Tabarin, un petit cabaret à saveur française, sans signe particulier, sans marquise ni néon éblouissant, est tenu par des Corses et des Siciliens et que le personnel est italien et suisse.

— Pas encore des Italiens! s'exclame Jacques, toujours sous l'effet de son aventure au Vieux Val d'Or.

— Ne t'en fais pas, on a quelque chose pour toi... Une bonne réserve de chansons inédites, lui murmure René Lecavalier.

— C'est absolument génial, s'écrie Jacques qui, pour sa première soirée au Bal Tabarin, avait prévu interpréter quelques airs du chanteur français le plus connu à New York, Jean Sablon.

Le programme de chansons complété, il ne lui reste plus qu'à trouver de nouvelles blagues. Ses deux amis, au fait des humeurs américaines depuis plusieurs mois, lui recommandent d'éviter la politique et la guerre — sujets brûlants en 1944 —, et de s'en tenir au vin, aux femmes, à Paris, et... à l'amour. Jacques ne doit surtout pas oublier qu'il aura à chanter, à divertir et à blaguer avec cet accent parigot du p'tit gars *from* Paris qu'il est sensé incarner, cet accent qui a fait la fortune de Maurice Chevalier et de Charles Boyer.

Bien outillé et fort de la confiance que lui témoignent ses deux compagnons d'exil, il se sent prêt à rencontrer l'orchestre. Composé de musiciens new-yorkais, ces messieurs daignent à peine lui jeter un regard. Qui le croirait, Jacques n'est guère mieux reçu au Bal Tabarin qu'il l'a été au Vieux Val d'Or.

— Quand vous serez prêts à répéter ma musique, je serai à votre disposition, *maestro*... leur lance-t-il, ironique comme il sait l'être devant les infatués.

— *Yah!... Wait a minute, kid, we'll get to you later...* s'entend-il répondre.

«Je gagerais que ces gens-là n'ont qu'un seul et unique talent, celui de bluffer», se dit-il, peu disposé à leur concéder le moindre avantage. «Ils peuvent se compter chanceux d'être chez eux, parce qu'ils sauraient ma façon de penser, en bon québécois», pense-t-il, contenant à peine son mépris.

Après quelques soirées passées au Bal Tabarin, Jacques constate que sa voix et le choix de ses chansons charment le public, mais que ses blagues trouvent peu d'écho. Avant de perdre la faveur de ses admirateurs, il doit les remplacer, mais par quoi? Et pourtant, un soir, il entend un éclat rire dans l'assistance. Un bon rire, au bon moment. En scrutant la pénombre de ses yeux plissés, il découvre dans la salle nul autre que Roger Baulu et sa femme. Ravi de les savoir là, il ne peut toutefois cacher sa déception pour le peu d'appréciation que manifeste le public new-yorkais à l'égard de son humour sans doute trop français pour cet auditoire cosmopolite.

Un soir, pourtant, grand branle-bas dans la boîte : on attend le critique de cabarets le plus influent de New York. Celui qui fait et défait les carrières d'un trait de plume : Walter Winchell.

C'est lui qui a écrit après le récital d'un grand pianiste : « Malcuzynski et Chopin, hier soir... Chopin a perdu. » C'est encore lui qui a coupé court à la tournée de Georges Ulmer en dénigrant son spectacle : « *Georges Ulmer from Paris opened last night at the Blue Ribbon... Why ?* Ulmer n'a eu d'autre choix que de quitter les États-Unis comme un lapin qui détale.

Le lendemain, Jacques ne sait plus s'il doit courir les journaux ou s'interdire de les acheter. La curiosité l'emportant sur la peur d'avoir mal, il se rend au stand et, avant même d'avoir pu mettre la main sur le *New York Time,* des propos enflammés le font lorgner vers les clients qui dévorent la critique de Winchell. C'est la consécration. L'article du critique est dithyrambique, allant même jusqu'à le qualifier de « nouveau Maurice Chevalier ».

Le lendemain soir, changement de décor et de tempo au Bal Tabarin. Jacques est gratifié d'une loge nouvellement décorée et les deux patrons sont là pour l'accueillir... Les musiciens le suivent, laissant au chef d'orchestre l'honneur de parler en leur nom : « *Good show, kid. I knew it all the time !* »

Walter Winchell a consacré une bonne moitié de sa chronique à porter Jacques aux nues : « *Il m'a fait passer une nuit à Paris !... Il est le fils héritier naturel de Maurice Chevalier !...* » À la suite de ces quelques lignes, les contrats et les propositions abondent. William Morris, la plus grande agence d'artistes en Amérique, propose à Jacques des engagements dans des supercabarets. Le Bal Tabarin lui offre de doubler son cachet, s'il accepte de demeurer à l'affiche un mois de plus. Comme les patrons se sont toujours montrés corrects avec lui, Jacques décide de décliner les autres offres.

«Jacques Normand *from* Paris» fait fureur à New York. Vic Cotroni aurait dû se spécialiser dans la gérance d'artistes. Pour le pif, il ne donne pas sa place. Du jour au lendemain, de la porte de la boîte jusqu'à l'angle de la 47e rue, les New-Yorkais font la file pour venir applaudir le nouveau chanteur français.

Après le Bal Tabarin, Jean Sablon fait connaître à Jacques un nouvel élan vers les sommets sur la scène du chic Hôtel Pierre, sis sur la 5e avenue. La célébrité du chanteur est telle qu'on manque de place. Or, Jacques s'ennuie. Les gens sont chics, mais un peu trop empesés à son goût.

Malgré son succès et malgré les yeux ensorceleurs de la belle Olga, une splendide danseuse russe du Bal Tabarin, Jacques veut rentrer au Québec. Car un malaise encore plus grand que le mal du pays ronge Jacques : s'il quitte New York en pleine gloire, c'est qu'il en a assez de passer pour le «Jacques Normand *from* Paris» sur scène et de devoir rétablir les faits dès qu'il en descend. Il ne peut plus supporter les commentaires des «véritables» Français qui ne se gênent pas pour lui faire des remarques désobligeantes :

— Vous savez, ce n'est pas très gentil ce que vous faites là.

— Qu'est-ce que je fais ?

— Les Français qui s'en vont à l'étranger et qui se disent Canadiens parce qu'ils ont honte d'être Français, on ne trouve pas ça très très délicat. La France est occupée, la France est dans une mauvaise passe...

— Mon cher ami, rétorque Jacques, je ne sais si vous plaisantez, mais moi je viens de Québec. Je suis né à Québec, et j'habite maintenant Montréal. Je n'ai jamais mis les pieds en France.

— Ne me racontez pas d'histoires. Vous ne parlez pas canadien.

— Que voulez-vous dire ?

— Les Canadiens ne parlent pas comme vous.

Quand il prétend être de Paris, les Canadiens qui viennent à New York lui lancent fort à propos :

— Tu n'es jamais allé à Paris de ta vie !

Jacques s'enlise dans une situation qui prend des proportions inquiétantes : «Je suis devenu un apatride sur Broadway qui en est réduit à exhiber son passeport sous le nez des gens pour les convaincre de ma vraie nationalité», constate-t-il, amer.

Alors, un matin de la mi-septembre, avant même que le soleil ne montre son disque de feu à l'horizon, l'œil lourd, le regard triste, le cœur en lambeaux, sa tenue de soirée froissée imprégnée des relents de fumée de cigarette et des vapeurs d'alcool, Jacques quitte l'Hôtel Pierre par la sortie des artistes.

Après avoir marché quelques coins de rues, chassant d'un geste brusque les dernières ombres de la nuit et les miasmes du petit matin new-yorkais, il hèle un taxi et se fait conduire à la maison Winter. Une heure plus tard, sa valise à ses pieds, il règle ses comptes et décampe vers la gare pour sauter dans le premier train en direction de Montréal.

CHAPITRE VII

La rentrée à Montréal est difficile. La saison est trop avancée pour que Jacques puisse décrocher un contrat dans un cabaret ou à la radio de la métropole. D'ailleurs, il connaît suffisamment le milieu artistique pour ne pas s'en surprendre. Les séries radiophoniques démarrent en septembre, et à moins d'exception, tous les contrats ont déjà été signés. Confiant en sa bonne étoile, Jacques espère néanmoins qu'en dépit d'une conjoncture plutôt défavorable, un événement quelconque — le malheur de l'un — lui taillera une place faite sur mesure.

De retour au pays, le chanteur-animateur découvre que dans ce milieu, un an d'absence suffit pour qu'on vous oublie. Plus personne ne s'intéresse à celui qui a obtenu, l'année précédente, la médaille de l'artiste le plus populaire pour son rôle dans *Mariages de guerre*. La vedette new-yorkaise ne mérite-t-elle pas qu'on lui déroule le tapis rouge à son arrivée? Hier encore, c'était la gloire au prestigieux Hôtel Pierre...

Jacques est consterné. Lui, si fidèle en amitié, avait espéré un retour d'ascenseur... Illusion! Pire encore, des ragots de coulisses viennent jeter du discrédit sur son séjour à New York: «C'est parce qu'il s'est cassé la gueule qu'il est revenu», racontent les uns. «Son aventure américaine a été un bide», prétendent les autres. Il voudrait croire à un vilain cauchemar, mais le réveil se fait brutal dès qu'il pose le pied sur l'un des parquets qui l'ont déjà hissé vers les sommets de la gloire. « Tu n'es qu'un petit crétin, se dit-il, de t'être imaginé que tout t'était dû parce que tu as réussi un jour. Qu'est-ce qui t'a pris de croire qu'on te libérerait le passage parce que tu es allé jouer le Maurice Chevalier dans les cabarets américains. »

Il faut repartir de zéro.

En quête de réconfort, Jacques est taraudé par l'envie de prendre contact avec ses anciennes conquêtes. Claire, Simone, Thérèse et Blandine se sont-elles consolées de son absence dans les bras d'autres amants ou l'attendent-elles encore? Il hésite devant le téléphone. Sa gorge se serre et une fébrilité de jouvenceau fait trembler sa main qui se saisit du combiné... Il raccroche. La crainte qu'une voix masculine ne le désarçonne ou, encore, la tentation de répondre un mensonge à l'inévitable question « Qu'est-ce que tu fais de bon ? » le paralysent. Le batailleur qui a déjà vaincu une paralysie va-t-il laisser le sort jouer ainsi d'ironie sur sa vie? Évoquant un passé où le courage ne lui a pas manqué, il se rappelle son bon ami, Roger Baulu. À peine effleurée, l'idée de lui téléphoner est aussitôt rejetée. Jacques respecte trop cet homme pour l'embêter avec ses problèmes personnels.

« Jacques Normand *from* Paris » ne se reconnaît plus. Étranger dans son propre pays, en proie à la détresse, il s'enferme dans une chambre d'hôtel d'où il n'a plus envie de sortir. La lumière du jour, les éclats de rire l'agressent. De l'intérieur comme de l'extérieur, une douleur lancinante le ronge, douleur qu'il va tenter de noyer dans le cognac. Tout en sachant qu'il ne supporte pas l'alcool, car depuis son accident, ses jambes l'abandonnent au premier verre.

Au terme de quelques semaines de réclusion, ses économies sur le point d'être épuisées, Jacques se ressaisit. « Si je n'étais pas allé frapper à la porte de CHRC, un de ces bons matins, je serais encore à Québec, à me promener d'une salle de cinéma à l'autre comme un animal errant.» Une poussée d'adrénaline le propulse jusqu'au bureau du propriétaire du Vienna Grill Café. Bien qu'heureux de le revoir, Jack Horn ne lui fait grâce que de vingt minutes de spectacle chaque soir, le temps de trois ou quatre chansons assaisonnées de quelques blagues. Entre deux danseurs à claquettes, un prestidigitateur de «Saint-Glinglin», Arizona, et la plantureuse danseuse du ventre Chiquita Tétreault de Pointe-aux-Trembles, celle que l'on surnommait la «danseuse primitive du Caire», Jacques n'est pas très heureux. Sa prestation terminée, après quelques verres de cognac, il rentre chez lui, clopin-clopant, aux petites heures du matin. S'il fait la grasse matinée, ce n'est pas pour le plaisir de fainéanter au lit, mais pour ne pas avoir à affronter la réalité de sa vie.

Dans les vapeurs de l'alcool, il cache un désespoir qui se nourrit des slogans les plus décapants du milieu. Sa chute lui paraît d'autant plus douloureuse que son ascension a été fulgurante. Le sommeil vient, tant bien que mal, l'arracher à cette disgrâce, jusqu'à ce qu'il en soit repu ou que la sonnerie du téléphone ne le fasse sursauter.

— *Mister Normand?*

«Qui cela peut-il être?» L'homme ne parle pas avec l'accent new-yorkais mais avec un bon gros accent montréalais.

— *My name is Jack Tietolman. Perhaps you don't know me…*

— Si, si, *I know you,* dit Jacques, reconnaissant la voix du propriétaire de CKVL.

Son cœur bat la chamade sous la bouffée d'espoir qu'il éprouve en entendant ce nom. À deux secondes d'un sommeil profond, il ressent la même indescriptible euphorie que lorsque Henri Deyglun lui a annoncé, deux ans plus tôt: «Vous commencez lundi matin, à Montréal.»

Jack Tietolman lui explique qu'il vient d'ouvrir une nouvelle station de radio à Verdun, rue Gordon. Homme avisé, il veut rapatrier dans son giron les étoiles montantes de la radio.

Il est très difficile d'obtenir d'Ottawa une licence pour une nouvelle station de radio à Montréal. Jack Tietolman et son homme d'affaires, le publicitaire Jack Latterman, ont trouvé une astuce : ils ont présenté leur projet pour Verdun-Lasalle où aucune station de radio n'a encore pignon sur rue. Le CRTC leur a donc accordé un permis temporaire avec, comme restriction, de ne diffuser que du lever au coucher du soleil. La station doit donc jouer ses cartes maîtresses le matin. Or, elle les a si bien jouées qu'un mois après, la station CKVL fait parler d'elle.

À l'affût de jeunes loups agressifs capables de fracasser les cotes d'écoute de la concurrence, Jack Tietolman vient d'apprendre avec bonheur le retour de Jacques Normand.

— J'arrive, répond Jacques, lorsqu'il apprend de M. Tietolman qu'il est convoqué à son bureau de la rue Gordon.

Le «nouveau Maurice Chevalier» de Walter Winchell et Jack Tietolman signent un contrat de deux ans. CKVL engage Jacques Normand à titre de chanteur, d'animateur et de comédien, à la seule condition qu'il refuse toute proposition venant de CKAC, sa rivale. Étonné que cette interdiction ne s'applique pas à Radio-Canada, Jacques s'entend répondre :

— C'est pas notre public, Radio-Canada...

À peine Jacques vient-il d'entamer sa période de rodage que Jack Tietolman l'adjoint à l'équipe de *La parade de la chansonnette française,* une émission qui connaît déjà un joyeux succès. Cette émission, d'une durée de huit heures au cours de laquelle se relaient plusieurs animateurs, est la locomotive de CKVL. Imaginez! Huit heures de chansons françaises sans interruption. Pas une station de radio au monde, même à Paris, n'ose en diffuser autant.

Certes, les chanteurs québécois ne sont pas légion sur les ondes de CKVL. Mais ils le sont encore moins à CKAC ou à Radio-Canada qui a misé sur les feuilletons radiophoniques, lesquels occupent presque tout le temps d'antenne.

La chanson américaine ayant dominé pendant la guerre, le public québécois est ravi de renouer avec les meilleurs chanteurs de France. Ironie du sort, c'est un anglophone qui parle à peine le français qui vient prouver que la chansonnette française peut être rentable. À cet aspect mercantile s'ajoute le désir de faire connaître au public des chanteurs et chanteuses de talent jusque-là méconnus. Sur les ondes de CKVL se font entendre Félix Leclerc, Monique Leyrac, Jacques Blanchet, Raymond Lévesque, Jean-Pierre Ferland, Guylaine Guy et plusieurs autres chanteurs québécois auxquels viennent se joindre des artistes d'Europe, des superstars de la chanson française des années quarante-cinq. Les Frères Jacques, Jacqueline François, Jacques Pills, Mouloudji, Marjane, Line Renaud, les Quatre Barbus, Lucienne Boyer, Lucienne Delyle, Henri Salvador et, bien sûr, Maurice Chevalier font vibrer le public québécois qui a souffert de l'absence de ces belles voix pendant l'occupation de la France par les Allemands.

En relançant la chanson populaire française ici, Jacques et son équipe ambitionnent de créer un palmarès qui fera autorité en ce domaine durant plusieurs décennies. *La parade de la chansonnette française* est accueillie comme l'occasion rêvée pour de nombreux artistes canadiens-français de se lancer dans des carrières internationales. Peu connus ailleurs que dans leur patelin, ces chanteurs se retrouvent catapultés sur une émission qui décroche la plus haute cote d'écoute des stations radiophoniques. Le public montréalais les consacre vedettes.

Le succès que connaît l'émission, Jack Tietolman l'attribue à toute son équipe avec, à sa tête, le réalisateur Pierre Dulude

et ses collaborateurs, dont Guy Mauffette, ainsi que les animateurs Jean Coutu, Léon Lachance et Jacques Normand.

Une fois bien intégré, sa crédibilité bien établie, Jacques
tente de faire venir à CKVL des gens de métier comme
Baulu et Desbaillets. Mais le patron allègue ne pas avoir assez
d'argent pour payer des artistes de cette catégorie.

— Peut-être que ça coûte cher, rétorque-t-il, mais
songez à ce que cela peut rapporter...

Sachant que Roger Baulu n'est pas très satisfait du contrat qui le lie à Radio-Canada malgré les grands reportages
qui lui sont confiés, Jacques insiste. Jack Tietolman se laisse
finalement convaincre et l'équipe s'enrichit d'artistes de
grands talents comme Roger Baulu, Jacques Desbaillets,
Jean-Maurice Bailly, Gilles Pellerin et Paul Berval. Le succès
de l'émission est tel que quelques mois plus tard, le CRTC
s'apprête à modifier la licence de CKVL. Cette victoire,
M. Tietolman veut d'abord l'annoncer à Jacques Normand.

— *You understand? 850 megahertz for CKVL!*

Jacques a du mal à partager l'euphorie de son patron.

— Moi, vous savez, les mégahertz... Ça ne me dit pas
grand-chose. Je vous suivrais mieux si vous me parliez de
mégalomanie.

— *Don't joke, Jacques!*

Cependant, lorsque Jacques saisit que grâce à cette nouvelle fréquence, CKVL pourra diffuser vingt-quatre heures
par jour, il comprend l'emballement de son patron.

En revanche, ce privilège se double d'une obligation qui
plaît peu à Jacques: CKVL doit diffuser à parts égales en
anglais et en français. Mais Jack Tietolman a plus d'un tour
dans son sac. Le CRTC ne lui montrera pas comment mener
sa barque. Comme l'auditoire se compose en grande
majorité de francophones, il a donc décidé de diffuser en
français le jour, de six heures à minuit et en anglais la nuit,
de minuit à six heures du matin.

— *You know?* dit le patron, avec un clin d'œil malin à l'intention de Jacques.

Ce dernier doit-il présumer que Jack Tietolman compte sur lui pour animer les émissions de fin de soirée? Jacques aimerait bien s'en réjouir, mais il est au cabaret tous les soirs et il n'a pas du tout envie de se mettre un fardeau de plus sur les épaules. Or, pour sa nouvelle formule, le grand patron ne trouve pas d'animateur plus doué que Jacques Normand. Pour l'en convaincre, il lui révèle une particularité de l'émission qu'aucune autre station n'a encore osé: le public sera invité à y assister en studio.

Un sourire retenu, une flamme dans le regard de Jacques et M. Tietolman conclut qu'il accepte. Une lueur d'hésitation persiste-t-elle, à lui seul le titre de cette émission saura la dissiper, pense-t-il. À peine l'a-t-il articulé qu'une grimace apparaît sur les lèvres de Jacques.

— *Le fantôme au clavier, isn't that a nice title?*

En guise de réponse, Jacques demande:

— Et les émissions en anglais, elles?

— *Don't worry about that!...* rétorque Jack sur un ton laconique.

Jacques n'a encore jamais douté du bon goût et de l'ingéniosité de son patron. Mais cette fois, puisqu'il peut se le permettre, il désire prendre le temps de réfléchir avant d'accepter la proposition. Il doit admettre, cependant, que l'homme qui se tient devant lui, impatient de passer à l'action, est toujours sorti gagnant de ses aventures. Son dynamisme, son audace et sa fulgurante intuition l'ont porté vers des projets qui, bien que périlleux aux yeux des plus conservateurs, ont constamment été couronnés de succès.

— Avec qui vais-je travailler, là-dessus?

— Gilles Pellerin. *A staff,* précise le patron, ravi, pour signifier qu'il ne coûtera pas un sou de plus à la station.

— Qui d'autre ? demande Jacques. Un autre *staff*, je suppose ?

— Billy Munroe. *He his on the payroll.*

Il n'y aura donc qu'un salaire de plus à payer, sur ce show-là, et c'est à Jacques Normand qu'il ira. Entouré des meilleurs — Gilles Pellerin à titre de faire-valoir et Billy Munroe au piano —, Jacques aurait bien tort de refuser. Billy Munroe, Jamaïquain de race blanche qui a appris la musique en Angleterre, a épousé une fille de Saint-Jérôme. Son père est planteur en Jamaïque. Billy ne parle pas un traître mot de français, mais quel as de la musique quand ses doigts touchent le clavier. Il connaît tout le répertoire français et, quand d'aventure il ne connaît pas une chanson, il improvise en écoutant les deux premières mesures *a capella,* et le tour est joué.

Moins d'un mois après son retour de New York, ses trois contrats en main, Jacques est de nouveau lancé sous les feux de la rampe. Avec *Le fantôme au clavier,* il a de quoi se rassasier de chansons françaises. Le public lui propose des titres qu'il doit interpréter spontanément. Il va sans dire que pour réussir ce tour de force, il doit connaître le répertoire sur le bout des doigts. Et nul autre que Jacques ne l'aime plus passionnément. «Tietolman avait raison», reconnaît-il.

Entre deux chansons, Jacques échange quelques blagues avec Gilles Pellerin et les deux hommes se partagent également la lecture des messages publicitaires diffusés en direct, comme tout le reste, évidemment. En plus de battre les records de popularité, l'émission ne coûte presque rien à CKVL, car les spectateurs payent un droit d'entrée.

Le public s'enflamme pour l'animateur qu'il surnomme «L'enfant terrible», à la fois impressionné par ses connaissances, sa virtuosité et, surtout, enthousiasmé par son côté gavroche, effronté et malicieux. Personne avant lui n'a réussi pareille prouesse. On fait la queue pendant des heures devant les portes du studio afin d'assister à l'émission.

Très vite, le studio se révèle trop exigu. Aussi, en 1945, pour la deuxième saison de l'émission, Jack Tietolman décide de produire *Le fantôme au clavier* à la salle Poissant de Verdun. Mais là aussi l'espace s'avère vite inadéquat. Le patron de CKVL a eu le génie de la formule, et Jacques Normand a su lui donner une âme.

En 1946, *Le fantôme au clavier* entame sa troisième saison au cinéma Bijou, rue Papineau, à Montréal. Avec cette particularité que Jacques fait chanter les gens à l'aide de diapositives où sont inscrites les paroles des chansons. Gilles Pellerin se révèle un merveilleux faire-valoir pour Jacques. Il joue les souffre-douleur avec un talent inimitable et des mimiques qui provoquent les rires de la salle.

Quant au pianiste, Billy Munroe, à soixante ans, ce virtuose qui peut jouer tout ce qu'on lui demande à dix secondes d'avis donne l'impression de n'avoir jamais joué autre chose. Il sait relever le défi et s'adapter au répertoire, quitte à improviser quand il ne connaît pas un air.

Jacques ne sait pas vraiment quel genre de public il attire tous les soirs au Bijou ; les spectateurs viennent de partout. Aussi se contente-t-il d'apprécier le fait que les gens s'amusent. Ce qui lui tient à cœur, c'est la fidélité de l'assistance qui attend avec impatience le moment où il se présentera sur la scène, puis le moment où Gilles Pellerin fera venir trois autres personnes choisies dans la salle. Le public se délecte de la spontanéité de Jacques et de l'humour avec lequel il assaisonne ses entrevues. Travaillant sans texte, ses réparties sont savoureuses.

— Bonsoir, mademoiselle, que faites-vous dans la vie ? demande-t-il un soir à une jeune dame invitée à monter sur la scène.

— Je travaille dans les sous-vêtements pour dames.

— Tiens ! Comme c'est drôle, nous sommes confrères, alors ! de répondre Jacques, sous les applaudissements délirants de la salle.

Le fantôme au clavier connaît un succès sans précédent. La participation du public, exceptionnelle sur les ondes d'une station de radio, attire des gens de tous les milieux. Ils viennent assister à une espèce de *happening* où une surprise n'attend pas l'autre et où le suspens est constant. Nombre de rencontres s'y font, dans une ambiance des plus exubérantes. Robert Bourassa en témoignera, disant s'y être présenté à plusieurs reprises avec, à son bras, une certaine demoiselle Simard qui deviendra sa femme.

Le fantôme au clavier, reprenant la formule gagnante de *La parade de la chansonnette française* et y ajoutant la présence du public, vient chambouler toutes les habitudes radiophoniques. Jack Tietolman a offert du nouveau à son auditoire et celui-ci lui en est reconnaissant: on assiste à une véritable vague de popularité. CKVL est la seule station à offrir ce renouveau dont le public éprouve un criant besoin.

Jacques Normand se voit de nouveau lancé vers une ascension dont il a du mal à imaginer le sommet.

CHAPITRE VIII

L'enfant terrible du *Fantôme au clavier* dispose de peu de temps, en cette année 1947, entre ses animations à CKVL, son show au Vienna Grill Café et la nouvelle émission que Jack Tietolman vient de lui confier : rien de moins que *Le music-hall de Jacques Normand*. Une heure de variétés en public, un vaudeville en direct du théâtre Bijou avec les Guimond père et fils et plusieurs autres artistes dont Rose Ouellette, Manda, Swifty, Baloune, M. et Mme Pétrie et Léo Rivet.

Acrobate de la chanson française, Jacques, s'il veut le demeurer, se doit de connaître les nouveaux succès, « avant même qu'ils ne sortent », dira-t-il. Il y consacre tous ses temps libres. Dans son bureau de CKVL, il est à fredonner l'un des derniers succès de Charles Trenet lorsque, vers la fin de la matinée, le téléphone le tire de sa douce romance. Jacques reconnaît l'accent chantant d'Edmond Martin :

— Mon petit, mes associés et moi aimerions te rencontrer au Faisan Doré ce soir.

— Où donc ?

— Au Faisan Doré.

— Qu'est-ce que c'est que ce nom à coucher dehors ?

— C'est ce qui a remplacé le Vieux Val d'Or.

— Le Vieux Val d'Or est fermé ?

— Ouais. On t'expliquera.

Les frères Martin ont été obligés de fermer leur cabaret, faute de pouvoir renouveler leur permis de débit de boissons. Que s'est-il donc passé? Auraient-ils trahi la confiance de l'honorable Maurice Le Noblet Duplessis? Peut-être n'ont-ils pas souscrit à la bonne caisse électorale? La rumeur la plus persistante veut qu'on ait servi de l'alcool aux mineurs au Vieux Val d'Or. La Police provinciale veille à faire respecter la loi de façon rigoureuse par les propriétaires de cabarets jugés «en dette envers le parti». Mais les Marseillais ne sont pas nés de la dernière pluie. Ils ont exploité plusieurs établissements de ce genre au Caire avant d'être interdits de séjour sur le territoire français. Habitués aux magouilles administratives et gouvernementales du Caire, ils présument que pour récupérer ce permis, il suffit de transformer ce cabaret en un restaurant, même si la boîte n'a de restaurant que la raison sociale. De fait, le Faisan Doré obtient son permis d'alcool sans coup férir.

— Tu ne reconnaîtras pas les lieux, dit Edmond. Tout a été transformé. Seulement, ça ne marche pas à notre goût...

— Ce n'est pas le Vieux Val d'Or qu'il fallait changer, c'est sa clientèle.

— C'est la raison pour laquelle on t'appelle, bonne mère! Tu nous rejoins vers les dix heures?

— Ouais... Seulement je ne suis pas sûr d'avoir le goût d'en entendre parler. Le public du Vieux Val d'Or, j'y ai goûté. Il m'est resté sur l'estomac, si vous voulez savoir.

— On peut toujours en discuter, non?

Jacques accepte le rendez-vous et n'y pense plus de la journée. Le soir venu, il se rend au 400, avec son bon ami, Roger Baulu. Ce restaurant, réputé pour servir la meilleure cuisine française à Montréal, est situé non loin de Radio-Canada. Artistes, chanteurs, animateurs, écrivains et comédiens s'y retrouvent avec bonheur. Emporté par la frénésie des soirées du vendredi, Jacques en oublie presque sa rencontre avec les frères Martin.

— Je n'aurais pas dû accepter... Viendrais-tu avec moi? demande-t-il à son ami Baulu. Je te promets qu'on ne restera pas longtemps.

— Je t'accorde une demi-heure.

— On prend un verre avec eux, j'écoute ce qu'ils ont à me proposer et on file. D'accord?

Jacques et Roger ne sont jamais entrés dans un cabaret aussi vide à onze heures, un vendredi soir. Le Faisan Doré compte à peine cinq clients attablés. «Trois pelés et deux tondus, à la mine de salon funéraire» chuchote Jacques à l'oreille de son ami. Deux heures plus tard, la place est toujours noyée dans l'ennui.

— Grosse clientèle, et de qualité, à part ça, raille Jacques.

— C'est justement ça que nous voulons changer, explique Edmond.

— Notre intention est de faire un cabaret français dans une bouillabaisse de chanson populaire, renchérit son frère. Tu vois? Le style chansonniers de Montmartre combiné à la participation du public, comme tu sais si bien le faire à CKVL avec ton *Fantôme au clavier*.

Flatté du compliment, Jacques ne doute pas moins que le seul fait de changer le nom de l'entreprise suffise à attirer une nouvelle clientèle.

— Le public du Faisan Doré a pris un mauvais pli au Vieux Val d'Or, dit-il.

— Tu crois qu'on ne le sait pas?

— Ça parle anglais, ici, comme dans un pub de London, Ontario, fait remarquer Roger Baulu.

— Puis, vous voulez en faire un Montmartre, ajoute Jacques, cynique.

Sur le visage des frères Martin, se lit un mélange de dépit et de fausse résignation.

Affichent-ils cet air misérable dans le but de l'amadouer? Jacques les en soupçonne.

— De toute façon, ce sera différent avec toi au Faisan Doré reprend Edmond Martin. C'est une vedette internationale qui fera le show, cette fois. N'oublie pas que le public est au courant de tes succès à New York et de ta popularité à CKVL... Tu vas nous remplir la salle en criant ciseaux.

Jacques est ébranlé. Et pourtant, une petite voix intérieure lui conseille de résister à l'appât que lui présentent les Marseillais.

— Je ne vois que de grosses bouteilles de bière sur les tables, rétorque-t-il, en guise de résistance.

— Tu n'en verras plus de grosses bouteilles, bonne mère ! s'empresse de promettre Marius dont l'accent de la Canebière domine lorsqu'il s'emporte.

Roger Baulu, inquiet de la décision de son ami, aimerait bien savoir ce qui se passe dans sa caboche lorsqu'il l'entend dire :

— Ça me tente en démon, mais...

Edmond s'impatiente :

— Mais quoi, peuchère ?

— Qui me garantit que je pourrai faire de votre... quoi déjà ?

— Faisan Doré, répond Marius, visiblement agacé.

— De votre Faisan Doré, ce que j'aimerais en faire ?

— Qu'est-ce que tu veux dire ?...

— Une vraie boîte avec du vrai monde !

Prié de s'expliquer, Jacques leur confie avec passion son rêve d'une boîte bien tenue, où non seulement tous les artistes pourraient se produire, mais où le public serait invité à monter sur la scène.

— Je voudrais qu'on y entende toute la gamme des chansons, dit-il. De la dramatique à l'Édith Piaf à la chanson à l'eau de rose de Colette Bonheur.

— Aucune objection, petit, fait Edmond, attendri.

— Puis, je veux qu'on donne une chance aux jeunes artistes de chez nous... Chanteurs, poètes, musiciens, animateurs, tous ceux-là. À votre Faisan Doré, il faudrait que le public s'y retrouve comme dans une guinguette... qu'il puisse danser, et à peu près de tout.

— Tout ce que tu voudras, clament les frères Martin en duo.

«Il faut que ce même public en ait assez des cabarets "à l'américaine" et que, consciemment ou non, ce même public éprouve un besoin impérieux de changement», pense Roger Baulu, sceptique. Mais, connaissant Jacques qui n'en fait jamais qu'à sa tête, il se contente de lui demander :

— Où trouveras-tu le temps de dormir ?

— C'est le dernier de mes soucis, réplique son ami, euphorique.

Comme chaque fois qu'il doit se mesurer à un obstacle de taille, Jacques met en place tous les ingrédients nécessaires à sa réussite. Le trio Americo Funaro, composé d'une guitare, d'une basse et d'un piano accompagne les spectacles et fait danser le public. Tôt le matin, Jacques dévore les journaux, choisit ses sujets qu'il mûrit dans la journée pour les refiler au public en condensés hilarants.

À l'heure prévue, il entre sur scène, sous les applaudissements de nombreux auditeurs de CKVL venus le voir et l'entendre. Improvisés, ses commentaires et ses monologues, parfois rigolos, parfois dithyrambiques, souvent sarcastiques sur les points chauds de l'actualité, se font l'écho de sa lucidité décapante. Jacques amuse, détend et surprend son public. Il peut se permettre d'amorcer un sujet, d'ouvrir des parenthèses et d'aborder un autre thème sans jamais en perdre les ficelles. Suspendu à ses lèvres, l'auditoire se demande comment cela va finir. Certains le croient distrait, d'autres le pensent indiscipliné, et quand, à la fin de la soirée, il boucle la boucle et termine toutes les anecdotes qu'il a commencé à raconter, l'auditoire est béat d'admiration.

Le moment est venu pour Jacques de céder le micro aux gens de la salle, et de les inviter à venir, tout comme lui, chanter, jouer la comédie ou monologuer.

— Ce serait absolument génial au Faisan Doré, répond Jacques à son ami Baulu venu prendre de ses nouvelles.

— Ce serait?

— Oui, ce le serait si ce n'était de la vieille clientèle du Vieux Val d'Or qui vient foutre le bordel.

Bien que peu enclin à se plaindre, Jacques devient si exaspéré de la conduite de ces irréductibles qu'il vient déverser sa coupe débordante sur la table des frères Martin:

— Je ne veux plus en voir un. Aussitôt que le spectacle commence, c'est à qui parlerait le plus fort!

— Ce sont de grands enfants, dit Marius en décochant un clin d'œil à son frère Edmond.

— Quand ils ne beuglent pas comme des veaux, ils dansent comme des chimpanzés! Vous croyez que c'est agréable? Et ceux qui ne dansent pas hurlent comme des crécelles. Une vraie ménagerie!

— N'importe quoi! tente de temporiser Edmond.

— Ouais! N'importe quoi, reprend Jacques, à part la chanson que je suis en train d'interpréter! Les plus polis se contentent de siffler les filles en s'enfonçant deux doigts dans la bouche.

— Écoute, petit, c'est à toi de les prendre en main.

Jacques fulmine.

— Vous n'avez pas l'air de comprendre qu'ils sont en train de faire fuir *mon* public.

De fait, des professionnels de toutes catégories, avocats, ministres, médecins se sont joints aux auditeurs de CKVL, sans parler des comédiens qui viennent maintenant terminer la soirée au Faisan Doré, après le théâtre, heureux de rencontrer les artistes québécois et français.

— Attends, reprend Edmond, j'ai une idée qui pourrait te plaire. Laisse-moi le temps de faire un contact en France...

— Je ne peux me permettre d'attendre après qui que ce soit. Moi aussi, j'ai une petite idée en tête, et je ne serai pas obligé de traverser un océan pour mettre cette pourriture dehors.

— Tu veux faire quoi ? demande Edmond, inquiet.

— Je vais noyer cette bande d'ignares dans un public qui sait apprécier le beau.

— Tu ne le fais pas déjà ?

— Vous n'avez rien vu...

En 1948, Jacques compte près de deux mille chansons à son répertoire. Des chansons de France, des chansons d'ici, des chansons empruntées ou écrites pour lui. Il les interprète à la radio, au Faisan Doré et enregistre ses préférées dans les studios de la RCA Victor.

Au Faisan Doré, les spectateurs arrivés au début de la soirée demeurent jusqu'à la fermeture parce que leur intérêt est entretenu et soutenu par de nouvelles chansons.

Jacques vise juste. Ses deux spectacles, et parfois même trois par soirée, remportent un succès sans précédent. De plus en plus, les bien nantis se mettent à fréquenter le cabaret des frères Martin. Les femmes sont encore plus nombreuses. Beaucoup viennent d'Outremont et de Westmount accompagnées de leurs maris. D'autres sont issues de familles ouvrières de Rosemont, de Pointe-aux-Trembles, de Saint-Henri ou du Faubourg à la mélasse. Toutes ces femmes sont là pour apprécier les chansons et aduler l'animateur vedette. Parmi elles se glissent d'anciennes prostituées du Vieux Val d'Or, qui sont autorisées à assister au spectacle en autant qu'elles se soumettent au règlement municipal qui leur impose de s'asseoir deux par table. Les copines de la rue Saint-Laurent viennent les rejoindre, au grand dam de Jacques qui s'entend dire un soir par l'une d'elles :

— Mon petit maudit, toi, je te *free luncherais* !

Jacques écarquille les yeux. Il ne connaît pas l'expression.

— Tu me *quoi* ?

— Je te *free luncherais*!

Quand Jacques rapporte ces propos à Edmond Martin, celui-ci émet un petit sifflement d'admiration :

— C'est le plus beau compliment qu'un homme peut recevoir, peuchère! Elle a voulu dire qu'elle te ferait cela gratis!

Depuis son entrée au Faisan Doré, Jacques est assailli par un nombre impressionnant de femmes. La vie de couple ne lui ayant pas trop réussi, il ne dédaigne pas ces rencontres d'un soir.

★ ★ ★

Homme de parole, Edmond Martin, qui a promis à Jacques de l'aider à n'attirer au cabaret qu'un auditoire de qualité, invite, à la fin de 1948, le plus grand nom de l'accordéon français à venir donner des spectacles au Faisan Doré.

— Tu devrais venir au Canada, dit-il à Émile Prud'homme, le chef de La bande à Mimile.

En France, le groupe suit les Six Jours du Tour de France et fait le circuit de toutes les grosses manifestations.

— On a mieux à faire que de lancer des boules de neige! réplique Émile.

— Pas pour lancer des boules de neige, triple idiot. Pour lancer le bal musette!

— Hé, corniaud, le guinche c'est parigot, c'est pas de la frime qui s'exporte.

Émile Prud'homme, un personnage haut en couleur, parle une langue plus proche de l'argot que du français. Pour le comprendre, il faut avoir vu tous les films de Michel Simon et de Jean Gabin. Son batteur, Dédé Pastor, n'est pas moins coloré. Il parle la même langue vernaculaire, difficile à saisir et un humour à faire craquer un auditoire.

Finalement séduit par la proposition d'Edmond Martin, Émile promet d'en parler aux gens de sa troupe. Tous s'emballent à l'exception de Jean Rafa, un de ses chanteurs-animateurs.

— Pourquoi quitter la France? On a tout sur un plateau d'argent, ici, bougonne-t-il.

Devant les regards noirs d'indignation d'Émile et de Dédé Pastor, le batteur, il poursuit:

— C'est vrai, quoi! La bande à Mimile est la reine de la musette en France! Mais pour le Canada, qu'est-ce qu'on est, voulez-vous me le dire?

Les deux autres ne trouvent rien à répondre.

— Je vais vous le dire moi: rien. On n'est rien! Personne ne nous connaît là-bas.

Déterminés à faire fléchir leur compagnon récalcitrant, Émile Prud'homme et Dédé Pastor passent de la douceur à la colère, des menaces aux promesses, sans y parvenir.

Puis un soir, Émile entraîne Jean Rafa dans un bistro et le fait boire jusqu'à ce qu'il roule sous la table.

— Bon, alors... Hic. Je viens... Vive le Canada! marmonne Jean, ivre mort.

Le 22 décembre 1948, en compagnie de la joyeuse bande dont une jeune chanteuse, Simone Lallier, Jean Rafa, dépité, la rancune au cœur, s'embarque pour le Canada.

Comme il n'y a pas encore de jets en service, et que l'aéroplane doit s'arrêter partout, la traversée Paris-Montréal dure vingt-quatre heures. Tout pour exaspérer Jean qui s'est arraché à sa famille avec douleur. Seul dans son coin, il est malheureux comme les pierres. Autour de lui, les gens parlent un drôle de langage. Beaucoup de mots d'église qui ne sont pourtant pas des prières. «Sans doute des séminaristes qui sont allés à Rome, ou quelque chose comme ça», se dit-il.

Finalement, l'un d'eux lui adresse la parole:

— T'es qui?

Surpris par la familiarité du ton, Rafa hésite:

— Heu...

— Parles-tu frança? demande le joyeux drille.

— Oui...

— D'où c'est que tu viens? s'informe un autre.

— Je suis de Paris.

— Ah! Et où c'est que tu vas?

— À Montréal.

— Pour quoi faire?...

Sans lui laisser le temps de répondre, le premier, tenant une bouteille de Canadian Club à la main, lui lance une invitation:

— Tiens, prends un coup, ça déniaise, lui dit-il.

L'alcool aidant, Jean trouve rigolos ces énergumènes au langage incompréhensible et les quiproquos n'en finissent plus. Lorsqu'il pose le pied hors de l'avion, il est si joyeux qu'il en a oublié sa peine de quitter sa France natale.

À l'aérogare de Dorval, un escalier en fer qu'on pousse sur le tarmac jusqu'à l'avion permet aux passagers d'en descendre. Pour les cousins de France, cet aéroport ressemble à un hangar bien entretenu. L'accueil chaleureux que leur réservent les frères Martin et Jacques, accompagnés de plusieurs autres artistes, achève de le surprendre. Mais l'euphorie de l'arrivée fait place à la déception lorsque La bande à Mimile apprend qu'à Montréal, tous les cabarets ferment pour la nuit de Noël. C'est sacré. Rien de palpitant à voir ou à faire avant le 26 décembre. Il incombe donc aux artistes venus les accueillir de les distraire pendant les deux prochains jours. Jacques prend Jean Rafa en charge.

— Je n'ai pas le temps de te conduire à ton hôtel avant le début du *Fantôme au clavier*. Je t'emmène!

— Où ça? s'informe Jean Rafa.

— Au théâtre Bijou. Tu vas voir à quoi ça ressemble une émission de radio sur la chanson française, mon pote!

Au Bijou, Jean Rafa craque littéralement quand le public se met à chanter *Douce France* à l'unisson avec Jacques Normand. Celui qui est venu au Canada avec un contrat de comique en poche pleure comme une Madeleine sur la scène où Jacques l'a supplié de monter.

Mais il n'a pas même le temps d'apprivoiser Montréal qu'une épreuve l'attend. Peu de jours après son arrivée, Jean souffre de violents maux de tête et d'une fièvre persistante. Conduit à l'hôpital Saint-Luc, il est soumis à une panoplie d'examens fort coûteux au terme desquels on décèle une méningite. Ses amis sont dépités. Celui qui s'est le plus objecté à venir à Montréal n'a vraiment pas de veine !

— Si je ne m'abuse, la médecine est plus avancée chez nous, affirme Jacques pour les rassurer.

— Pour ça, oui, admet Émile.

Après plusieurs longs jours d'interdiction de visite au chevet de Jean Rafa, un à la fois, Jacques et les membres de la troupe obtiennent la permission de le voir, à la condition de ne pas dépasser cinq minutes, chacun. Le malade prend du mieux.

— Je serais mort si ça m'était arrivé en Europe, confie-t-il à Jacques, la voix éteinte mais le regard brillant de gratitude.

Il est vrai que la France qui se relève tout juste de la guerre n'aurait pu lui accorder les mêmes soins.

— C'est le petit Jésus qui m'a amené au Canada, dit-il, lorsque Émile vient lui serrer la main.

— Et cette fois-là, ton petit Jésus s'appelait Émile Prud'homme, ironise Émile, soulagé de constater qu'il reprend des forces.

Heureux d'avoir gagné ce combat, Jean sait qu'il ne peut déposer les armes. Il devra affronter un ennemi tout aussi redoutable : le découragement. La convalescence s'annonce longue et les soins médicaux n'étant pas gratuits, il accumule chaque jour une dette faramineuse. Déjà peu fortuné à son arrivé, Jean commence à désespérer.

— On va te garder au cabaret jusqu'à ce que ta dette soit remboursée, décide Edmond Martin.

Rassuré d'une part, Jean sent par ailleurs l'exigence d'une telle contrainte, et sa guérison en souffre. Et plus l'angoisse le taraude, plus sa dette s'alourdit et plus recule l'échéance de son retour au travail. Il s'en ouvre à celui qui s'est montré des plus attentionnés à son égard depuis son arrivée à Montréal.

— Il n'est pas dit que ça va me plaire de rester ici aussi longtemps et de travailler tout le temps dans le même cabaret. Il y a un monde entre le faire par choix et y être forcé, peu importe la raison.

— T'en fais pas, bonhomme, je vais te sortir du trou, moi, lui promet Jacques.

— Comment?

— Ne t'en fais pas. J'ai mon idée. Occupe-toi plutôt de guérir.

Jacques organise un gala bénéfice avec, comme invitée d'honneur, Muriel Millard, auquel participent de nombreux artistes et amis.

Il réussit à amasser une somme rondelette, et la guérison de Jean fait des progrès remarquables.

— Ici, c'est toujours la rigolade, s'exclame-t-il. Quand on pense que la France en est encore à essayer de se relever de la guerre...

Redevenu nostalgique, il ajoute:

— Alors que tout est d'une rareté extrême chez nous, ici, on peut se procurer n'importe quoi en abondance. Des costumes, des chemises, des chaussures, et que dire de la bouffe! Si j'avais plus d'argent, dit-il, j'achèterais tout, tellement on a été privé durant la guerre.

Au Faisan Doré, grâce à La bande à Mimile, pour la première fois de leur vie, les Montréalais dansent la java dans une ambiance de guinguette. Les frères Martin en pleurent de joie. Imaginez! Faire guincher les femmes à Montréal au son de l'accordéon musette du meilleur d'entre tous les accordéonistes...

Entre les mains de Dédé Pastor, les baguettes de tambour se font magiques.

— Chauffe, chauffe, Mimile! lancent les spectateurs.

En moins de temps qu'il n'en faut pour le dire, les trois musiciens sont devenus les enfants gâtés du public et de leurs camarades.

Jacques réussit même à placer Émile Prud'homme au *Fantôme au clavier,* en remplacement de Billy Munroe, parti aux Antilles pour visiter son vieux père mourant.

Pendant que Dédé Pastor se moque de tout et de tout le monde, le sympathique Jean Rafa se défend comme un lion sur la scène. Son grand succès, c'est la chanson express. Les gens lui lancent une douzaine de rimes, dont il fait immédiatement une chanson. Et en avant la musique, c'est parti!

Le public est fasciné et ravi. Moins de deux ans de diffusion de spectacles suffisent pour que le Faisan Doré vole la vedette à tous les autres cabarets. En plus des trois spectacles du vendredi et du samedi, ces deux jours-là, on diffuse une émission en direct de la scène du cabaret. Le vendredi appartient à CKVL et le samedi à CHLP, la station radio de l'hebdomadaire *La Patrie.*

Toujours à l'affût de jeunes artistes pour le Faisan Doré, Jacques épluche soigneusement les journaux. Un jour, il lit, sceptique, que deux chansonniers parisiens donnent des représentations dans une autre boîte mondaine de la ville. La publicité parle de «célèbres» chansonniers parisiens. «S'ils sont célèbres, ils ont bien caché leur jeu», pense-t-il en lisant les noms de Roche et d'Aznavour. Il va même jusqu'à penser qu'ils ne sont pas plus français que ne l'était le «Jacques Normand *from* Paris».

Un soir, entre deux représentations, Jacques se rend au Latin Quarter, le pendant ultrachic du Faisan Doré où les deux jeunes hommes sont à l'affiche. À les entendre, il comprend pourquoi l'auditoire est envoûté. Quelle prestation! Quels talents prodigieux! Entre deux chansons, il apprend que le duo ne chante que ses créations. Roche compose la musique sur les paroles d'Aznavour. Une autre pause lui permet d'apprendre que Pierre Roche et Charles Aznavour, invités par Édith Piaf, ont suivi la célèbre chanteuse à New York dans l'espoir de décrocher des engagements. Hélas! depuis cette invitation, Édith Piaf file le parfait amour avec le boxeur Marcel Cerdan et cela embête la chanteuse d'avoir trop de monde autour d'elle. Dès lors, le petit Charles et le grand Pierre ne cadrant plus dans son programme, Édith a demandé à son imprésario de leur trouver quelque chose dans une ville où on parle français.

Le patron du Latin Quarter a donc engagé les duettistes pour deux semaines et les deux amoureux ont pu repartir vivre leur belle histoire en paix.

En assistant à leur spectacle, Jacques comprend immédiatement que cette boîte anglophone dont le public ne parle que l'anglais n'est pas faite pour eux. Après leur numéro, il s'arrange pour rencontrer les deux artistes et leur fait l'éloge du Faisan Doré.

Charles et Pierre connaissent déjà le cabaret et ils n'en ont entendu que du bien. Ils aimeraient bien accepter l'offre de Jacques sur-le-champ, mais un contrat les lie au Latin Quarter.

— On vous attendra, leur dit-il, courtois.

Deux semaines plus tard, Roche et Aznavour sont accueillis comme des princes par les frères Martin où ils signent un contrat leur concédant de multiples avantages. Comme si ce n'était pas suffisant, Charles trouve la salle trop grande et Pierre veut un rideau de scène. La nuit même, Edmond Martin fait débuter les travaux. Dans les coulisses, le petit Aznavour pianote sans cesse sur un instrument de fortune, pour préparer ainsi la future rentrée du grand Charles. La voix d'Aznavour, ses paroles parfois plaintives, parfois passionnées, portées par l'accompagnement de Roche, séduisent l'auditoire qui en redemande. *Départ-Express, Feutre Taupé, Boule de gomme, J'ai bu,* leurs nouvelles chansons, charment l'assistance, et leur *be-bop,* plus encore. En peu de temps, Roche et Aznavour deviennent les vedettes du cabaret le plus couru en ville.

Au grand désarroi de leur nouveau public, après deux semaines au Faisan Doré, les duettistes quittent Montréal pour respecter un engagement au Café Society Downtown de New York. «Mais ce n'est que pour mieux revenir», affirment les deux artistes au grand plaisir de Jacques qui s'est pris d'amitié pour eux.

Après New York, Roche et Aznavour s'empressent de revenir à Montréal où ils évoluent entourés principalement de Lise Roy, Jean Rafa et d'une jeune découverte de Jacques, Aglaé.

L'atmosphère est à son meilleur au Faisan Doré. À l'instar du public montréalais, les artistes sont heureux de chanter dans une boîte où le français est si bien accueilli. Aussi n'y viennent-ils pas seulement chanter le soir mais ils s'y retrouvent en après-midi pour concevoir le programme de la semaine suivante et pour travailler leurs numéros. Leur spectacle est à ce point varié que la même clientèle peut revenir sans jamais se lasser. Jamais une soirée ne se termine sans que les pots-pourris s'enchaînent, couronnant la soirée d'une ambiance de chaude fraternité.

Au Faisan Doré, les clients offrent des consommations à tous les artistes. À l'heure de la fermeture, la joyeuse bande se transporte dans un *spaghetti house* et il n'est pas rare que plusieurs ne rentrent à la maison que vers les dix heures du matin.

Le cercle des artistes du Faisan Doré ne cesse de s'élargir. S'y intègrent les Deyglun, Dumont, Berval et toute la troupe du théâtre Grimaldi, Ti-Zoune, la Poune pour ne nommer que ceux-là. D'autre part, peu de temps après l'expiration de leur contrat, Émile Prud'homme et Dédé Pastor retournent en France. Contrairement à eux, Jean Rafa, par goût et pour finir d'éponger ses dettes, choisit de prolonger son séjour en terre canadienne.

Simone Lallier, une chanteuse de talent arrivée avec Mimile Prud'homme et son groupe, serait elle aussi retournée en France, si Charles Trenet venu au Faisan Doré en client et ami ne lui avait suggéré de reprendre les succès du début du siècle. L'idée s'avère géniale. Le soir même, Simone Lallier devient Madame Arthur et elle décide de s'établir définitivement au Canada où une brillante carrière, tant au cabaret qu'au music-hall, l'attend.

Le Faisan Doré devient un alambic où fermentent de jeunes talents fort prometteurs. Une étudiante infirmière qui en a entendu parler saute par la fenêtre de la maison familiale à dix heures du soir pour assister au show de Jacques Normand et courir la chance d'être invitée à monter sur la scène. Sa jeune sœur l'attend à minuit pour lui ouvrir la fenêtre en cachette des parents. Grâce à Jacques Normand et au Faisan Doré, Monique Leyrac va connaître sa première chance et devenir l'une des plus grandes chanteuses du Québec. Avec Jacques, elle vit une belle histoire d'amour. Une histoire qui aurait pu durer si l'amoureux rebelle n'était retombé dans le piège de l'acrimonie.

Le Faisan Doré servira de tremplin à plusieurs autres artistes de talent, notamment Denise Filiatrault, Aglaé et Colette Bonheur. Deux jeunes garçons lui devront aussi leur entrée dans le monde artistique : Fernand Gignac et un gentil serveur-plongeur du nom de Raymond Lévesque. Le dimanche après-midi, les débutants peuvent tenter leur chance dans un concours d'amateurs. Gilles Pellerin présente les participants, Billy Munroe les accompagne au piano et des prix leur sont décernés. Le petit Gignac remporte le premier prix avec son interprétation de *Maître Pierre*. Engagé sur la scène du Faisan Doré, il ne participe toutefois qu'à la première représentation du spectacle et accompagné d'un parent, la loi ne permettant pas à un mineur d'entrer dans un cabaret après dix heures du soir.

Raymond Lévesque connaît un sort plus heureux après avoir fait preuve d'une endurance exemplaire. Employé au Faisan Doré comme garçon de tables et plongeur, il est constamment houspillé par le patron qui lui demande de nettoyer les verres et lui interdit de rester planté là à écouter les chanteurs.

Raymond se soumet, sachant bien que, tôt ou tard, son tour viendra de prendre le micro et d'être applaudi par toute l'assistance. Le Faisan Doré est un creuset pour tous les artistes, qu'ils soient débutants ou au pinacle de leur gloire. Comme cette Louise Rivière, qui sans nom ni expérience, vient y interpréter les chansons de Piaf et mérite la réputation de chanteuse réaliste-dramatique des plus douées.

Le Faisan Doré ne rassemble pas que des fanatiques de la chanson française. Au fil des mois, les habitués des barbotes, ces maisons de jeux clandestines qui pullulent à Montréal, viennent y terminer leur soirée. Ils forment un public disparate mû par une même soif de rire, de s'amuser, de danser et d'oublier les soucis quotidiens.

Enchantée de la croissante popularité du Faisan Doré, la direction accorde son entière confiance à Jacques qui a su en faire la boîte à chansons dont il rêvait. Edmond Martin ne cache pas pour autant que le son de la caisse enregistreuse demeurera toujours sa musique préférée.

— Je bois du petit lait! dit-il, ravi. On a fait la preuve qu'il y a de la place pour la chanson française dans la deuxième plus grande ville française du monde.

Avec la réussite du Faisan Doré naissent *Les nuits de Montréal*. Jacques, un des premiers à les vivre intensément, se plaît à répéter: «Sans les nuits de Montréal, Montréal s'ennuie. »

Fier d'être parvenu à concrétiser un de ses plus grands rêves, Jacques prend quelques jours de congé en compagnie de son meilleur ami, Roger Baulu, pour aller visiter sa famille.

— J'aimerais faire une surprise à ma mère, lui dit-il. Depuis le temps que je ne l'ai pas vue... Puis, je suis sûr qu'elle sera heureuse de te rencontrer.

Les deux rigolos, intarissables d'anecdotes, roulent vers Québec sans voir passer le temps. La température est splendide en ce mois de septembre 1948. Jacques regrette que son frère Charlemagne, atteint de tuberculose, doive soupirer d'ennui entre les murs de l'hôpital Laval. Il compte lui rendre visite, mais il préfère passer d'abord à la maison familiale. Il va s'engager dans l'allée lorsqu'une voiture-taxi les devance. «En quel honneur?» se demande Jacques, sachant bien que son père dispose toujours d'au moins deux voitures. Fait étrange, c'est sa mère et ses frères qui en descendent. Jacques présume qu'un événement important vient de se produire à la maison. Jamais il n'a vu sa mère prendre le taxi, encore moins le midi.

Alberta et ses fils, surpris de sa visite, l'accueillent en pleurant.

— «Momon», murmure Alberta affectueusement, il va falloir que tu aies du courage... Il est parti si vite...

— J'arrive trop tard... Je venais le voir. Je voulais lui présenter Roger, dit-il à sa mère en la pressant dans ses bras.

Au regard éploré de sa mère, Jacques comprend qu'il ne s'agit pas de Charlemagne...

— Papa, où est-ce qu'il est? demande-t-il, constatant son absence à l'instant.

— À l'hôpital, lui répond sa mère, en fondant en larmes.

— Qu'est-ce qu'il fait à l'hôpital?...

— Il a fait une thrombose cérébrale la nuit dernière.

La mort d'Elzéar-Alexandre creuse dans le cœur de Jacques un vide dont il n'a pas soupçonné la profondeur. Est-ce de n'avoir pu prévoir son départ qui l'afflige plus qu'il n'aurait cru? Est-ce de n'avoir pu partager avec lui les joies de sa réussite? Est-ce de voir sa mère si éprouvée? Est-ce la condition précaire dans laquelle se retrouve Alberta avec cinq bouches à nourrir?

Elzéar-Alexandre n'a jamais eu les moyens de souscrire à une assurance-vie, pas plus qu'il n'a pu mettre de l'argent de côté. Avec sa grosse famille de dix-sept enfants et son maigre salaire de voyageur de commerce, il a toujours vécu au jour le jour. Soixante-trois dollars en poche constituent toute sa fortune au moment de sa mort.

— Ne t'inquiète pas, maman, à l'avenir, c'est moi qui t'enverrai ton chèque, lui promet Jacques, reconnaissant de ce que ses parents ont fait pour lui avant, pendant et après son accident.

Alberta sait que jamais son «Momon» ne la laissera tomber.

Au moment où la célébrité et l'aisance financière lui semblent acquises, Jacques se retrouve soutien de famille. Ses salaires le lui permettant, il est fier d'offrir aux siens une meilleure qualité de vie que par le passé et de permettre à ses jeunes frères de poursuivre leurs études.

Chapitre ix

En 1949, alors que tous les Canadiens français du milieu artistique rêvent de voir Paris, Jacques s'embarque pour la Ville lumière.

Le bateau mettra neuf jours avant d'aborder au Havre, mais qu'à cela ne tienne, les passagers sont prêts à tout pour un bouillon de culture française.

À bord de ce paquebot montent, entre autres, Marcel Cerdan et Édith Piaf qui rentrent en France après l'énorme succès que la chanteuse vient de remporter aux États-Unis ; Jean Sablon que Jacques a connu à New York ; Jacques Pills, le chef d'orchestre qui épousera Édith Piaf ; Tabet, l'auteur de nombreuses musiques de films, et Jean Nohain, le frère cadet de Claude Dauphin. Une bande de joyeux lurons qui exultent à l'idée de passer leurs nuits au Bar de l'Atlantique, sur le pont des premières classes. Fantaisie, extravagance et amitié donnent le ton à cette traversée que Jacques vit dans l'euphorie.

Au Havre, les passagers s'engouffrent dans le train qui doit les conduire à la gare Saint-Lazare, en plein cœur de Paris. Il faut voir Jacques descendre du wagon, ouvrant grand les yeux, épaté devant le bon titi de Paris, béret-baguette, mégot de Gitane maïs éteint aux lèvres, en selle sur son vélo. Pour Jacques, c'est le début d'une aventure extraordinaire.

Jean Rafa, de retour chez lui depuis peu, frétille sur le quai de la gare, un bouquet de ballons rouges dans les mains, en guise de bienvenue pour son ami Jacques. Puis la promenade commence dans les rues de Paris. Rafa voudrait tout lui montrer de la capitale française, de la butte Montmartre aux catacombes. Jacques n'a pas assez d'yeux pour tout voir. Ses oreilles bourdonnent d'informations qu'il n'a pas le temps d'absorber, tant Jean les lui expédie en cascade. S'amorce un long chapelet d'arrêts obligatoires chez des amis, suivis de visites aux Champs-Élysées, à la place de la Concorde, à celle de l'Étoile avant de clôturer le périple dans les «meilleurs» bistros de Paris.

Cette course effrénée est relancée dès le lendemain avec la longue marche vers l'Arc de triomphe.

— Aujourd'hui, tu te débrouilles seul, annonce Jean. Vas-y! Je te retrouverai ici vers les huit heures.

Lancé à la conquête de Paris, Jacques passe, émerveillé, de la flamme du Soldat inconnu à la Grande Armée, de la Madeleine à la Seine, de la tour Eiffel aux Grands Boulevards.

Résolu à ne pas terminer sa randonnée sans avoir parcouru le cimetière du Père-Lachaise, le voyageur solitaire y passerait la nuit tant chaque allée de pierres tombales lui transmet d'évocations émouvantes. Épuisé mais ravi, Jacques retrouve son ami français, qui l'attendait, impatient de reprendre avec lui une tournée des bistros. Partout, c'est la fête.

Quelle n'est pas la surprise de Jean de retrouver son ami québécois en sanglots. Sous l'effet des vapeurs d'alcool, Jacques craque. Ce rêve de jeunesse enfin devenu réalité le fait pleurer d'une joie indescriptible. Une joie qui s'insinue en lui et fait jaillir des souvenirs émus: ses peurs d'enfant, ses amours déçues et jusqu'à l'affection qu'il éprouve pour sa mère Alberta.

Jean l'écoute, riant avec lui, pleurant avec lui. Cet épanchement, si rare de sa part, va cimenter leur amitié.

En France, le mois de juin à peine annoncé, la nature s'épanouit pleinement. Les jours passent avec la rapidité de l'éclair et Jacques ne veut rien sacrifier de ce temps clément et des rencontres qui grignotent ses journées et ses soirées. Mais il a promis de reprendre contact avec un certain René Martin, un industriel français à qui il a rendu de menus services à Montréal, et dont les bureaux sont situés au 25, rue du Quatre-Septembre, à deux pas de l'Opéra.

— Je vous invite à déjeuner, lui dit M. Martin, heureux de le savoir à Paris.

La conversation roule sur le séjour de Jacques, sur ses projets et son organisation matérielle.

— Je n'ai pas les moyens de me payer un appartement à Paris, explique Jacques, précisant qu'il bénéficie de l'hospitalité de Jean Rafa et de ses amis.

— Tenez, prenez ça, lui dit René Martin. Ce sont les clés d'un de mes appartements du XVIIe, rue Paul-Appel.

— Mais, ce n'est vraiment pas nécessaire...

— Il n'y a pas de mais. Et... voici les clés de ma Chrysler décapotable. Elles vous seront utiles...

Jacques va de nouveau protester, mais l'industriel insiste :

— Ne vous inquiétez pas pour moi, j'ai trois autres voitures...

«Une fois de plus, la chance est de mon côté!» constate Jacques, pressé d'annoncer la nouvelle à son ami Jean. Tous deux filent vers l'appartement de la rue Paul-Appel, s'en épatent, sautent dans la Chrysler et, sans permis de conduire, traversent Paris avec l'ivresse de deux gamins en fugue.

— C'est bien beau la Chrysler, mais je ne pourrai jamais y faire entrer tous les bagages que j'ai laissés à la gare Saint-Lazare.

— La débrouille, ça me connaît, réplique Jean qui lui ordonne à l'instant de s'arrêter devant un bistro. Il existe un dieu pour ce genre de problème. Bacchus..., tu connais ?

— Ne t'en déplaise, je ne l'ai jamais vu faire plus que d'amener les gars à ramper sur le plancher en fin de soirée.

Le dieu du bon vin a dû les entendre discuter de leur problème autour d'un apéro, car il leur apparaît sous les traits d'une militante du parti communiste français qui leur offre spontanément son camion.

— Je te l'avais dit, incrédule! lui lance Jean, triomphant.

— Amène-toi le prophète! On a du boulot, dit Jacques, emboîtant le pas à la jeune dame.

Une seconde fois, au volant de la décapotable, Jacques traverse Paris, précédé par la jeune Française qui se contente de glisser sur les arrêts et de foncer alors que le feu vient tout juste de virer au rouge. Jacques ravale sa salive.

— Tu n'aurais pas un autre dieu en réserve..., un dieu de la route, quelque chose du genre, demande-t-il à son compagnon, lui-même terré au fond de son siège.

Il fait déjà nuit quand le trio s'arrête dans le XVIIe arrondissement. Inutile d'offrir à leur bonne Samaritaine de prendre quelques instants de repos avant de repartir, elle semble descendue directement d'une étoile filante.

À peine installé, tôt le lendemain matin, Jacques repart à la découverte de son quartier. Le boulevard Jourdan se dessine devant lui avec élégance, de la Cité universitaire sortent les étudiants dont le discours lui fait envie : «Je pourrais être de ceux-là», se dit-il, un tantinet nostalgique. De retour à l'appartement, sa solitude lui pèse. Il se remémore les applaudissements de fin de soirée au Faisan Doré; la tournée des bistros et le plaisir de retrouver ses auditeurs lui manquent tout à coup. Le souvenir de ses amis québécois lui communique un vague à l'âme qu'il n'a pas vu venir.

Nuit après nuit, Jacques reprend ses interminables promenades. De la butte Montmartre à la Bastille, c'est le même enchantement, du Coucou au Théâtre de Dix Heures, la même révélation. Du Caveau de la République aux Trois Baudets, son rêve se dessine. Les Pierre Vaillard et les Pierre Destailles guident ses pas. Les Jean Rigaux, Robert Rocca et

Pierre Doris lui donnent ses premières leçons de chansonnier. En se comparant à des artistes comme Jean Cocteau, Maurice Jarre, Gérard Philippe et Louis Jouvet, il se sent peu de chose. «Je n'ai pas de maintien en scène, je ne sais pas marcher, j'use d'un vocabulaire d'une maigreur à faire peur à la première madame Pipi venue», se reproche-t-il.

Poussé par le désir d'apprendre et de rattraper le temps perdu, il continue néanmoins de courir tous les spectacles. Ballet, théâtre de poche, concert, opéra, tout l'épate, tout l'éblouit. Les soirées mondaines et les occasions de fêter se multiplient. Paris sort de sa longue nuit de l'Occupation et nombre de ses habitants n'ont qu'une envie : se jeter dans le plaisir pour oublier tout ce dont ils ont souffert.

Jacques est particulièrement attiré par les cabarets où se produisent de jeunes artistes. Épris de la formule qu'ils ont inventée, il rêve de l'adapter à la clientèle montréalaise dès son retour. Mais avant de remettre les pieds sur le sol canadien, il aimerait voir un peu de pays avec son ami Rafa.

Au mois d'août, au moment où Paris se vide, les deux compères en profitent pour entamer leur propre tour de France. Ils descendent vers le sud, jusqu'en Espagne, puis ils piquent une pointe du côté de l'Italie... Dans un pays comme dans l'autre, la féerie des paysages et de la mer leur injecte un air de fête qu'ils transportent avec eux. Les deux voyageurs ne comptent plus les virées.

À la fin d'août 1949, Jacques continuerait volontiers, mais il doit rentrer à Montréal. Il ne peut nier qu'il quitte la France avec un pincement au cœur. En guise de consolation, il se répète qu'à Montréal, son public l'attend, et il n'a pas tort : Lucille Dumont sera sa partenaire dans *Vive la vie* et Jean Coutu, dans *La course au trésor* et *La route enchantée*, commanditée par la pétrolière British American, alias Petro Canada. Ce sera pour Jacques une nouvelle occasion de faire valoir ses talents d'animateur.

★ ★ ★

Sitôt son ami dans le train vers le Havre, Jean Rafa encore une fois n'a plus le sou et se retrouve sur le sable. Mais à Paris, la chose est plus grave. Une fois qu'on a manqué son coup, c'est fini, liquidé! On n'est plus rien, nulle part. Sous prétexte qu'il a fait une méningite et qu'il risque une rechute, personne ne veut plus de lui. C'est pourquoi ses idées, son cœur et ses pas le guident de nouveau vers le Canada, sa terre d'exil, où il est accueilli avec chaleur. Intégré à la bande de joyeux copains du Faisan Doré, Jean se retrouve avec plaisir rue Saint-Laurent.

Son admiration et son amour pour cette ville ne cessent de croître. Le public le sent et le lui rend bien. Le Français rigolo est la coqueluche des Montréalais.

Un jour, alors qu'Émile Prud'homme et Dédé Pastor prennent un repas au restaurant Corso Pizzeria, rue Sainte-Catherine, ils l'aperçoivent qui vient vers eux. Il les rejoint à la hâte et leur tend un bout de papier.

— Je viens de faire une chanson. Il faut que vous lisiez ça!

Rafa sent le besoin de les prévenir:

— C'est peut-être un peu tristounet... Je viens d'arriver, j'ai encore l'âme de l'expatrié.

Avant même de jeter un regard au texte, Émile Prud'homme s'emporte.

— Les Canadiens, c'est des marrants! Ce qu'ils veulent, c'est rigoler. Alors, tu ne vas pas les faire tartir!

— Lis donc! Tu critiqueras après...

On a de tout temps chanté les nuits de Paris
La place Pigalle Montmartre les Halles
Dans le monde entier on sait que là-haut c'est beau
Oui mais ici on a aussi

Des filles jolies des cabarets des boîtes de nuit
Pour y chanter dans la gaieté des airs légers

J'aime les nuits de Montréal
Pour moi ça vaut la place Pigalle
Je ris je chante la vie m'enchante
Il y a partout des refrains d'amour

Je chante encore je chante toujours
Et quand je vois naître le jour
Aux petites heures vers ma demeure je vais heureux
À Montréal c'est merveilleux...

Émile a les yeux ronds :

— Bon ! C'est pas trop con, ton truc, bougonne-t-il.

Il soulève un coin de la nappe en papier, en déchire un morceau, y trace une portée et y griffonne une suite de notes.

— Tiens, la voilà, ta musique.

La mélodie des *Nuits de Montréal,* couplets et refrain, vient de naître.

— Qui c'est qui va la lancer ? demande Émile.

Pour Rafa, la question ne se pose même pas, c'est l'évidence.

Avec Émile il se rend à CKVL pour présenter la chanson à son interprète favori.

Jacques entonne la chanson comme s'il la connaissait déjà tandis que Billy Munroe plaque les premiers accords de l'accompagnement. À compter de ce jour, *Les nuits de Montréal* entre dans le répertoire. Jacques en fait la chanson thème de ses soirées au cabaret, la répétant aussi souvent que l'auditoire la réclame.

Bien que sa popularité se maintienne à CKVL et au Faisan Doré, Jacques ne s'ennuie pas moins de la Ville lumière. En décembre de l'année suivante, il repart avec son partenaire et ami Jean Rafa. Trois semaines plus tard, soit le 15 janvier 1951, tous deux rentrent à Montréal ragaillardis.

Jacques a fait des découvertes : il revient de son voyage avec l'idée d'inviter au Faisan Doré deux garçons qui font salle comble à Paris. Avec leurs parodies des chanteurs américains et westerns, les Deux pinsons font craquer l'assistance à la Galerie 55 dans le quartier latin. Les inviter à venir au Canada, c'est comme leur offrir de conquérir l'Amérique. Les Deux pinsons s'envolent, ravis.

Tel que prévu, ils débutent en octobre au Faisan Doré. Dès le premier soir, les gens les regardent avec méfiance.

— Est-ce qu'ils font autre chose... à part essayer de chanter ? demande-t-on à Jacques.

Celui-ci prend leur défense :

— Non, mais ils sont comiques, vous ne trouvez pas ?

À Paris, leur numéro très drôle lui semblait drôle. «C'est tout de même incroyable comme on peut faire rire de l'autre côté de l'Atlantique et tomber à plat à Montréal», constate-t-il, déçu.

Raymond Devos, l'un des Deux pinsons, est particulièrement malheureux de l'accueil que lui a réservé le public montréalais. Il se demande dans quelle galère lui et son camarade se sont embarqués. Il a l'impression d'avoir été piégé.

— Écoutez, on ne peut pas rester ici les trois semaines prévues, dit-il en marquant son mécontentement. Jacques en convient et se voit contraint de réviser leur contrat.

Contrairement à ce qui avait été prévu, ils ne pourront pas passer par New York. Après une semaine à Montréal et une semaine à Québec, ils doivent rentrer chez eux.

Dans le but de réparer son erreur, Jacques a l'idée d'inviter un personnage qu'il a rencontré chez Jean Cocteau. Ce dernier lui avait dit :

— Vous savez, Pyrale fait un numéro de music-hall sensationnel. Je lui ai écrit des textes.

Pyrale est un nain bien connu des admirateurs de Cocteau, il a joué dans le grand film, l'*Éternel retour*. «Si, en plus, il fait du music-hall et interprète des chansons écrites par Cocteau, il va faire un tabac», se dit Jacques.

Sans même avoir vu le nain en spectacle, Jacques l'embauche donc, guidé par sa confiance en Jean Cocteau.

— Je vais faire deux ou trois blagues avec vous, lance-t-il à son invité, à sa descente d'avion à Dorval.

Pyrale ne semble pas apprécier du tout.

— Non, non et non! Moi, je ne fais plus le nain!

— Vous ne le faites pas, mais vous l'êtes, n'est-ce pas?

— Non! Il n'en est pas question.

— Écoutez, il faut que vous jouiez votre personnage, celui que vous avez joué au cinéma. C'est ce que souhaite le public...

— Non, ça c'est fini! Maintenant, je joue comme tous les gens normaux. Je fais le numéro qui me plaît.

Jacques abandonne l'idée de le convaincre, et la salle se remplit. Venus par curiosité, les gens sortent fort déçus du spectacle de Pyrale. À plusieurs reprises, Jacques doit le chercher dans les rues de Montréal avant son numéro pour le retrouver le plus souvent dans les loges des danseuses d'autres cabarets, le nain éprouvant un grand attrait pour les femmes, surtout les danseuses.

Exception faite de Roche et d'Aznavour qu'il a découverts sur place au Latin Quarter, Jacques doit admettre qu'il n'a pas tellement de succès avec ses «importations». Il ne tentera plus d'expériences de ce genre.

Malgré ces quelques ratés dans les spectacles présentés, le Faisan Doré conserve sa popularité. Il la conserve tant et si bien que Jacques Canetti, un homme très influent dans le monde artistique parisien, ne vient jamais à Montréal sans s'arrêter au Faisan Doré. Sa visite est considérée comme un grand honneur, car ce monsieur est propriétaire des Trois Baudets, il a ses entrées à l'Olympia et à l'A.B.C., et possède une compagnie de disques dont il dirige les destinées. Son écurie se compose des plus grands noms du showbiz: Jacqueline François, Henri Decker, Armand Mestral et Henri Salvador.

Un soir, au Faisan Doré, après le spectacle, Jacques Canetti attend impatiemment Jean Rafa et Jacques Normand sur le trottoir.

— Je suis venu chercher de jeunes talents. Vous avez des noms à me suggérer?

— Félix Leclerc, lance Jacques avant de tourner les talons et de disparaître comme cela lui arrive parfois.

Canetti s'adresse donc à Rafa:

— Qui est ce Félix Leclerc?

Jean, qui vient tout juste de se produire en spectacle à proximité de Vaudreuil, dans la région où vit Félix, est à même de le renseigner:

— C'est un chanteur de très grand talent.

— Je veux le voir, lance Canetti, autoritaire.

Il est trois heures du matin et le producteur doit reprendre l'avion pour la France dans moins de dix heures. Rafa tente de calmer ses ardeurs, mais sans succès.

En pleine nuit, il réussit à joindre Pierre Dulude, le réalisateur de *La parade de la chansonnette française,* à CKVL. Malgré l'heure tardive, Dulude a la gentillesse de mettre tout le monde en contact et d'organiser la rencontre souhaitée par le chasseur de têtes. À la suite de cette rencontre, Félix Leclerc sera invité à se produire partout en France. Il y connaîtra un tel succès qu'on le surnommera *Le Canadien.*

★ ★ ★

Québec et Trois-Rivières représentent des étapes importantes pour les artistes, qu'ils soient québécois ou français. Tous les ans, à la fin de la saison, la colonie artistique montréalaise part en tournée pour l'été vers ces deuxième et troisième villes du Québec.

Cette année-là, Charles Trenet descend du train qui l'a conduit à Québec. En sortant de la gare, il décide d'entrer dans un petit restaurant des plus modestes pour avaler un sandwich et boire un café.

Le propriétaire de Chez Gérard, Gérard Thibeault, un homme très affable, s'empresse auprès de Charles Trenet qui lui demande :

— Que se passe-t-il, ici, le soir ?

— Que voulez-vous dire ?

— Que donne-t-on comme spectacle ?

Gérard Thibeault lui répond, un peu étonné :

— Il n'y a pas de spectacle, monsieur.

Désignant un *juke box* silencieux dans l'ombre de la salle, il ajoute :

— Il y a une musique à sous dans le coin...

— C'est dommage, constate Charles Trenet. Votre restaurant est situé tout près de la gare. Il me semble que je verrais...

— Ce n'est pas notre politique, coupe le patron à qui jamais une idée aussi saugrenue ne serait venue. Notre clientèle ne s'attend pas à ça. Moi, je vous connais, monsieur Trenet, je sais qui vous êtes, je connais vos chansons, et tout... Mais je pense qu'ici, ça ne marcherait pas. Les gens ne viendraient pas.

— Cela reste à voir, lance Charles Trenet, un sourire aux lèvres.

Avec l'aide de Saint-Georges Côté, l'animateur vedette de la ville de Québec qui a suggéré au jeune Raymond Chouinard de changer de nom, celui-là même qui lui avait trouvé son deuxième emploi à CKCV, Trenet et Thibeault improvisent un cabaret le jour même. Un cabaret est un bien grand mot. En fait, ils louent un piano, deux projecteurs et construisent une petite scène de fortune avec des caisses de bière qu'ils recouvrent de tapis.

Tout Québec apprend que Charles Trenet chante dans ce tout petit restaurant. Dès le deuxième soir, on refuse des clients à la porte.

Témoin du succès retentissant des cabarets, Jacques ne rêve pas moins de retourner au théâtre. Le théâtre de music-hall, cette fois. Il voudrait exploiter davantage ses dons d'humoriste. La télévision qui fait son apparition au début des années cinquante ne l'attire pas particulièrement.

Au Faisan Doré, le climat est excellent — quand la boîte va tout va —, et Jacques remplit les lieux beau temps, mauvais temps. Mais il commence à se lasser des frères Martin. «Ce sont de bons gars, avec de bonnes bouilles. De braves bougres, quoi! Mais ils ne connaissent pas le métier.»

Alors il se met à lorgner du côté du Continental, dont le patron, Jack Horn, vient de lui faire une proposition alléchante. De plus, M. Horn connaît bien le milieu du cabaret et possède même des restaurants. C'est un homme riche qui aime beaucoup Jacques parce qu'il remplit le Faisan Doré.

Quand Jacques Normand démissionne du Faisan Doré, la boîte ne s'en remet pas. Parce qu'ils sont convaincus que le succès du cabaret repose sur les épaules de Jacques, les frères Martin préfèrent fermer la boîte plutôt que de chercher un nouvel animateur. De toute façon, les boîtes ouvrent et ferment à un rythme affolant, à Montréal. Il suffit que le public n'apprécie pas un spectacle durant deux semaines consécutives pour le voir déserter les lieux. Que se passe-t-il dans le cas du Faisan Doré? Les frères Martin et Vic Cotroni sont-ils convaincus que jamais ils ne pourront relancer la boîte sans son enfant terrible? Ou peut-être ont-ils une autre boîte en vue? Qui sait? Il n'y a plus de Faisan Doré, un point c'est tout. On tire le rideau, on met la clé dans la porte et adieu la compagnie.

Une autre idée obsède Jacques et l'amène à lorgner du côté de M. Horn, le propriétaire du Continental qui, contrairement aux frères Martin, connaît bien le milieu du cabaret. Depuis cette nuit de l'été 1949, où il a vu les caves de Paris, il poursuit le rêve d'ouvrir une boîte semblable à celles de Saint-Germain-des-Prés. Mais Jack Horn lance un nouveau cabaret, une salle immense de quatre cents places, qu'il lui demande d'animer. Contrairement au Faisan Doré, ce cabaret «à l'américaine» met à l'affiche les plus grands noms du showbiz.

Les exigences de ce nouveau travail jointes aux engagements qu'il a pris envers sa famille durant les deux dernières années dispersent ses énergies. Les allers retours entre Québec et Montréal deviennent pénibles, et les siens en souffrent autant que lui. Jacques pense acheter une maison afin d'y installer sa famille.

Un jour, en rentrant du travail, il passe devant une belle maison en pierres, rue Wellington à Pointe-Saint-Charles. Sur une affiche sont inscrits les mots «À vendre ou à louer». La maison est bordée d'une vigne et jouxte une petite église protestante dont l'entrée principale s'ouvre sur la façade opposée. Jacques arrête sa voiture et va sonner à la porte. Une dame vient lui répondre.

— Oui, monsieur, ma maison est à vendre, lui répond la veuve Conroy. Avec tout ce qu'il y a dedans, les meubles, le garage, tout...

La maison est bien située, à mi-chemin entre ses deux principaux lieux de travail, CKVL et Radio-Canada. L'affaire se règle rapidement. Jacques lui présente une offre d'achat que la veuve agrée aussitôt. Le temps de prévenir sa famille, Jacques y installe sa mère, ses six frères et sa sœur Rita — qui deviendra maquilleuse à Radio-Canada —, et ses trois frères les plus jeunes, pensionnaires au Mont-Saint-Louis. Camil entre au *High School* pour parfaire son anglais.

Alberta et les siens se réjouissent de cette proximité qui leur permet de voir Jacques plus souvent et de lui laisser un peu de loisir. Mais le voilà déjà occupé à relever un nouveau défi. Jacques accueille avec bonheur l'offre d'un imprésario de métier qui monte toutes sortes de spectacles. Marcel Brouillard vit à Vaudreuil où son père administre un nouveau centre des loisirs. Il organise une tournée pour Jacques Normand, *Le gala franco-canadien,* et le présente à Dorion, Sainte-Anne-de-Bellevue et Saint-Henri avec Charles Aznavour, Jean Rafa et Pierre Roche. Roche touche quarante dollars, Aznavour trente-cinq et Jean Rafa vingt-cinq. Normand attire les foules...

Ainsi s'écoulent les années 1951, 1952 et 1953. Jacques se plaît à Vaudreuil. Enchanté par l'atmosphère qui y règne, il s'évade de plus en plus souvent de la maison de Pointe-Saint-Charles pour habiter celle que Félix Leclerc vient de déserter pour triompher à Paris. Tout CKVL, y compris Roger Baulu, s'y retrouve pour festoyer, la plupart du temps aux frais de Jacques qui, en passe de devenir l'artiste le mieux payé au Québec avec ses cinquante-cinq mille dollars par année, ne lésine pas, pourvu que le plaisir l'emporte. Le propriétaire, Alcide Pilon, rage. Les voisins, Guy Mauffette et Henri Deyglun, se montrent plus tolérants.

Pendant que Jacques s'amuse avec ses amis, son frère Camil agit à titre de secrétaire pour lui et pour Roger Baulu avec qui il partage un bureau dans la maison de la rue Wellington. Camil ouvre le courrier, tient leur comptabilité, leur rend de menus services. C'est ainsi qu'il devient le témoin des dépenses extravagantes de son frère.

Jacques n'a jamais manifesté d'attachement aux biens matériels. Déjà lorsqu'il était enfant, il délaissait rapidement les cadeaux qu'on lui offrait. L'argent n'est pour lui qu'un moyen de faire plaisir aux autres et de s'amuser. Un copain français arrive-t-il chez lui lors d'une bordée de neige?

Jacques lui procure tout le nécessaire à son confort: manteau, foulard et bottes. Avec la même générosité, il héberge gratuitement des amis pendant des semaines en attendant qu'ils se trouvent un endroit où loger. Bien plus, un compte est ouvert à son nom au restaurant le 400 où une table lui est réservée. Ses amis viennent s'y asseoir et, en son absence, ils font inscrire le montant de leurs consommations et de leurs repas sur son ardoise.

Heureusement pour Jacques, le propriétaire du 400 sait renvoyer l'ascenseur. Il ne rate jamais l'occasion d'encourager sa clientèle à fréquenter le Continental dont Jacques dirige les destinées. C'est lui qui engage les artistes en France. Les plus grands noms français s'y retrouvent: les Compagnons de la chanson, les Frères Jacques, Édith Piaf, Georges Guétary, André Dassary, Luis Mariano.

Tous les artistes qui ont remporté des succès en France peuvent y être engagés. Certaines de ces vedettes touchent des cachets de dix, douze et quinze mille dollars par semaine.

Le Continental figure au nombre des cabarets les plus huppés, et le champagne coule à flots. Malgré cette opulence et cette popularité, Jacques n'y est pas heureux. Même si Jack Horn lui laisse toute liberté pour mener la barque à sa guise, ce cabaret ne correspond pas à ses aspirations. Un vieux rêve le hante. Un soir, prenant son courage à deux mains, il lui propose un marché.

— Cela ferait votre affaire de ne plus avoir de local inoccupé dans votre building? lui demande Jacques.

La salle convoitée contient environ cent cinquante places, comparativement aux quatre cents du Continental, mais Jacques la juge suffisamment grande pour la réalisation de son projet: reconstituer l'ambiance des caves de Saint-Germain-des-Prés, à Paris.

— Qu'est-ce que tu vas faire avec ça? C'est grand comme ma main!

— De l'argent, lui répond Jacques en frottant son pouce contre son index.

— Ah oui?

À la lueur qui illumine son regard, Jacques devine que Jack Horn entend déjà la caisse enregistreuse résonner sous les belles espèces sonnantes.

— J'ai compris une chose, poursuit Jacques : je ne suis pas fait pour des grandes salles comme le Continental. Les grandes boîtes, ce n'est pas pour moi. Je ne passe pas dans la dernière rangée, au fond de la salle.

— Allons donc !

— Ma façon de travailler, le genre d'humour que je veux faire, l'ambiance que je veux créer, tout me porte vers une salle plus petite. J'aime pouvoir regarder les gens dans les yeux !

Jack, l'air songeur, les deux mains dans les poches de son veston, réfléchit. Il aimerait bien faire plaisir à son ami, mais pas au détriment du Continental.

— Non, franchement, je ne peux pas faire ça...

— Écoutez, Jack. Voilà ce que je vous propose : si ça ne marche pas au Continental parce que je ne suis plus là, j'animerai les deux boîtes. Après tout, il n'y a que trois marches à descendre pour changer de crèmerie.

— Ouais... admet Jack, non sans une évidente résignation. Elle va s'appeler comment, ta boîte ? demande-t-il.

— Le Saint-Germain-des-Prés !

— Quelle idée ! réplique Jack, dédaigneux.

Quelques jours plus tard, Gilles Pellerin, à son tour, accueille la décision froidement.

— L'entrée de la boîte est sur la rue Saint-Urbain. Pourquoi tu ne l'appelles pas le Saint-Urbain-des-Prés ? propose-t-il, sans sourire.

— Es-tu fou ? s'exclame Jacques, assuré que son ami Gilles essaie de se payer sa tête.

Il ne manque plus que le caricaturiste Normand Hudon pour mettre en doute le bon goût de Jacques :

— Le *Saint-Germain-des-Prés* est situé sur la rue Saint-Urbain, là où les rats se font la guerre. Les gens vont devoir trouver leur chemin à travers les poubelles.

Mais Jacques veut faire ses «caves de Saint-Germain-des-Prés». Il a la conviction intime qu'il faut s'inspirer du phénomène parisien.

— Les chanteurs qui se produisent à Montréal parlent tous des boîtes de Saint-Germain-des-Prés, à Paris. Partout au Québec, ce nom évoque les cabarets existentialistes de la rive gauche.

Des idées bien arrêtées sur l'ambiance de la boîte, des artistes triés sur le volet, une brochette de variétés encore jamais vues ailleurs vont faire de son nouveau cabaret la boîte la plus originale et la plus fréquentée de Montréal, Jacques n'en doute pas.

Contrairement au Continental où on ne présente que des chanteurs et humoristes français, il compte s'entourer dans son nouveau cabaret d'artistes presque exclusivement québécois. Il retourne donc chercher ses amis du Faisan Doré : Paul Berval, Gilles Pellerin, Colette Bonheur, Raymond Lévesque, auxquels se joint Normand Hudon. Le spectacle accorde une large place à la chanson, bien sûr, mais il présente aussi des caricatures, des scènes cocasses de l'actualité, et des sketches comme en produisent Jean-Marc Thibeault, Roger Pierre et Jean Richard, à l'Amiral de Paris. Jacques ne s'accorde qu'une demi-heure de chanson sur la scène.

Ce programme original et varié est chaudement accueilli par la troupe : l'enthousiasme de Jacques est contagieux.

Le soir de la première, le Saint-Germain-des-Prés fait salle comble. Les gens viennent de partout. C'est un public extraordinaire, composé d'un contingent d'étudiants et de professionnels, mais aussi du gratin de Montréal : des avocats, des juges et, clandestinement, des magnats de la pègre. Tous les amis sont là, également, les camarades de travail, les photographes, les journalistes, qui semblent dire : « Allez-y, les amis ! On est avec vous ! »

Les Montréalais veulent revivre un peu l'époque du Bal des quatre z'arts et le Saint-Germain-des-Prés promet de les servir à souhait. Paul Berval les étonne avec sa délirante performance en joual du *Phèdre* de Racine. Avec ses monologues, Gilles Pellerin les fait rire à s'en rompre les côtes. Colette Bonheur les charme de sa voix d'ingénue. Raymond Lévesque les émeut alors que Serge Deyglun déride les plus moroses. À sa manière, Pauline Julien fait vibrer les rebelles avec sa poésie qu'elle interprète de sa voix chaude et vibrante. Et que dire de Monique Leyrac ? Elle soulève l'assistance en interprétant une création de Mme Suzy Solidor : *La danseuse est créole*. Avec son numéro surprise, Rita-la-vedette devient le clou de la soirée. Personnage fantaisiste bien connu dans l'est de Montréal, Rita ne sort jamais le soir sans sa tenue de gala, robe longue, bijoux extravagants et fourrures. Mais elle a la manie, dès qu'on l'applaudit un peu trop, de se dévêtir sur scène. Malgré les avertissements de Jacques, elle succombe et procède à un strip-tease intégral dès le premier soir. Ce n'est pas le genre de la boîte et, à son grand regret — car Rita est une brave fille —, Jacques doit se défaire d'elle.

Dès sa première soirée, le Saint-Germain-des-Prés remporte un franc succès ; souriant et ravi, Jacques va de triomphe en triomphe.

Au fil des semaines, d'autres artistes viennent exprimer leurs talents : la pétillante Dominique Michel et son amie, Denise Filiatrault ainsi que la rutilante Muriel Millard.

Juste à côté, au Continental, les Compagnons de la chanson et les Frères Jacques attirent un autre public. Le prix d'entrée et celui des consommations est plus élevé afin de pouvoir présenter au public des vedettes, tels Dassary, Guétary, Mistinguett.

La jeune Clémence DesRochers se produirait gratuitement au Saint-Germain-des-Prés tant elle admire Jacques Normand. Vêtue de sa petite jupe brune qu'elle repasse tous les soirs, elle fait un monologue d'une vingtaine de minutes intitulé *Je suis une enfant de Marie,* enchaîne avec un refrain et quitte la scène pour aller s'asseoir dans un coin, là où elle peut admirer son idole en toute quiétude.

Parallèlement, la télévision courtise Jacques. Et bien que Jacques éprouve un profond attachement pour le Saint-Germain-des-Prés qu'il considère comme sa création bien qu'il soit entouré de gens formidables, il est tenté de faire le saut.

D'autres y sont allés avant lui et l'incitent à se montrer prudent dans sa décision. Les répétitions sont interminables. Pour une simple émission de télévision, il faut souvent passer trois jours en studio d'enregistrement et il ne reste plus grand temps pour le cabaret. Cependant, lorsque Radio-Canada propose à Jacques de jouer le bouffon dans une émission culturelle fort sérieuse qui gagnerait à être allégée d'humour et de fantaisie, il ne peut résister. Premier quiz télévisé de Radio-Canada, *Le nez de Cléopâtre* est animé par l'écrivain et journaliste Roger Duhamel. Au moyen de dessins, Normand Hudon illustre progressivement la réponse de chacune des questions posées aux trois participants qui sont le journaliste Gérard Pelletier, le Dr Philippe Panneton, auteur de *Trente arpents,* et le Dr Claire McKay.

Heureux de la performance de Jacques et souhaitant que cette ambiance plus décontractée se communique à toutes les émissions de variétés présentées à l'écran, Pierre Petel, l'un des premiers réalisateurs de télévision, conçoit en 1953 *Le café des artistes,* que lui a inspiré un petit café de la rue Saint-André. Il en confie l'animation à Jacques et lui adjoint la bande du *Fantôme au clavier* ainsi que Jean Lajeunesse et

Janette Bertrand, Olivier Guimond, Lucille Dumont et Ti-Zoune. L'orchestre de Maurice Meerte complète l'équipe. Ces artistes qui viennent, les uns du cabaret, les autres du Théâtre national ou de CKVL, se plaignent d'être regardés de haut dans le sacro-saint sanctuaire de Radio-Canada.

Au *Café des artistes,* Gilles Pellerin joue le portier et participe aux numéros ; Paul Berval, désopilant en garçon de café, participe également aux sketches tandis que Jacques Normand chante, anime et improvise. Frondeur et gavroche, il donne le ton à toute l'équipe. Techniciens, machinistes et régisseurs font les frais de ses blagues et de ses calembours. Les éclats de rire fusent de partout sur le plateau et dans la régie, ce qui oblige Pierre Petel à intervenir à plus d'une reprise, la qualité du travail laissant parfois à désirer. Pire encore, lorsque, d'un commun accord, la bande profite de la pause pour se précipiter chez Desjardins et avaler des cognacs en enfilade, Pierre leur fait une telle colère que la troupe craint qu'il ne les abandonne.

Vivant vingt-quatre heures sur vingt-quatre dans une atmosphère surréaliste, Jacques mène une existence très bohème. Adulé par nombre de femmes, il ne s'attache à aucune et se montre infidèle à toutes. Il est servi de la même façon par sa mémoire. Il ne peut chanter deux chansons d'un bout à l'autre sans chercher ses mots. Il en va de même pour les répliques qu'il doit donner. Heureusement, Lucille Dumont est là pour lui souffler les mots ou enchaîner spontanément une chanson avec lui et, au besoin, lui administrer un coup de pied quand vient le temps de prendre la parole. Elle est la seule à garder la tête sur les épaules parmi cette bande de fêtards. En revanche, ces comédiens de vaudeville ont un sens inné du public et de la répartie. Pierre Petel le sait bien, lui qui ne compte plus les fois où il doit descendre sur le plateau pour y mettre de l'ordre. Les trois compères Normand, Pellerin et Berval forment un cocktail explosif qu'il a du mal à contrôler.

Chapitre X

En juillet 1952, un appel téléphonique vient tirer Jacques de son monde loufoque pour le plonger au cœur du drame de la guerre de Corée.

— Il faut que tu viennes au Japon avec moi. J'ai besoin de toi, lui annonce Paul L'Anglais, colonel dans l'armée canadienne et producteur de films et d'émissions radiophoniques et télévisées.

Le Saint-Germain-des-Prés, comme tous les cabarets, ferme en été. Jacques est donc libre jusqu'à l'automne.

Paul L'Anglais lui explique :

— Il s'agit d'une tournée de music-hall : des comédiens, des chanteurs, et des musiciens canadiens. Nous irons à Vancouver, puis aux îles Aléoutiennes, puis au Japon et en Corée. Il s'agit de monter une petite revue bilingue. Tu vois le genre ? Quelque chose qui plairait à nos soldats cantonnés là-bas.

La troupe ne doit pas compter plus de huit membres, incluant comédiens, chanteurs et danseuses.

— En français seulement ?

— Tout le monde doit être bilingue si on veut présenter nos spectacles devant les soldats des Nations Unies. Neil Chotem dirigera les trois musiciens, et toi tu feras des blagues en français tandis qu'un comédien de langue anglaise s'occupera des anglophones.

Jacques n'est guère enchanté.

— Ça fait un peu bâtard, tout cela!

— Les gars sont habitués. Par les temps qui courent, ils sont près d'une vingtaine de nations rassemblées pêle-mêle en Corée.

— Et quand part-on?

— Dès qu'on aura *rapaillé* tout le monde. Première escale: l'Ouest canadien. Je ne sais pas si les gars reviennent ou s'ils partent pour l'Extrême-Orient, tout ce que je sais, c'est qu'il y a beaucoup de soldats cantonnés à Vancouver.

Même si ce défi le tente, la nécessité de subir une panoplie de tests, d'examens médicaux et de vaccins le rebute. Il faut dire que l'exemple de Colette Bonheur a de quoi l'impressionner, car elle réagit d'une façon inquiétante aux vaccins: poussée de fièvre et inflammation du bras. La jeune femme doit retourner voir le médecin dès le lendemain pour apprendre qu'elle est enceinte. On la remplace en catastrophe par Mae Séguin, une chanteuse non moins talentueuse et d'une grande beauté. Après la visite du ministre de la Défense, venu en personne leur souhaiter bon voyage, Jacques et toute la troupe montent à bord d'un avion des Forces canadiennes.

Ils n'ont pas à traverser l'Océan pour vivre les horreurs de la guerre. À Vancouver, le spectacle des soldats rapatriés de Corée, gravement blessés ou amputés, bouleverse Jacques. Leur souffrance lui parle d'autant plus haut que la douleur qu'il ressent dans son dos depuis plus de dix ans ne l'a pas quitté. Jouer et chanter devant des hommes que l'enrôlement risque de stigmatiser pour la vie lui semble tout à coup grotesque. «Ou peut-être vaut-il mieux parodier le destin», pense-t-il, enfin.

Après quelques jours à Vancouver, la troupe fait escale à la base militaire américaine de Kiska, dans les Aléoutiennes, sur de magnifiques cailloux qui offrent tout juste assez de place pour permettre aux gros aéroporteurs de l'armée d'atterrir. De Kiska à Haneda, l'aéroport militaire de Tokyo, le vol semble interminable.

Petit garçon, Jacques a rêvé de grands voyages, imaginant le Japon comme un beau grand livre d'images en couleurs tout peuplé de geishas. Mais lorsqu'il en touche le sol, vingt ans plus tard, il a l'impression d'avoir été catapulté sur une autre planète. Le choc culturel est foudroyant: il découvre une façon de vivre et d'agir aussi impénétrable et exotique que le langage. «Qu'est-ce que je suis venu faire ici?» se demande-t-il, regrettant jusqu'au Vieux Val d'Or qui lui en avait pourtant fait voir de toutes les couleurs.

Au Japon comme en Corée, il y a pénurie de spectacles. Les soldats assistent à de rares projections de films dont la qualité laisse à désirer. Un programme très chargé attend donc les artistes québécois qui doivent se produire tantôt dans les hôpitaux où séjournent des soldats blessés, tantôt dans des théâtres de fortune et exceptionnellement, dans des endroits huppés comme le Ernie-Pyle. Ce théâtre, le plus grand en Extrême-Orient avec ses six mille cinq cents fauteuils, a été fondé en mémoire d'un correspondant de guerre du réseau CBS, M. Pyle, tué lors des premières batailles en Corée. Le public, cette fois, est composé d'Américains, de Grecs, de Turcs, de Français venus d'Indochine, et de Canadiens accompagnés de leurs *girlfriends* japonaises. Saturés de spectacles en japonais, les soldats sont heureux d'entendre le français même si plus de la moitié d'entre eux n'en saisissent pas un traître mot.

Dans la journée, Jacques et ses camarades visitent les hôpitaux, en particulier ceux qui abritent des soldats canadiens. Ils chantent dans des salles de cinquante lits, pour des membres du régiment de la Chaudière, ou du 22e régiment de Québec, et pour les fusiliers Mont-Royal, logés avec d'autres combattants des Nations Unies.

Les artistes québécois ont à peine le temps de visiter Tokyo et ses environs qu'ils doivent s'envoler pour Séoul. Un spectacle désolant les attend là-bas: Séoul n'est qu'un amas de ruines. Des débris de toutes sortes jonchent les rues: carcasses de voitures incendiées, canons abandonnés, tanks éventrés, maisons détruites par les bombes, rues dévastées. Jacques est fortement impressionné à la vue de ces hommes et de ces femmes, de ces vieillards et de ces enfants qui supplient sans remuer les lèvres, qui pleurent sans qu'une larme ne glisse sur leurs joues creusées par la faim et l'horreur.

— Je n'ai jamais éprouvé autant de honte que depuis que nous sommes ici, confie-t-il à Neil Chotem. Honte de ne rien faire pour soulager tant de souffrances, mais honte aussi de faire partie d'une société qui permet que de pareilles atrocités se produisent.

Neil Chotem hausse les épaules d'impuissance.

En Corée, la misère pénètre partout, et les camps militaires n'en sont pas épargnés. La troupe doit vivre dans des camps de fortune érigés à la hâte, coucher à quatre sous des tentes prévues pour deux, avec un équipement de camping des plus rudimentaire.

Dans une atmosphère apocalyptique, la troupe doit faire rire et chanter. Quelle bouffonnerie! Comme il faut changer d'endroit tous les jours, le spectacle doit être monté le plus simplement possible et facile à adapter dans les deux langues. Le soin de construire une scène, d'organiser des loges sous des tentes, et de prévoir des places assises pour les spectateurs est confié à l'armée. Quand la chose est possible, la scène est aménagée au creux d'une colline pour créer un effet d'amphithéâtre. La sonorisation est réduite à sa plus simple expression: un micro pour les solistes, un autre pour l'orchestre. En général, comme il n'y a pas assez d'électricité pour éclairer la scène, on présente les spectacles avant le coucher du soleil. Pour l'occasion, les soldats ont la permission de prendre de la bière.

La détresse se mêlant souvent à la joie de survivre, l'humour prend parfois des accents aigres-doux. C'est ainsi que Jacques, devant toute l'assistance et de façon plutôt cavalière, reproche au général Allard de l'armée canadienne d'arriver en retard au spectacle présenté devant des soldats du 22ᵉ régiment campé à Séoul. Les circonstances atténuant sa maladresse, le général Allard et M. L'Anglais ne lui en tiennent pas rigueur. Par ailleurs, les températures oscillant autour des 43 degrés Celsius, la plupart des membres de la troupe souffrent de différents malaises. Le grand luxe des hôtels japonais ne leur est offert qu'occasionnellement. De quoi leur donner le goût de rentrer au pays le plus vite possible.

* * *

Le début de la saison au Saint-Germain-des-Prés se fête, cet automne-là, dans une atmosphère aussi flamboyante que l'a été celle de l'ouverture du cabaret. Le spectacle d'une durée de trois heures a été préparé avec le plus grand soin.

La présentation endiablée de Normand s'enchaîne sur une chanson de Colette Bonheur et un numéro de Déret, un humoriste français suivi de deux comédiens québécois, Gilles Pellerin et Paul Berval. Avec verve et un ton sarcastique, Jacques Desrosiers interprète une chanson de Marc Gélinas, *Ça me gène*. Viennent ensuite Normand Hudon qui amuse avec ses caricatures, et Pauline Julien qui émeut avec ses interprétations de Léo Ferré. Les applaudissements du public confirment le talent de Clémence DesRochers qui marque le meilleur moment de la réouverture du cabaret.

Un article du *Samedi-Dimanche* du 25 octobre 1952 parle de la jeune artiste en ces termes : «[...] elle invente, dans le beau sens du terme. C'est une toute jeune fille, dénudée de tout artifice comme les vrais artistes qui font fi de pauses.

Physiquement d'abord, et dans les attitudes. Dès qu'elle paraît, elle désarçonne car on ne sait quoi attendre d'elle. J'imagine que les premiers admirateurs d'Édith Piaf ont eu la même impression.» Cette même chronique titre: «*Jacques Normand, supérieur à Maurice Chevalier*». Quelques jours plus tard, soit le 2 novembre, M. Pierre lui fait écho en écrivant dans *Le Devoir*: «Le spectacle que présente Jacques Normand au Saint-Germain-des-Prés atteint la perfection du genre. Qu'on puisse faire des critiques de détails, bien entendu. Mais, à ma connaissance, c'est la première fois qu'un responsable de spectacles de ce genre réussit à construire et à organiser un ensemble aussi parfait... Quant à Jacques Normand, il s'amuse tout seul. Car on ne lui pardonnerait pas d'être absent de la scène et il ne se pardonnerait pas de travailler pour elle. Aussi se présente-t-il sans rien. Oh, il a bien quelques blagues, des monologues. On dirait qu'il nous met au défi de trouver l'esprit qu'on lui donne. Et en définitive, on s'aperçoit qu'il ne *fait* pas grand-chose, mais qu'il *est* beaucoup. On aime le voir, l'entendre. On oublie de lui demander de ces choses qui font la réputation des chansonniers dont on cite les mots d'esprit. Que citerait-on de Jacques Normand? Rien. Ça tient du prodige. [...] Alors que ses comparses le quittent au fur et à mesure, il a l'air d'être laissé en arrière, tout seul. On ne manque pas de l'ausculter pour savoir s'il vit encore. Et le voilà qui, brusquement, nous invente un spectacle nouveau, avec des visages neufs par-dessus le marché. Comme ceux qui regardent la télévision ne voudront pas me croire, qu'ils aillent vérifier au Saint-Germain-des-Prés.»

★ ★ ★

À la télévision, Radio-Canada produit son premier téléthon qui a lieu au cinéma Saint-Denis. C'est une première au Canada: dix-neuf heures de télévision sont présentées sans interruption en ce vendredi saint. Pierre Petel n'a pas ménagé ses efforts pour assurer le succès de cette émission. Entouré d'une douzaine de réalisateurs de Radio-Canada dont Jean-Paul Fugère et Barbeau, faute de trouver des animateurs expérimentés au Québec, il a engagé trois personnes de Hollywood, spécialisées dans les téléthons américains.

Accaparé par ses spectacles, Jacques n'a prévu qu'une courte apparition au téléthon, en fin d'après-midi, avec des enfants. Mais lorsqu'il se présente en coulisse, Pierre Petel, nerveux et désespéré, l'attend impatiemment.

— C'est un vrai désastre! Les animateurs de Hollywood ne connaissent rien ni personne. Ils présentent Maurice Richard et Camillien Houde, le maire de Montréal, comme s'ils étaient des inconnus. Monsieur le maire est insulté, et les artistes aussi. Il faut que tu nous sortes de ce pétrin.

— Charmants, tes Américains! Et connaisseurs!

— J'ai besoin de toi...

— Je veux bien, mais ce n'était pas prévu à mon programme. J'ai mon spectacle au Saint-Germain-des-Prés.

À force de supplications et sensible à son appel à la solidarité, Jacques court informer sa troupe et revient animer le reste du téléthon.

À onze heures du soir, tout le monde est épuisé quand Maurice Richard et Gordie Howe, qui reçoivent les appels téléphoniques pour l'occasion, se font tout à coup injurier au téléphone par des téléspectateurs, lesquels se disent scandalisés par la conduite de Jacques Normand.

— Si ce n'est pas honteux! À quoi vous pensez? C'est un scandale!

Les membres du club Kiwanis demandent à Petel de faire quelque chose.

Au même moment, Jacques revient en coulisse. Pierre l'accroche:

— Tu viens de nous mettre dans un beau pétrin!

— Comment ça ? Qu'est-ce que j'ai fait ?

— On se fait engueuler de partout. Il faut que tu trouves comment réparer ta bêtise...

La raison de toutes ces protestations, c'est que M. Léger de la Rôtisserie Saint-Hubert a eu la bonne idée d'envoyer des cuisses et des poitrines de poulet à toute l'équipe affamée... Oubliant qu'on ne mangeait pas de viande le vendredi, et encore moins un vendredi saint, Jacques s'est présenté sur la scène avec sa cuisse de poulet à la main.

— Donne-moi une caméra, demande Jacques.

Inquiet, Pierre Petel se rend toutefois à sa demande. Avant de monter sur scène, Jacques s'approche d'un petit garçon paralytique qui doit passer en entrevue et l'emmène avec lui devant la caméra. Le public, toujours offusqué par la transgression de l'animateur, le reçoit d'un air glacial. Nullement impressionné par cette réaction défavorable, Jacques s'adresse au petit garçon qu'il tient dans ses bras :

— Mon petit bonhomme, je viens d'apprendre que j'en ai scandalisé plusieurs, tantôt, en mangeant de la viande. Je m'en excuse beaucoup. Je sais que j'aurais dû prévenir les gens, mais je n'y ai pas pensé du tout. Les gens ne connaissent pas toujours les raisons qui nous font agir.

L'assistance retient son souffle.

— Tu ne le sais pas, mon petit... Tu ne peux pas savoir cela, pas plus que ta maman et ton papa, et tous ceux qui sont ici, au Saint-Denis, et tous les téléspectateurs qui nous regardent à la maison.

Jacques ménage son effet avant de poursuivre.

— Vois-tu, mon grand-père faisait partie des zouaves pontificaux. Toi, tu ne sais pas ce que c'est, mais les gens le savent. Donc, un jour, mon grand-père qui était zouave pontifical est allé se battre pour le pape.

Nouveau silence de Jacques. Les spectateurs imaginent déjà le pire des scénarios. L'odeur de poudre effleure leurs

narines, les coups sourds des canons frappent leurs tym-
pans.

— Les zouaves se sont battus très fort, continue Jacques.
Aussi, pour les récompenser, le pape les a exemptés, eux et
leurs descendants, de l'interdiction de manger de la viande le
vendredi.

La réaction de la salle ne se fait pas attendre. Les bravos
fusent des quatre coins du Saint-Denis.

Jacques tient la blague de son père. Jamais son grand-père
n'a été zouave, pas plus qu'il n'a mis les pieds hors de la paisible ville de Québec, si ce n'est pour se rendre au chalet du
Lac-Sergent.

CHAPITRE XI

La venue de la famille Chouinard à Montréal et la réintégration de Jacques dans ses rangs ne comporte pas que des avantages. «T'es bien comme ton père», lui répète gentiment Alberta chaque fois qu'il fait valoir son humour ou son talent pour les reparties. Le ton change cependant lorsqu'il est question de ses qualités de séducteur. De fait, tant et aussi longtemps que Jacques a habité seul, il était libre de revenir du cabaret avec une jolie dame de compagnie et de terminer la nuit avec elle. Mais depuis qu'il vit avec sa famille, Jacques se sent coincé. Il ne voudrait pas offenser sa mère qui, par conviction religieuse, ne saurait tolérer son libertinage... Il sollicite donc la complicité de ses frères lorsqu'il lui faut faire sortir l'élue de son cœur de sa chambre à l'insu de Berta.

À ce désagrément s'ajoute ceux des limites et des douleurs physiques causées par son accident qui vont s'accentuant et qui nuisent à ses relations intimes. Plus ou moins consciemment, la frustration qu'il en ressent devient telle qu'il ne peut s'empêcher de la faire porter à ses maîtresses qui, blessées, le délaissent tour à tour.

Éprouvé dans ses relations amoureuses, il devient irritable au travail. Animateur le soir au cabaret, le jour à la radio et à la télévision, Jacques ne connaît pas de répit. Il sait qu'il devrait renoncer à un de ses trois engagements, mais voilà que celui qui s'avère de loin le plus exigeant, le cabaret, est celui qui lui plaît davantage. C'est là aussi qu'il excelle.

D'autre part, la télévision le sollicite de plus en plus, lui proposant des rôles qui le captivent. *Rêve et réalité,* une grande émission féminine diffusée du collège Saint-Laurent, traite de cuisine, de mode et de littérature. Jacques est le seul homme parmi sept femmes dont Nicole Germain qui couvre la mode et Michelle Tisseyre qui parle littérature. *Faites vos jeux,* une émission conçue par Jean Despréz à laquelle participent Roger Duhamel et les Drs Claire Mackay et Philippe Panneton, est calquée sur le modèle d'un casino culturel avec roulette et croupier. Jacques l'anime avec brio. S'inscrit aussi au programme *Porte ouverte,* qui fait la joie des visiteurs, lesquels peuvent voir et entendre le déroulement de l'émission à travers une grande baie vitrée de la galerie du studio.

Parmi les curieux qui se bousculent pour regarder se trouvent des religieuses, cibles favorites de Jacques. Devant elles, il se plaît à jouer les homosexuels, à embrasser les danseuses et à câliner les autres filles présentes sur le plateau. Les autorités s'arrachent les cheveux. Mais plus on lui ordonne de mettre fin à ses provocations, plus il prend plaisir à scandaliser. Jacques anime aussi une émission hebdomadaire diffusée à une heure de l'après-midi, *Place aux femmes,* réalisée par Yvette Pard. On y retrouve Nicole Germain, Yvette Mercier-Gouin, Denyse Saint-Pierre. Les sketches sont signés Jovette Bernier.

Le succès qu'il connaît ne lui permet pas, toutefois, d'échapper à l'épuisement. Et pour cause, il accumule les retards aux enregistrements et il lui arrive même de s'absenter sans prévenir qui que ce soit. Tente-t-il de noyer sa culpabilité dans le cognac, ses gaffes se multiplient. La situation s'envenime à lui donner le goût de fuir.

Désabusé, Jacques déserte Montréal et prend l'avion pour Paris. Dès son arrivée, des amis français promettent de l'épauler. Certains lui sont fidèles, mais pas tous. Parmi les gens de parole, il y a Vosny, une petite juive française qui anime une émission de nuit à Europe Numéro 1 avec qui il partage un bel appartement sur Neuilly, à deux pas du Bois de Boulogne. Mais il faut travailler pour survivre. Au Canada, le surmenage ruinait sa santé alors qu'en France, Jacques en est réduit à mendier du travail. Encore une fois, son bon ami Paul L'Anglais le tire d'embarras.

— Je veux te faire rencontrer mon associé. Je t'attends au George-V, dans une heure.

Paul L'Anglais lui réserve, sur un plateau d'argent, deux projets de courts métrages pour le Canada : *Frère Jacques,* un quart d'heure de chansons sur film, réunissant les plus grands noms de la chanson à Paris, et *Normandises* qui met en vedette les chansonniers de Paris : Rigaud, Rocca, Vaillard et d'autres moins connus. En plus d'animer les deux séries, il agit comme réalisateur et comme recherchiste. Ses relations parisiennes lui servent enfin.

Jacques se remet au travail comme un forcené et il le fait si bien que les deux séries passeront deux fois sur les ondes de Radio-Canada. Ce contrat terminé, il dispose de l'argent nécessaire pour effectuer quelques voyages à travers l'Europe. Il visite tour à tour l'Espagne, l'Italie, la Grèce et la Yougoslavie. Puis, il s'arrête en Belgique, en Hollande et au Luxembourg.

Cette tournée achevée, en quête de quelque chose de plus excitant, Jacques saute dans le train pour Marseille. Clairette, la «mère supérieure», lui a dit :

— Si tu vas à Marseille, mon petit Jacques, va chez l'Oncle. Il tient un petit hôtel rue Curiol, dans le quartier des Réformés. Dis-lui que tu viens de la part de la petite Clairette, la fille de Jules qui était le champion à la pétanque.

Assis en première classe, Jacques s'ennuie et lorgne vers l'arrière du train. Des gars d'un régiment français, expédiés en Algérie alors en guerre, y sont entassés et rigolent. Jacques ne peut résister plus longtemps à leurs rires et à leurs discussions animées. Le temps de se présenter, il fait déjà partie du groupe et arrose leur camaraderie de gros vin rouge. Il s'amuse si ferme qu'à l'escale de Lyon, il fait rater le départ du train à deux de ses nouveaux amis.

Le chef de gare les a informés que le train s'arrêtait vingt minutes, mais il a omis de les prévenir que l'arrêt se limite à dix minutes lorsque le train a du retard. Le joyeux luron et ses nouveaux copains doivent se résigner à regarder leurs effets partir pour Marseille sans eux.

Jacques peut à son tour gagner l'Algérie, grâce à l'Oncle qui, par l'intermédiaire d'un certain M. Trompette, le présente au maire Gaston Deferre. De ce dernier, il obtient les papiers requis pour se rendre en Algérie ainsi qu'une lettre personnelle adressée au maire d'Oran.

Dès l'arrivée de Jacques en Algérie, une tournée des villes d'Alger, de Blida, d'Asnan, de Constantine jusqu'à Tizi-Ouzu en Kabylie se prépare. En attendant le départ, il travaille dans un cabaret d'Oran, sous la menace constante des bombes qui explosent çà et là. Le Front de libération nationale est très actif. «On dirait que je cours les bombardements, remarque Jacques. Quand ce n'est pas du dedans, c'est du dehors...»

La grande aventure commence en Kabylie et le conduit aux confins du désert dans le sud, à travers les oueds, oasis et djebels. Une mauvaise surprise l'y attend : au cours de la nuit, l'imprésario qui l'a engagé disparaît avec une des danseuses en emportant le contenu de la caisse. Désastre. Personne n'a été payé depuis quinze jours. Heureusement que Jacques a accumulé un petit pécule en France.

Quelle n'est pas sa surprise, au retour, de constater qu'il vient de sortir d'un pays assiégé pour retomber en pleine guerre des clans. Le gang de Vic et ses Italiens, contre le gang

Tour à tour moqueur…

rieur…

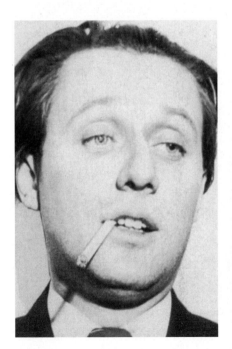

frondeur…

charmeur.

Avec Joséphine Baker, au cours de l'émission *Music-Hall,* en 1961.

Au cours des années cinquante, on s'amusait ferme avec Lucille Dumont, Paul Berval et Gilles Pellerin au *Café des artistes,* une émission de télévision diffusée par Radio-Canada.

Longtemps avant Ding et Dong, Marcel Gamache, Jacques Normand, Jean Rafa et Paul Guévremont étaient « toujours prêts » à faire rire au détriment des scouts.

Au *Ed Sullivan Show,* à New York.

Photo : Camille Casavant

Lors de son départ pour l'Allemagne, on le voit ici avec une inconnue, Jeanne-d'Arc Charlebois, sa « dame de cœur », comme il se plaisait à l'appeler, et un musicien de jazz.

Photo : Camille Casavant

Willie Lamothe et Gilles Pellerin, la veille de la rentrée au Saint-Germain-des-Prés, en 1955.

Avec les danseuses de *Music-Hall,* notamment sa future femme,
Linda Foy, ici à sa gauche.

Linda Foy, la jeune ballerine de 22 ans aux yeux moqueurs et pétillants
qui fit craquer Jacques.

Jacques et sa femme, Linda Foy, en tête-à-tête.

En route pour les îles de Saint-Pierre et Miquelon, en compagnie de sa femme, Linda Foy, et du capitaine.

Photo : Guy Tardif

Après s'être tenu loin de la scène, Jacques y revient en force, en 1975. À La Portugaise, ses amis avaient l'habitude de venir le retrouver pour un court numéro, comme le font ici Fabiola et Doris Lussier.

Photo : Marcel Lambiault

Au cabaret, on invitait souvent les gens de l'assistance à participer au spectacle. On reconnaît Jacques et Gilles Pellerin dans leurs costumes de cow-boy, ainsi que Louis Arpin, à l'extrême droite.

Improvisateur incomparable, il était aussi un bon imitateur.

des Juifs et celui des Anglais. C'est à qui aurait le club de nuit qui marche le plus fort. Les bandes rivales de l'est et de l'ouest de la ville se disputent le territoire, cherchant à reculer leurs frontières. Le même pacte existe entre les diverses factions de la pègre montréalaise : Vic Cotroni est en charge de la pègre, à l'est de la *Main,* tandis que les Juifs et les Anglais détiennent le Chez Paree, l'American Bar, et les autres... La rue Saint-Laurent démarque leurs territoires respectifs. Gare au malfrat téméraire de l'ouest qui empiète sur le territoire de Cotroni, à l'est, et vice versa. Il risque, le lendemain matin, de trouver un bar de son secteur saccagé.

De tempérament pacifique et jovial, Jacques déplore ce climat de violence, il le craint et cherche à s'en éloigner aussi souvent que possible. Quelques escapades dans les Laurentides lui font grand bien, notamment chez son ami suisse, Max Sigman, à Val-David. Une de ses visites au printemps 1955 le relance vers un nouveau défi. Sigman vient de faire l'acquisition de biens fort inspirants : un magnifique hôtel à flanc de montagne, le Sun Valley, un centre de ski, une écurie de douze chevaux, une ancienne ferme et, sur le pic de la montagne, un superbe chalet. Les bâtiments, qui comprennent une étable en forme d'amphithéâtre, sont impeccables. L'environnement est prodigieux et lui inspire une idée géniale. Pour la concrétiser, il fait appel à Robert Prévost, un décorateur très réputé. Ce dernier ne peut malheureusement pas se rendre à la demande de Jacques, étant sur le point de partir pour l'Italie.

— Mais je t'envoie le meilleur de mon équipe, le jeune Bissonnette, lui promet M. Prévost.

Jean Bissonnette connaît Jacques Normand pour s'être maintes fois faufilé clandestinement, faute d'avoir l'âge requis, au Saint-Germain-des-Prés. La tâche de supervision que lui confie son patron l'honore ; il admire Jacques et il est attiré par le monde du spectacle. Des recommandations plein les poches, un plan bien précis en tête, Jean doit d'abord libérer la grange des animaux qui l'habitent. Les travaux d'aménagement relevant de la compétence de charpentiers, de menuisiers et d'électriciens, il doit les embaucher le plus vite possible pour s'assurer que le tout sera prêt pour la mi-juin. Pas une journée ne se passe sans que Jacques ne se rende du chalet au chantier pour assister, déjà triomphant, à l'édification du premier théâtre d'été au Québec. Les délais d'exécution sont courts et les ouvriers sont à l'œuvre dès le lever du jour.

Jean doit voir non seulement à les ravitailler en matériaux, mais aussi à trouver un ameublement qui convienne. «Quel heureux hasard!» s'exclame-t-il lorsqu'il apprend qu'à Saint-Jérôme un cinéma vient de faire faillite et que tout l'ameublement est sur le point d'être liquidé. Jean s'empresse de s'y rendre et achète tous les fauteuils. La grange-amphithéâtre aménagée, la scène construite, les fauteuils sont installés et le premier véritable théâtre d'été, le Sun Valley, accueille le public à la date prévue.

Jacques met tous les ingrédients requis pour que cette première saison se grave dans la mémoire et dans le cœur des spectateurs. Il ne souhaite rien de moins que de créer une mode que le Québec adoptera. Pour ce faire, il doit d'abord choisir une pièce de théâtre qui sera appréciée du public des Laurentides et des vacanciers qui s'y trouveront. Son choix s'arrête sur une pièce de Marcel Dubé, *La bicyclette*. La distribution met en vedette des comédiens chevronnés: Juliette Huot, Denis Drouin, Monique Miller, Janine Sutto, Paul Guévremont et quelques autres excellents comédiens qui épousent le projet de Jacques. Et, en retour, ce dernier leur offre gîte et couvert pendant tout l'été. La joyeuse bande vient donc s'installer au chalet perché si haut dans la montagne, qu'on ne peut y accéder qu'en Jeep. Contrainte fort avantageuse pour préserver l'intimité des lieux, considère Jacques. Les repas sont généralement cuisinés à l'Hôtel Sun

Valley et livrés au chalet, exception faite lorsque Juliette Huot décide de leur cuisiner un plat de pâtes italiennes ou quelque autre mets hautement apprécié.

« Quand *La bicyclette* aura été présentée pendant trois semaines, le même public reviendra et voudra voir du nouveau », affirme Jacques qui décide alors de monter deux autres pièces : *Ne te promène donc pas toute nue,* avec Charlotte Boisjoli, Georges Groulx, Fernand Doré et Gilles Pelletier ; et *Feu la mère de madame,* de Georges Feydeau... Le théâtre Sun Valley présentera donc trois spectacles dans la saison, plus une revue constituée, en partie, d'extraits de celle que Jacques présentait au Saint-Germain-des-Prés l'hiver précédent.

Aux comédiens qui jouent dans les trois pièces se joint la troupe au grand complet du cabaret de la rue Saint-Urbain dont Normand Hudon et Paul Berval qui s'expatrient à Val-David pour l'été. Tous les comédiens sont logés et nourris aux frais de Jacques. Si d'aventure ils mangent à l'hôtel, c'est Jacques qui règle l'addition. Les dépenses, bien qu'astronomiques, pèsent peu dans la balance en comparaison de la fierté qu'il ressent d'offrir cette nouveauté à la population et de le faire grâce à des comédiens de grande qualité. Les artistes de cabaret et de music-hall étant un peu perçus comme les parents pauvres de la profession, Jacques redore son blason en affichant des noms comme ceux qui allaient jouer *La bicyclette*.

« À comédiens chevronnés, public distingué », pense-t-il. Les événements ne tardent pas à lui donner raison. Le soir même, il reconnaît parmi les spectateurs la directrice du Centre d'art de Sainte-Adèle, Mme Solange Chaput-Rolland, accompagnée de son équipe et de membres de la famille Rolland. Il en frissonne de contentement et d'émotion. Autant il était mal à l'aise avec les clients du Vienna Grill Café, autant il adore frayer avec ces gens-là. Sa maison est ouverte aux intellectuels de Montréal qui, en vacances à

Sainte-Adèle, viennent au théâtre de Sun Valley. Jacques les reçoit à boire et à manger avec une courtoisie et une prodigalité exemplaires. Et de peur qu'un comédien de sa troupe ne commette quelque impair en leur présence, il exige que tous libèrent le chalet tant que le dernier des invités n'aura pas quitté les lieux.

L'ambiance du théâtre, le jeu des comédiens et le choix des pièces attirent un public distingué et assidu. «Il me semblait qu'on ne pouvait se tromper», confie Jacques à Jean Bissonnette pour qui il éprouve une affection grandissante, reconnaissant que Jean est indispensable à Sun Valley. C'est lui qui doit veiller au grain. Homme à tout faire, de nombreux rôles viennent augmenter ses responsabilités : tantôt peintre et décorateur, tantôt agent de publicité, tantôt chien de garde des lieux, tantôt concierge et, en tout temps, gérant et comptable. Tributaires des succès du théâtre, l'hôtel et le bar Sun Valley enregistrent des profits considérables.

Jacques nagerait lui aussi dans l'abondance s'il n'avait pas oublié que dans la vie comme au théâtre, les règles du jeu ont préséance. Il dépense sans jamais se préoccuper de savoir s'il y a encore de l'eau au moulin et, en revanche, il néglige de payer des redevances aux autorités municipales. À la fin du mois d'août, un administrateur se présente sur le domaine Sun Valley et demande à voir le responsable du théâtre.

— Il est à son chalet. Puis-je vous annoncer ? demande Jean Bissonnette qui le reçoit.

— Je suis le directeur des finances de Val-David.

— Jacques, viens vite ! murmure Jean au téléphone du bureau. Un représentant de la ville semble dire que tu lui dois de l'argent...

— Emmène-le au bar, je m'en occupe, lui ordonne Jacques, se souvenant qu'il aurait dû payer la «taxe d'amusement» due à la municipalité.

— Qu'est-ce que je peux vous offrir ? demande Jacques après avoir salué M. le Directeur avec courtoisie.

— Moi, je ne bois pas, monsieur Normand, mais je prendrais bien quelques paquets de cigarettes.

— Avec grand plaisir, mon cher monsieur. Je tiens à vous informer que vous êtes invités, vous, votre femme et vos enfants à venir au spectacle et à partager le repas avec nous, avant ou après, à votre convenance.

Jacques vient, à sa manière, d'acquitter sa dette.

— Heureusement ! lui fait remarquer Jean, faisant allusion aux dépenses phénoménales qui s'additionnent depuis l'ouverture du théâtre.

La prodigalité de Jacques profite non seulement à ses comédiens et à ses amis, mais de faux amis et des pique-assiettes en abusent. En retour, ceux-ci doivent tolérer les sautes d'humeur et les fantaisies de Jacques, son libertinage et ses exigences envers quelques membres de la troupe. À la recherche du plaisir sous toutes ses formes, l'homme au cœur d'or ne tolère pas qu'un de ses comédiens se présente en état d'ébriété au moment des répétitions et encore moins à l'heure des représentations. Que l'un d'eux s'avise de répliquer : «Hier, tu étais encore plus "paqueté" que moi...», et Jacques se fait cinglant :

— Tu oublies que c'est moi le *boss*. C'est mon théâtre et c'est mon argent.

À qui défie ses ordres, interdiction est faite de prendre ses repas avec les autres membres de la troupe, tant et aussi longtemps que Jacques maintiendra la punition.

Sûr de lui à maints égards, capable de relever de grands défis et de prendre des risques considérables, tant sur la scène que dans ses entreprises, Jacques est tourmenté par une peur, celle du feu. Et combien plus lorsque ses hôtes ont joyeusement picolé jusqu'aux petites heures du matin !

— Ti-Jean, reste là, puis assure-toi que tout le monde est couché et que le foyer est éteint, répète-t-il, chaque soir avant de monter à sa chambre.

C'est à croire que cette phobie est prémonitoire puisque l'année suivante, en son absence, un incendie détruira les lieux.

Septembre venu, Jacques garde le chalet pour venir s'y reposer de la ville et du Saint-Germain-des-Prés. Le public est heureux de retrouver son animateur favori d'autant plus que depuis l'expérience de Sun Valley, sa cote de popularité est au plus haut.

Quand, un soir de décembre, Jean Bissonnette, demeuré dans les faveurs de Jacques, voit arriver Charles Trenet dans la place, il s'empresse de l'en informer. À chacun de ses passages à Montréal, le chanteur français se rend au cabaret de Jacques et se voit invité à monter sur la scène. « Le plus petit cabaret du Canada français présente la plus grande vedette de la chanson française », annonce-t-il aux spectateurs qui l'accueillent avec le même enthousiasme.

Les cabarets étant fermés pour les fêtes de Noël et du jour de l'An, quoi de mieux que le chalet de Sun Valley pour y passer un séjour agréable et reposant !

— Vous n'avez jamais vécu un Noël à la campagne ? Venez avec moi, vous allez voir, lui chuchote Jacques, résolument mystérieux.

Dans une carriole tirée par deux chevaux, au son des grelots suspendus aux harnais, emmitouflés sous de grosses couvertures de fourrures et des briques chaudes aux pieds, les deux hommes se dirigent vers Sainte-Adèle.

— Il faut que vous assistiez à leur messe de minuit. C'est un petit bijou !

Charmés par la nouveauté et le paysage féerique, les deux amis rigolent jusqu'au parvis de l'église de Sainte-Adèle où ils vont s'engouffrer quand le bedeau, un homme à la carrure de bûcheron, les interpelle.

— Hé! là, vous deux!... Vos billets?

Jacques se tape le front de la paume de sa main. Il a pensé à tout sauf aux billets. Il tente de s'en sortir avec un trait d'humour.

— Tiens! je ne me souvenais plus. Vous autres aussi, vous avez un *cover charge*.

— Qu'est-ce que vous voulez dire?

— Rien, rien, réplique Jacques. C'est combien?

— C'est deux piastres par personne.

Trenet s'indigne.

— Quoi? Deux dollars par personne pour venir adorer l'Enfant qui va naître? Nous sommes les bergers, monsieur! Est-ce que les bergers ont payé pour aller voir l'enfant? Pas les rois mages, les bergers! précise Trenet.

Nullement impressionné, le bedeau le regarde d'un air patibulaire.

— Vous rentrez ou vous ne rentrez pas? Vous retardez tout le monde, dit-il de sa voix bourrue.

— Oui, oui, on rentre, fait Jacques en fouillant dans la poche de son pantalon.

— Il n'en est pas question! objecte Trenet. Les bergers sont de pauvres gens.

— Alors, allez dans le sous-bassement. Il y a la messe des pauvres, en bas.

— Soit, s'entête Trenet. Nous ferons comme les bergers et les pauvres.

Les deux compères prennent le chemin de la messe des pauvres. En bons bergers, assis sur de petites chaises très inconfortables, ils doivent assister à une messe sans musique et sans apparats, expédiée en une demi-heure à peine.

Charles Trenet tressaille de fierté:

— On a fait comme les bergers! s'extasie-t-il sur le chemin du retour.

Leurs voix modulées par le tintement des grelots et le claquement des sabots sur la neige durcie, les deux hommes prennent plaisir à se remémorer des souvenirs et à partager les anecdotes qui ont agrémenté leur vie. Leur séjour dans les Laurentides à peine amorcé leur semble déjà trop court tant ils ont de projets à réaliser et de gens à rencontrer. Connu dans tous les restaurants et bars de la région, Jacques y est reçu comme un prince et son compagnon, comme un invité de marque.

★ ★ ★

Une épreuve attend Jacques à la rentrée au Saint-Germain-des-Prés. Paul Berval, un coéquipier de longue date qui rêve d'ouvrir un cabaret et d'y chanter l'opérette, le quitte avec plusieurs de ses comédiens. Jean-Claude Deret, Dominique Michel, Denise Filiatrault, Denis Drouin et Roger Joubert prennent avec lui le chemin du Beû-qui-rit sur la rue Sherbrooke. Un avocat montréalais a proposé à Paul Berval un local dans l'ouest, une occasion que le comédien ne pouvait laisser passer. Travaillant depuis des années à des salaires minables, tant au Faisan Doré qu'au Saint-Germain-des-Prés, Paul souhaite diriger sa propre boîte.

Le retour de Jacques au Saint-Germain-des-Prés lui pèse. «Je suis fatigué de cette boîte. J'ai envie d'autre chose...», confie-t-il à quelques amis. Un tel aveu leur laisse croire qu'il s'apprête à quitter définitivement le milieu du cabaret. Mais lorsque Françoys Pilon, le propriétaire du Café Saint-Jacques, lui fait part de son projet, il écoute les propos de cet homme d'affaires montréalais avec beaucoup de sérieux.

— J'ai trois étages. J'organise des banquets, des noces, des *gathering*s, tout ça, dit-il, cherchant l'étincelle dans le regard de Jacques.

Guère déconcerté par l'absence de réaction de son vis-à-vis, Françoys Pilon poursuit :

— Et j'ai une belle salle pour toi, si tu veux ouvrir un nouveau cabaret. Tu sais que le Café Saint-Jacques est situé sur les lieux de l'ancienne cité universitaire, le coin le plus français de Montréal?

Devant la mine toujours méfiante de Jacques, Françoys Pilon renchérit:

— Le Café Saint-Jacques a déjà sa clientèle attitrée. C'est important, ça! Pas besoin de recommencer à zéro!...

Jacques est sensible à cet argument.

— Bienvenue aux Trois castors! s'exclame-t-il, conquis et déjà inspiré.

— Aux Trois castors? Pourquoi ce nom bizarre?

— Primo, parce que c'est facile à retenir. Secundo, parce que ça fait parisien. À Paris, il y a les Deux Ânes et les Trois Baudets. Il faut y mettre des «bibites», nous aussi. Mais des «bibites» canadiennes. Avec les castors, on ne risque pas de se tromper.

Françoys Pilon, qui a beaucoup voyagé, rétorque:

— Il y a des castors aussi, en France, tu ne savais pas ça?

— Mais ils n'ont pas la queue aussi large que les nôtres, de répliquer Jacques en badinant.

Pour les Trois castors du Café Saint-Jacques, il conçoit un genre totalement différent de celui du Saint-Germain-des-Prés. Dans sa nouvelle boîte, Jacques veut consacrer une plus grande place aux chansonniers à la «Montmartre», tout en mettant l'accent sur le théâtre de boulevard. «Un Théâtre de minuit», lance-t-il aux artistes dont il aimerait se voir entouré. «À minuit pile, on frappe douze coups au lieu des treize coups traditionnels et on donne la comédie.»

Des comédiens réputés du Théâtre du Nouveau Monde, tel Guy Hoffmann, prêtent leur concours au cabaret-théâtre des Trois castors. Non seulement ce dernier y joue la comédie, mais il se charge aussi des mises en scène.

Ce cabaret-théâtre se révèle une aventure assez redoutable pour Jacques qui doit interpréter des textes qui ne sont pas de lui. Il n'a pas oublié ses difficultés en la matière, même dans ses débuts avec Henri Deyglun et Jean Despréz.

Vient compenser la joyeuse camaraderie qui règne dans l'équipe. Les comédiens se font des coups pendables dans les coulisses et sur la scène, et le public entre spontanément dans le jeu.

Cet automne-là, sous les recommandations discrètes et chaleureuses de Jacques Normand, Jean Bissonnette obtient un poste de régisseur à Radio-Canada. Les deux hommes ont donc l'occasion de retravailler presque tout de suite ensemble. Jacques anime *Porte ouverte,* une émission réalisée par Roger Barbeau, avec Gilles Pellerin, Colette Bonheur et Paul Berval.

Aux émissions de télévision s'ajoutent celles de la radio.

Surmené et tenant son succès pour acquis, Jacques retombe dans ses fâcheux travers. Plus que jamais, on ne sait dans quelles conditions il va se pointer en studio. Le travail de régisseur de Jean Bissonnette se double dès lors de celui de chien de garde. Du studio 40 où l'émission est diffusée, il n'y a que la ruelle à traverser pour se retrouver au bar Chez Desjardins, où le temps de la pause se passe. Jacques pousse la délinquance jusqu'à s'absenter des répétitions sans prévenir personne.

La fatigue et la consommation d'alcool aidant, ses jambes refusent de le porter comme avant. Au cabaret, quand il se sent défaillir, il peut quitter la scène avant de s'écrouler au pied du microphone. Mais, il en va autrement à la télévision. Même si la répétition lui a coupé les jambes, il doit tenir le coup jusqu'à la fin de l'émission. Or, les réalisateurs qui le voient chanceler, s'emportent:

— Jacques! Tu as encore bu!

Et Jacques joue le jeu de l'ivrogne, hésitant à faire porter le poids de sa démarche vacillante à son handicap physique. Il est révolté de voir que plusieurs de ses collègues ingurgitent cinq ou dix fois plus de cognac que lui sans que rien ne transpire. Il ne boit pas davantage que les autres, mises à part quelques beuveries occasionnelles comme celles du temps de Sun Valley. Indéniablement, Jacques aime l'effet stimulant de l'alcool qui le rend plus vif, plus subtil et plus amusant. Sachant cela, ses réalisateurs se résignent à le faire travailler assis derrière une table plutôt que debout devant un micro. En dépit de telles concessions, Jacques montre des signes de plus en plus évidents de fatigue et de lassitude.

Devant l'imminence de graves problèmes, Jacques décide de fuir avant qu'on ne le congédie. Il s'embarque de nouveau pour l'Europe, afin de se ressourcer, explique-t-il. Avec la fidèle complicité de son ami Paul L'Anglais, il n'est pas aussitôt arrivé à Paris, qu'il est invité à une tournée auprès des troupes canadiennes cantonnées en Allemagne.

Du coup, la fuite se transforme en fugue, et la fugue en voyage humanitaire consacré à communiquer sa folie et sa joie de vivre aux «pauvres» soldats canadiens qui se languissent, coincés depuis plusieurs années dans les rets de la paix. Jeanne-d'Arc Charlebois, la «dame de cœur» de Jacques Normand, cette magnifique chanteuse, grande et fière, fait partie de la tournée.

La troupe est accueillie en Allemagne avec les honneurs d'un repas au restaurant au cours duquel le charme des Allemandes et les boissons alcoolisés jouent de leur effet magique sur les dix artistes invités. Au moment du départ, le groupe a déjà pris place dans le minibus lorsque Jacques constate que le guitariste manque à l'appel.

— Je l'ai vu monter avec d'autres soldats dans un véhicule, lance un musicien.

Les recherches entreprises durent jusqu'au lendemain soir. Au moment du départ, le musicien se trouvait au cabinet d'aisances. À son retour, constatant que tout le monde avait quitté les lieux, il est tout bonnement revenu à l'intérieur, s'est installé au bar où il a lié connaissance avec une fraülein. Il a passé la nuit dans la chambre de sa belle Allemande sans doute dans le but de consolider les bonnes relations canado-germaniques. La police militaire n'a pu lui mettre le grappin dessus avant le lendemain soir.

La troupe est conduite dès lors jusqu'à Soest en Westphalie.

De retour à Düsseldorf, Jacques et Jeanne-d'Arc décident de faire un détour par Paris, qu'elle n'a jamais visitée, avant de rentrer à Montréal. Jacques se réserve l'indicible plaisir de lui servir de guide dans la Ville lumière. Jeanne-d'Arc Charlebois en est ravie. Il suffit de trois apparitions à la télévision française pour que la chanteuse pose les assises de son succès en France. Jeanne-d'Arc Charlebois fascine le public parisien.

Jacques se rend ensuite en Haïti où il a l'occasion d'apprécier le travail des religieux et des bénévoles qui œuvrent dans des conditions extrêmement difficiles. Il achève ainsi une lettre adressée à la direction d'un journal montréalais :

Quant à moi, je suis resté bouleversé, je ne sais pas ce que je ferai maintenant… mais ce sera différent, on peut s'attendre à tout ! Comme dirait maman : «Avec lui, on sait jamais… »

★ ★ ★

Dieu seul sait par quelle clémence Jacques Normand obtient, sans avoir à lever le petit doigt, le pardon de ses fredaines, de ses maladresses et même de ses offenses. Il lui suffit de quitter la ville quelques mois pour que les portes qu'on lui avait claquées au nez lui soient de nouveau grandes ouvertes, et que ses anciens employeurs le réclament. Ainsi, revient-il de son voyage en Haïti à la demande expresse de Jean Bissonnette, qui lui dit :

— Tu es l'homme qu'il nous faut!

— Pour faire quoi, encore?

— On t'expliquera tout ça à Montréal. Viens-t-en, tu nous manques.

Si hautaine soit-elle, la noble chaîne de télévision de Radio-Canada a oublié ses frasques pour ne se souvenir que de l'artiste aux talents exceptionnels et au sourire irrésistible.

Dans le but d'amasser des fonds pour la construction de la Place des Arts, Jacques Languirand et Robert Letendre ont suggéré la réalisation d'un téléthon d'une dizaine d'heures, et c'est à Jacques Normand qu'ils désirent en confier l'animation. Les réalisateurs n'ont rien ménagé pour attirer Jacques et, grâce à son concours, de généreux donateurs: Les Grands Ballets Canadiens et l'Orchestre symphonique de Montréal doivent se produire sur la même scène que Guy Béart, Sacha Distel et Annie Cordy, qui viendront de France. Des artistes américains, des chanteurs et des vedettes de music-hall feront aussi partie du spectacle.

Jacques sourit, conscient que la chance continue de lui donner rendez-vous. Après deux ans d'absence, son retour est annoncé en grande pompe par une conférence de presse. C'est tout un événement. Le téléthon sera diffusé en direct du Forum.

Pas une fois au cours des répétitions, Jacques ne donne raison aux organisateurs de s'inquiéter. La répétition générale se termine vers les cinq heures et demie et le téléthon doit commencer à sept heures.

Aussitôt sorti de la régie, Jean Bissonnette s'empresse d'attraper Jacques par le bras, de peur qu'il ne s'esquive avec le reste de la bande. Il s'est juré de ne pas quitter son protégé d'une semelle avant l'émission.

— Allez, Jacques, je t'emmène manger.

Paul Berval, Gilles Pellerin et Olivier Guimond se veulent rassurants auprès de Jean:

— T'inquiète pas Jean. Laisse-le venir avec nous, on va le surveiller...

— Vous pensez que je vais faire confiance à plus soûlards que lui?

Jean Bissonnette insiste pour s'occuper personnellement de Jacques. Il l'entraîne donc avec lui et les deux hommes se faufilent au Clover, un petit restaurant juste en face du Forum, de l'autre côté de la rue Sainte-Catherine.

— Je pense que je vais prendre un peu de vin, dit Jacques, en regardant le menu du souper.

— Oui, mais un seul verre. N'oublie pas que tu dois animer pendant une dizaine d'heures d'affilée...

Jacques prend son petit verre de vin en mangeant et il sort de table en parfaite condition. Il n'a qu'à traverser la rue pour rentrer au Forum... Heureux de la victoire qu'il vient de remporter, Jean tient à l'accompagner jusqu'à la salle de maquillage. Or, en traversant la rue, un homme aborde Jacques qu'il semble bien connaître:

— Monsieur Normand! Comment allez-vous? lui demande l'inconnu, apparemment heureux de le savoir de retour.

Jacques bavarde sur le coin de la rue et fait fi des signes d'impatience de Jean qui, responsable des tests de caméra, n'a plus une minute à perdre

— Ne t'occupe pas de moi, Jean, vas-y. Je te suis dans deux secondes.

Sept heures sonnent. «*Fade in !*», ordonne Jean à l'aiguilleur. Jacques surgit juste à temps, portant l'habit à queue, le plastron et la petite boucle.

— Bonsoir mes... mes... dames, bon... soir mes... sieurs, entame le gai luron en se battant avec sa boucle pour la redresser.

Ses efforts ne servent qu'à faire sortir son plastron de son pantalon. Furieux, Jean a tout juste le temps d'ordonner au cameraman:

— Gros plan sur ses épaules!

Dès que les danseurs prennent place sur la scène, les caméras se braquent sur eux, et le régisseur court aider Jacques à replacer son costume. Quitte pour quelques sueurs froides, Jean sait qu'avec le temps, Jacques reprendra son aplomb. De fait, le téléthon se déroule sans autre anicroche.

Est-ce suffisant pour regagner la confiance de ses amis et de ses employeurs? Jacques ne semble pas en douter, mais Jean s'en inquiète. Que deviendrait Jacques Normand sans spectacles à donner? Le pire est à craindre.

CHAPITRE XII

Une fois de plus, la société Radio-Canada se montre indulgente envers son enfant terrible. En octobre 1960, Jean Bissonnette propose à la direction de confier à Jacques l'animation d'une émission d'un style inusité au Québec.

En voyage aux États-Unis, Éloi de Grandmont, scripteur, et Gérald Tassé, alors gérant de Jacques, ont téléphoné à Jean, le priant de les rejoindre :

— Viens voir le *talk-show* que fait Jack Parr, dit Gérald. Je te jure que Jacques Normand raflerait toutes les cotes d'écoute dans une émission de ce genre...

Jean Bissonnette est assis devant un téléviseur dans une chambre d'hôtel new-yorkais. Dès la première pause commerciale, il s'emporte :

— C'est d'une irrévérence inacceptable pour une station aussi guindée que Radio-Canada.

— Ça demanderait une certaine adaptation, concède Éloi de Grandmont, mais je reste persuadé que le public mordrait...

De retour à Montréal, les trois hommes peaufinent le concept et le présentent à Roger Rolland, alors directeur de la société d'État. Ce dernier émet de fortes réticences, même si, à son tour, André Rufiange vient pérorer sur les succès que ce show remporte aux États-Unis.

— En plaçant l'émission vers les dix, onze heures le soir, on ne risque pas de choquer les bonnes consciences, suggère Gérald Tassé, conscient que le procédé demeure un peu osé.

Mais il n'y a pas que le contenu qui inquiète le directeur. Que Jacques Normand en soit l'animateur lui pose un sérieux problème.

— Il n'en est pas à ses premières frasques avec nous, fait remarquer Roger Rolland. Imaginez-le dans une formule comme celle-là...

Éloi va se porter à la défense de Jacques, quand le directeur enchaîne :

— Je veux bien qu'on diffuse une telle émission en fin de soirée, mais avez-vous pensé à ce qu'il aura eu le temps d'ingurgiter avant de monter sur le plateau ?

Bien qu'il ne puisse contester les observations du grand patron, Gérald Tassé n'abdique pas :

— Ce qui ne l'empêche pas de demeurer une super-vedette, au Québec, rétorque-t-il.

— Supervedette, peut-être, mais superincontrôlable, aussi !

— Plus maintenant. Jacques n'est plus le même homme depuis qu'il est de retour de son séjour en France et à Haïti. Il a même appris à taper à la machine en prévision du livre qu'il veut écrire... Il a décidé de moins travailler pour être plus en forme. Le cabaret ne l'attire plus, ajoute Gérald Tassé, persuadé cette fois d'avoir gagné son point.

Roger Rolland demeure sceptique.

— Ça me prend une garantie...

— Que voulez-vous dire ? demande Éloi de Grandmont, inquiet.

— Je comprends, reprend Jean Bissonnette, en bon négociateur. Ça prendrait quelqu'un pour contrôler Jacques en ondes. Un compère qui ferait contrepoids. Vous voyez ce que je veux dire ?

Jean connaît Jacques depuis cinq ans. Son comportement, ses forces, ses faiblesses et ses limites, il a appris à les gérer et à les exploiter à bon escient. Son expérience au théâtre de Sun Valley jumelée à celle des émissions télévisées sur lesquelles ils ont travaillé ensemble lui confèrent une crédibilité unique.

Les noms fusent autour de la table. L'idée de Jean est excellente, mais aucune suggestion ne fait l'unanimité.

— Je connais un communicateur hors pair, un gars brillant pour qui Jacques a beaucoup de respect, déclare soudain Gérald Tassé. Avec lui, je suis certain que tout se passerait bien.

Gérald tait le doute qui le hante. Son candidat, Roger Baulu, est plutôt *persona non grata* dans la grande boîte depuis qu'il a remis sa démission pour aller travailler à CKVL.

Roger Rolland toise ses interlocuteurs, sans mot dire.

— On ne pourrait trouver mieux, dit Jean. D'autant plus que Baulu serait enchanté de travailler avec Jacques.

Leurs métiers respectifs ayant pris des voies différentes, Jacques et Roger se sont un peu perdus de vue depuis quelque temps. Sollicité pour de nombreux messages publicitaires, Roger voyage beaucoup entre Montréal et Toronto. Seul le hasard des contrats les rapproche de temps à autre.

Roger Rolland finit par donner un accord nuancé:

— On peut toujours essayer...

Le trio jubile. Roger Baulu leur sera d'un apport exceptionnel.

Une dernière crainte subsiste toutefois dans la pensée de Jean: son ami Jacques acceptera-t-il un agent modérateur à ses côtés?

La journée même, l'équipe rencontre Jacques. En apprenant que Radio-Canada lui offre la coanimation d'une émission d'une demi-heure, en direct, avec Roger Baulu, il se montre emballé de la formule et ravi de pouvoir travailler avec son vieil ami.

— Vous ne pouviez pas me faire plaisir davantage, leur avoue-t-il, ému comme il le laisse rarement voir.

— Ça va s'appeler *Les couche-tard,* dit Jean Bissonnette, enchanté de sa réaction.

— Excellent titre ! s'exclame-t-il.

Jacques est convaincu qu'il fera un show du tonnerre avec son grand ami de onze ans son aîné.

L'assentiment de tous les intervenants acquis, l'équipe de production voit à mettre en place tous les éléments porteurs de succès. L'émission sera diffusée en direct, tout de suite après le hockey. Les trois scripteurs-recherchistes, Éloi de Grandmont, André Rufiange et Gérald Tassé, choisissent les invités, les rencontrent et préparent tous les textes des entrevues, questions et réponses. Ainsi comptent-ils protéger Jacques de quelque impair. Connaissant les questions, l'invité peut préparer avec les scripteurs ses réponses et son petit gag qui devra river son clou à Jacques. Interdiction est faite, au cours de cette émission, de parler du métier des invités. On y discute de loisirs, de choses cachées, de petits secrets qu'on dévoile en ondes. Si l'invité peut chanter, on le fait chanter. S'il peut faire des tours de magie, il s'improvise magicien. Les réunions de production et les répétitions se tiennent chez Bourgetel. Jean Bissonnette exige de Jacques qu'il se présente sur le plateau vers les quatre heures de l'après-midi afin de pouvoir le surveiller de près. Si jamais il arrive avec un verre dans le nez au milieu de l'après-midi, il a le temps de cuver son vin et de dégriser avant onze heures. L'équipe consent, de son côté, à instituer une ronde de garde autour de Jacques.

Ayant particulièrement apprécié les thèmes musicaux que Jean-Pierre Ferland a composés pour diverses émissions dont celle de Lise Roy, *Du côté de chez Lise*: «*J'ai pris un côté de la lu-u-ne...*», Jean lui demande de composer celui des *Couche-tard*. Jean-Pierre saisit le ton de ce *talk-show* et sa création plaît au point que Jacques le surnommera «Christ-en-thèmes».

Dès les premières émissions, la nature franche et bonne de Roger Baulu séduit Jean Bissonnette. L'homme est d'une générosité surprenante avec Jacques. Il lui cède spontanément la vedette pour se cantonner dans son rôle de chien de garde et de faire-valoir. Il est le seul à pouvoir lui dire, en ondes :

— Monsieur Normand, vous ne pouvez pas dire ça ! -

Jacques s'incline et les téléspectateurs sont satisfaits. L'amitié qui lie les deux hommes, leur complicité et leur humour apportent à l'émission ce caractère léger, divertissant et détendu que les téléspectateurs recherchent avant d'aller dormir.

Les couche-tard recrute de grands personnages, œuvrant dans le milieu du music-hall ou du théâtre, mais également sur la scène politique. Qu'ils viennent du Canada ou d'Europe, ce sont eux qui goûtent davantage à la verve décapante de Jacques Normand. Il arrive à Jacques d'aller un peu trop loin avec tel ou tel ministre. Sous prétexte de s'en excuser, la semaine suivante, Jacques en remet et, à sa prochaine visite, le politicien est mis en boîte pour de bon.

Jacques justifie son insolence en disant cavalièrement :

— Ça lui apprendra à venir brailler dans les jupes de maman Radio-Canada.

Jacques est convaincu que le public n'en attend pas moins de lui. Il prend un malin plaisir à démasquer, à dénouer une intrigue, ou à confronter un personnage public. Et bien que son ami Roger s'en tienne scrupuleusement au texte, il déroge à sa guise et joue le mauvais garnement.

Au lendemain d'une émission plus éclatée que d'autres, les patrons convoquent tour à tour Jean Bissonnette, Pierre Petel, Roger Fournier, et les somment d'exiger de Jacques qu'il se soumette aux textes des scripteurs.

Portée par l'ambiance endiablée de l'émission, après la diffusion, vers minuit, la troupe se précipite au Castel du Roy, le quitte à la fermeture pour le Press Club, rue Peel, à l'hôtel Mont-Royal et termine sa tournée vers les cinq heures du matin attablée devant un bon smoked meat chez Ben's.

En dépit de la haute surveillance dont il fait constamment l'objet de la part de ses coéquipiers, Jacques trouve le moyen d'échapper à la vigilance de ses gardiens. Si la direction de Radio-Canada lui pardonne plusieurs bourdes, Jean le met en garde d'en commettre une envers le recteur de l'Université de Montréal qu'il a mis six longs mois à convaincre de participer à l'émission. Mgr Moreau redoute l'humour décapant de Jacques comme un diable craint l'eau bénite.

— Puisque je vous jure, Monseigneur, que tous les textes sont écrits d'avance, et que vous aurez droit de regard sur les questions et les réponses.

— Avec lui, on ne sait jamais, avait-il répliqué.

— Vous serez traité avec respect, lui avait répété Jean après en avoir obtenu la promesse de Jacques.

Mgr Moreau agrée finalement l'invitation.

Ce soir-là, Jacques est dans une forme resplendissante. Le moment venu pour Mgr Moreau de prendre place devant les caméras, comme le studio occupe les lieux d'une ancienne piscine et qu'il a fallu construire un escalier pour descendre sur le plateau, Jacques va, la tête haute, le port fier, la démarche noble au devant de Son Éminence.

— Mesdames, Mesdemoiselles, Messieurs, notre prochain invité... Nul autre que Mgr Guy Moreau, le «rectum» de l'Université de Montréal, annonce-t-il avec emphase.

Le prélat blêmit d'indignation. Un sourire crispé aux lèvres, il n'a d'autre choix que de faire bonne figure, conscient que les caméras sont braquées sur lui.

Jean ne peut expliquer cette insolence que par l'état d'ébriété dont Jacques donne de plus en plus de signes, à mesure que la soirée avance. «Où, quand et comment a-t-il pu boire? Faudra-t-il que je le suive jusqu'aux toilettes, maintenant», se demande-t-il, exaspéré.

Sitôt l'entrevue terminée, Mgr Moreau quitte le plateau sans saluer celui qui a trahi sa promesse.

En attendant qu'Olivier Guimond, son prochain invité, se présente, Jacques veut profiter de la pause publicitaire pour s'asseoir, mais vlan! Le voilà par terre. Le fauteuil sur roulettes a glissé sous lui. Roger Baulu voudrait bien aider Jacques à se relever, mais les messages publicitaires défilent dangereusement vite. Il ne reste plus que trente secondes, quinze... Il y parvient presque quand, tout à coup, le fauteuil glisse de nouveau.

— Dix! crie le régisseur en ouvrant ses dix doigts. Neuf, huit...

Roger abandonne Jacques à son sort pour aller prendre place devant les caméras.

— À moi est accordé le grand honneur, l'immense plaisir, chers téléspectateurs, de vous présenter notre prochain invité, Olivier Guimond, annonce-t-il, espérant avoir suffisamment étiré son préambule pour que son co-animateur ait eu le temps de se relever.

Olivier Guimond, qui attendait patiemment en coulisse, se pointe en haut de l'escalier qu'il tente de descendre, mais ses jambes l'abandonnent et il titube, tombe à la renverse, roule, se relève et retombe de nouveau, pour clopiner jusqu'à la scène. Roger Baulu est catastrophé alors que les spectateurs rient aux larmes.

Homme de métier, Olivier a eu la présence d'esprit, en apercevant Jacques étendu sur le sol, de lui permettre de gagner du temps.

— Wo! On se couche de bonne heure aux *Couche-tard*! s'exclame-t-il, conscient que seuls les gens du plateau peuvent saisir le sens de son mot d'esprit.

En fin de soirée, Jean Bissonnette découvre qu'un machiniste a glissé en douce un petit «dix onces» de cognac à Jacques juste avant qu'il ne prenne place sur le plateau.

Ce n'est pas sa dernière bévue. Lors d'une autre émission, un invité dit, en parlant de quelqu'un:

— Il était habillé comme la chienne à Jacques...

— Qu'est-ce que tu as contre Lise Roy? rétorque Jacques, du tac au tac.

«On ne sait jamais à quel moment il va sortir du texte pour lancer quelque pavé dans la mare», remarque Jean en l'entendant.

Il arrive parfois à Jacques de manquer aux convenances par goût de la boutade. Heureusement, la plupart du temps, le ton est léger et gavroche.

Ainsi, un soir, Jacques déclare, péremptoire, à la grande vedette française Annie Gould:

— Je n'interromps jamais une jolie femme lorsqu'elle parle.

— Alors, ça va mal pour moi, vous venez de m'interrompre trois fois, lui rétorque-t-elle, avec une spontanéité et un aplomb qu'il apprécie.

Camil Samson danse à claquettes et Paul Gérin-Lajoie, le ministre de l'Éducation, fait des tours de magie pour lui faire plaisir. Jacques a le don de pousser ses invités à dire et à faire des choses qui étonnent le public.

Roger Baulu, non moins doué pour la répartie, utilise son talent, beaucoup plus pour protéger Jacques et amortir ses frasques que pour se faire valoir. Jamais il n'élève le ton contre celui qu'il traite comme un frère, pas plus qu'on ne voit Jacques se fâcher contre lui.

Lorsque Alain Stanké demande un jour à Roger Baulu pourquoi il se montre si bon avec lui, Roger lui répond, impassible:

— Pour une seule raison: j'aurai toujours de l'admiration pour ce gars-là.

Cette admiration va au-delà de ces taquineries parfois maladroites.

Un soir, au cabaret, Jacques aperçoit Louis Pelland qui entre au bras de sa compagne de toujours, Madeleine Gérôme, réalisatrice à Radio-Canada. Pelland est depuis peu le rédacteur en chef d'un tout nouveau tabloïd, le *Canada nouveau*. En voyant Pelland, Jacques s'exclame illico :

— Tiens, le nouveau Canada avec sa vieille province !

Madeleine Gérôme n'apprécie pas du tout. Pourtant, Jacques n'a pas eu l'intention de la blesser. C'est tout simplement l'effet de son humour dévastateur.

Les femmes ne sont donc pas épargnées de la verve sarcastique et parfois mordante de Jacques. Et pourtant, elles sont nombreuses à succomber à ses charmes et à se succéder à son bras. Est-ce à dire que celui qui aspire à la stabilité affective n'a pas appris de ses chagrins d'amour ? Lorsque après Lise Roy, une Anglaise distinguée, personnalité bien en vue, entre dans sa vie, proches et amis leur prédisent de nombreuses années de bonheur. Or, moins d'un an plus tard, une nouvelle flamme prend la place.

Par un concours de circonstances, Jacques se voit offrir une émission qui bat de l'aile, pour remplacer Michelle Tisseyre à l'animation.

— Ça m'embête. Le bateau ne tient pas la mer..., dit Jacques, sceptique.

— Justement, on compte sur vous pour le renflouer. Pensez-y, un contrat de plusieurs années.

— Et *Les couche-tard* ?

— Pas de problème, on ne s'adresse pas au même public !

C'est en septembre. Au moment où il négocie les modalités de ce contrat, Jacques est attristé par la mort de Paul Lepage. Il a toujours gardé une grande affection pour le patron de CKCV, celui qui lui a donné sa première chance dans le métier. Nostalgique, est-il davantage prédisposé à l'amour ? Il semble que pour la première fois de sa vie, Jacques connaisse le coup de foudre. Linda Foy, une jolie ballerine de vingt-deux ans, le fait littéralement craquer. Cette ravissante danseuse de ballet aux yeux moqueurs et pétillants fait partie de la troupe de Michel Conte du *Music-Hall* de Radio-Canada.

Quelques semaines après leur rencontre sur le plateau de tournage, Jacques l'accompagne chez ses parents à Oshawa, en Ontario. À son père, contremaître chez General Motors, il laisse planer l'idée d'un mariage à très court terme. Les fiançailles ont lieu et Linda souhaite que le mariage se fasse à Noël. Si les amoureux ne parviennent pas à se libérer de *Music-Hall,* ils attendront la fin du mois de juin. À ce moment-là, le voyage de noces aura lieu au Japon où Jacques et Linda en profiteront pour assister aux jeux Olympiques.

Linda a une sœur qui vit en Ontario. C'est lors d'une de ses visites à Montréal que la jeune femme fait la connaissance de Gilles Vigneault qu'elle épousera.

Fait cocasse, c'est à l'occasion de ses fiançailles avec Linda Foy que Jacques apprend officiellement que Lise Roy a demandé et obtenu leur divorce. En sa présence, un après-midi au Saint-Tropez, Linda confie au journaliste André Rufiange : « Cette affaire est abracadabrante. Jacques n'a su qu'en avril dernier qu'il était officiellement divorcé. Bien sûr, il avait lu, comme tout le monde, dans *Télé-Radiomonde,* que Lise Roy avait demandé et obtenu un divorce et qu'elle s'était immédiatement remariée à John Damand, alors directeur de la maison de disques Select. Mais, du fait qu'il n'avait reçu aucun avis en ce sens, de la part du gouvernement, il ne l'avait pas cru. »

Une fois marié à Linda, Jacques se félicite que sa femme ait fait le ménage autour de lui. « Elle m'a débarrassé, déclare-t-il, de gens peu intéressants et trop intéressés qui s'accrochaient à moi. » Des gens qu'il a lui-même attirés dans son giron, préférant leur compagnie à la solitude, tant elle lui est à la fois insupportable et néfaste. Jacques a toujours besoin d'être entouré, appuyé et admiré.

Linda et Jacques filent le parfait amour, laissant croire que l'enfant gâté s'est assagi.

Hélas! ce deuxième mariage échoue, après bien des dérives.

Michel Conte, chorégraphe de l'émission *Music-Hall* et maître danseur de Linda Foy, se rappelle avoir retrouvé la ballerine en larmes à plus d'une reprise.

Linda n'avait pu imaginer que son amoureux puisse la traiter durement. Que de fois, au cours de réunions au Castel du Roy, Jacques se montre hargneux envers celle qu'il adore pourtant. Vivre avec lui n'est pas une sinécure, admettent les gens qui l'entourent. Non seulement il prend un coup solide, mais au nom de sa sacro-sainte liberté, il rentre aux petites heures du matin. Et si, d'aventure, il décide de ne pas rentrer, il s'en accorde le droit. Sa liberté compte plus que tout. Elle représente un symbole aussi important que de prendre un verre avec les *boys*. Jacques est l'homme des «copains d'abord».

Linda finit par le quitter. Particulièrement douée, elle va enseigner la danse avant de devenir première chorégraphe aux Grands Ballets Canadiens. Sa carrière est couronnée de succès aux États-Unis.

Cette déroute se double pour Jacques d'un cuisant échec à *Music-Hall*.

En le substituant à Michelle Tisseyre, la direction de Radio-Canada espérait attirer la faveur du public, mais, bien au contraire, les critiques acrimonieuses fusent de toutes parts. La nouvelle formule de l'émission ne plaît pas du tout.

Serge Brousseau écrit dans le *Nouveau Journal* du 23 octobre 1961: «À Montréal, à Québec et partout où les téléspectateurs peuvent voir l'émission hebdomadaire *Music-Hall,* à Radio-Canada, on entend les mêmes remarques, les mêmes critiques. Le *Music-Hall,* ce n'est pas mauvais, mais c'est loin d'être aussi bon que lorsque Michelle Tisseyre en était l'animatrice. Aujourd'hui, trois fois sur quatre, nous tournons le bouton pour voir le programme d'Ed Sullivan, ou au canal 10 de Télé-Métropole, qui présente des films français. Ce n'est pas parce que Jacques Normand l'a remplacée, mais parce qu'on a changé la formule à laquelle nous étions habitués. Le courrier qui parvient aux journaux et les appels téléphoniques qu'ils reçoivent indiquent que ce sentiment existe à peu près partout. En outre, rares sont les critiques publiées dans nos journaux qui soient favorables à la série *Music-Hall*. Il y a certainement une raison, une raison grave.

«Le public réclame le retour de Michelle Tisseyre comme animatrice, mais à condition qu'on ne lui coupe pas les ailes ainsi qu'on l'a déjà fait à l'époque où *Music-Hall* jouissait de la plus grande vogue et quand elle rédigeait elle-même ses textes. Mais ce même public ne réclame pas non plus le départ de Jacques Normand, qui conserve sa popularité, même si on a l'impression qu'on lui a imposé une "camisole de force". Il a des scripteurs qui l'aident. Radio-Canada ne bouge pas et continue à administrer la société sans sembler se soucier du goût du public contribuable.»

Michelle Tisseyre et Jacques Normand sont deux grands amis qui n'ont jamais connu de rivalité. Au contraire, ils se remplacent à qui mieux mieux sur leurs shows respectifs pendant leurs séjours en France.

Exception faite de son expérience au Vienna Grill Café, jamais Jacques n'a connu pareille déconfiture. Heureusement, *Les couche-tard* maintient sa popularité, lui confirmant qu'il peut encore plaire au public.

Et comme si un vent d'infortune planait sur sa tête, en décembre 1961, à Télé-Métropole, de vieux camarades de Jacques Normand causent tout un émoi et soulèvent un tollé. Les journaux à potins s'en mêlent:

«Jamais, écrit Rufiange, je n'aurais cru être témoin télévisuel d'une telle affaire... Et, pourtant, je le fus. C'était mardi soir dernier, à *10 sur 10,* une émission que les journaux libres ont souvent dénoncée pour son mauvais goût.

« Sous prétexte de parodier *Les couche-tard,* de Radio-Canada-TV, les responsables de *10 sur 10,* à CFTM-TV, ont présenté un sketch intitulé *Les mouche-tard,* mettant en vedette Gilles Pellerin, Denis Drouin et Réal Giguère. L'idée était bonne. Le titre était drôle.

« Mais là s'est arrêtée la drôlerie. Au cours des dix minutes qui ont suivi, en effet, les téléspectateurs ont pu assister à la plus impensable diatribe jamais présentée à la télévision. L'attaque était dirigée contre Jacques Normand et Roger Baulu, qu'on nommait d'ailleurs par leurs noms. Particulièrement contre Normand. Et elle était d'une violence inouïe! On aurait présenté une photo de Jacques Normand nu et ce n'eût pas été pire. (C'eût pourtant été plus conforme à la vérité.) Avec autant d'humour que trois éléphants (ou trois « gros jambons »?), Pellerin, Drouin et Giguère ont sali à qui mieux mieux la réputation des parodiés.

« Drouin s'est même permis, un moment donné, de dire "torrieux" en pleine télévision! Vous vous rendez compte? Allez donc ensuite laisser vos enfants devant l'appareil quand *10 sur 10* est à l'affiche...

« Après l'émission, les amis de Normand et de Baulu, sidérés par l'attaque, ont encouragé Jacques (le plus visé des deux) à protester et à se défendre. Au moment de mettre sous presse, l'affaire était devant le bureau de direction de l'Union des Artistes, d'une part, et devant Me Raymond Daoust, d'autre part. On en saura plus long d'ici quelques jours sur les représailles qui ne manqueront pas de venir.

« La faute est-elle au réalisateur Arsène Hubert? La faute est-elle à celui qui a écrit le texte, Jean Stéphane? Ou la faute est-elle à Gilles Pellerin, Denis Drouin et Réal Giguère? Ceux-ci, peut-être, n'ont fait que lire un texte, mais alors pourquoi ont-ils accepté de le lire?

«Que fait-on de la conscience professionnelle? De la probité? De l'éthique?»

Jacques Normand et Roger Baulu jouent les victimes courroucées pendant quelque temps. Mais comme Jacques doit s'envoler vers Hong-Kong au début de janvier 1962, un journaliste déclare dans un article: «Il faudra que le législateur s'en rende compte et amende notamment les lois du libelle pour régler les problèmes soulevés par la télévision.» D'autres vilipenderont Télé-Métropole pour s'être adonnée à une «diffamation visuelle et auditive».

Un scandale n'attendant pas l'autre, Jacques Normand est tout juste revenu d'Asie quand éclate l'affaire Robert Lamoureux. Invité au *Music-Hall,* l'humoriste français donne un spectacle d'une heure, tout à fait captivant. Là où le bât blesse, c'est que le public reconnaît dans son spectacle plusieurs blagues de Jacques Normand.

Dès le lendemain, un journal à potins titre: «*Lequel copie l'autre?*» La controverse alimente les journaux.

L'événement est survenu peu de temps après une émission des *Couche-tard* quelque peu houleuse où les questions de Jacques n'ont pas eu l'heur de plaire à Robert Lamoureux. Ce dernier déclare que l'émission était peut-être marrante pour les Canadiens, mais certainement pas pour les Français.

— Ils prennent d'une tout autre façon ce qu'on leur dit. C'est une émission mal faite, grossière et qui manque totalement de civilité envers les invités.

Il ajoute qu'il arrive d'un autre pays, et qu'ici, tout lui est inconnu, les gens aussi bien que les coutumes.

La controverse s'éteint comme un feu de broussailles sous une ondée. Ou la victime fuit les démêlés, ou elle considère qu'il en est ainsi dans ce métier et qu'il vaut mieux passer l'éponge. Quoi qu'il fasse, Jacques est de nouveau l'objet d'une allégation diffamatoire. Dans son édition du 10 mars

1962, le même journal, *Nouvelles illustrées,* accuse Normand et Baulu d'avoir «violé» la vie privée de deux artistes. Les animateurs ont demandé à l'un et à l'autre s'ils croyaient que leurs conjoints les avaient déjà trompés : «On sait à quel point les artistes sont chatouilleux des allusions qui sont parfois faites dans les journaux relativement à la vie privée de leurs camarades. Or, mardi de la semaine dernière, au cours de l'émission télévisée *Les couche-tard,* ces deux populaires animateurs ont posé à la vedette Denise Filiatrault et à son époux, Jacques Lorain, des questions qui ont sans doute fait sursauter les téléspectateurs de toute la province... et d'ailleurs. »

L'accusation prouve que l'astuce de l'émission, qui consiste à faire croire au public que les animateurs mettent réellement leurs invités en boîte, est une réussite.

Depuis son engagement aux *Couche-tard,* Jacques Normand ne travaille plus au cabaret. Tout au plus lui arrive-t-il de faire quelques apparitions à l'occasion de galas, sans plus. Ce qui lui permet, en octobre 1963, d'assumer l'animation de *Tête d'affiche,* une nouvelle émission du réalisateur Maurice Dubois.

Insatisfait dans ses amours, Jacques fuit sa détresse dans le travail. Il s'étourdit dans le rythme infernal qui reprend avec son engagement dans une autre émission télévisée fort populaire : *Les insolences d'une caméra,* animée à son origine par Doris Lussier, l'année suivante, par Paul Berval. Alain Stanké lui rappelle qu'il fait la manchette des journaux depuis plus de vingt ans. «Deux décennies pendant lesquelles le public te porte dans son estime sans jamais défaillir. » Or, Jacques sait très bien qu'il ne fait plus l'unanimité. Même ceux qui travaillent avec lui forment deux clans depuis 1960. Ceux qui sont en sa faveur ne trouvent plus toujours les bons arguments pour le défendre contre ses attaquants. D'aucuns, préférant s'en laver les mains, prêtent flanc à l'opposition.

Comment expliquer alors que les mains se tendent toujours vers Jacques quand il traverse le grand hall de Radio-Canada ? Est-ce à dire que ses adversaires craignent à ce point ses réparties cinglantes qu'ils n'osent manifester ouvertement leur désaffection ? Certains ne peuvent le nier alors que plusieurs avouent capituler devant le virtuose du charme.

Conscient de la rivalité qu'il soulève autour de lui, Jacques devient méfiant, à l'égard des journalistes, surtout. Plus un instant il n'oublie que la personne assise en face de lui prend des notes. Il ajuste ses réponses en fonction d'un éventuel article, interprète les questions à sa convenance, et il ne dit que ce qu'il veut bien révéler. Ainsi, lorsque en 1964, Jacques quitte son émission *Tête d'affiche,* à la journaliste Monic Nadeau qui lui demande pour les lecteurs de *Télé-Radiomonde :* « Est-ce à dire que vous avez été congédié? », il répond sans semer l'ombre d'un doute :

— Pas du tout ! Mon contrat se terminait avec la dernière émission et de part et d'autre, nous avons décidé de ne pas le renouveler. Je suis surchargé de travail.

Lors de cette même entrevue, il ajoute, triomphant : « Tous les articles que l'on a écrits sur moi ont eu un heureux effet sur mes impôts. Par exemple, chaque fois que je me suis fait mettre dehors d'un poste ou d'une émission, on a dû me payer plus cher pour me réembaucher... »

En effet, en plus des *Couche-tard,* Jacques vient d'accepter une émission à la radio, *Rien de nouveau sous le soleil,* signée par Henri Deyglun, celui-là même avec qui il a fait ses débuts à Montréal, en 1942, dans *Vie de famille.* L'émission est diffusée les lundi, mercredi et vendredi à onze heures.

Plus Jacques multiplie les engagements, plus la critique s'acharne à le décaper à son tour. Dans le magazine *Châtelaine* de janvier 1964, un article de Nicole Charest, intitulé *Le mystère Jacques Normand,* brosse le portrait de Jacques en ces termes :

« Traînant derrière lui sa gloire, comme d'autres leurs illusions, ancré dans le provisoire et rêvant peut-être de stabilité, tour à tour amer, gouailleur ou irrésistiblement drôle, vers quelle aventure nouvelle Jacques Normand se dirige-t-il ?

« Il fut le roi de cette joyeuse vie nocturne qui rassembla tout Montréal dans les cabarets en vogue : ce fut le Faisan Doré, le Dix-Heures, le Saint-Germain-des-Prés. Mais l'an dernier, à la Casa Loma, la boîte populaire de la rue Sainte-Catherine, peu de gens assistèrent au retour de l'enfant prodigue, nonchalant, doux-amer, impertinent, moins caustique que bon enfant, drôle un peu. À son numéro de clown triste, les spectateurs préférèrent leur bière et, à l'occasion, six *girls* en maillots cuirassés de paillettes et ornés de plumes, les danseuses de *Tête d'affiche* venues là pour aider et plaire à Normand.

« Il fut le plus éblouissant de nos chansonniers, déboulonnant systématiquement les fausses gloires, les autorités constituées, les tabous et les principes que l'on croyait immortels, permettant que naissent des cabarets où l'on puisse dire ce que l'on pense, instaurant les petites boîtes qui poussèrent ensuite tels des champignons : chez Berval, chez Hudon, chez Lévesque. Mais il est aussi ce plat annonceur qui se permet sur les ondes de la radio d'État ou privée les pires obscénités, ou qui démolit un message publicitaire en disant avec insouciance d'acheter chez le concurrent.

« Il fut à la fine pointe du music-hall canadien, dernier Mohican de l'époque du vaudeville et pionnier de l'époque nouvelle d'une chanson enfin française. Aujourd'hui, les opinions à son sujet sont très partagées. Certains le croient simple faire-valoir à la télévision : à *Tête d'affiche,* n'est-il pas l'ordonnateur des numéros des autres ? Aux *Couche-tard,* au service de scripteurs qui lui soufflent ses blagues ? Pour d'autres, ces trois années des *Couche-tard* et du *Music-Hall* représentent le Normand d'une nouvelle carrière, d'un nouveau sommet, le Normand de la meilleure veine, frondeur, étourdissant de finesse, de bagou, d'autorité et d'impudeur.

«Une chose est sûre, cette carrière en dents-de-scie qui est allée du succès fulgurant au laisser-aller total, qui d'autre aurait pu la réaliser? Qui d'autre, dans le monde du show-business, peut susciter autant d'enthousiasme et provoquer une telle flambée de colère et de haine à la moindre incartade?

«Jacques Normand a sa légende qui s'étale à la une des hebdomadaires spécialisés. On raconte ses belles virées blagueuses et cette générosité sans bornes qui le fait toujours payer pour les autres. On raconte qu'il est malade de trop boire et qu'il brûle la chandelle par les deux bouts. On raconte qu'il a des idées politiques incertaines, quoiqu'en ce pays, on ne sache pas très bien ce qu'une pensée politique cohérente signifie. On raconte qu'il est toujours à la poursuite d'un impossible amour. On raconte qu'enfant terrible, il se met les pieds dans les plats, se moque du monde, part en claquant les portes, ou est chassé peut-être?

«Il a quelque chose de perdu, d'enfantin, Normand. Il a vécu comme un roi, tout à fait comme un roi, et pourtant, il lui reste un petit côté inadapté, un côté oiseau. Il a l'air plus vieux que ses quarante ans. Il a encore envie de revêtir l'habit de lune de l'éternel Pierrot ou le complet sombre de don Juan, de boire, de s'amuser, de voir le monde, de chercher l'amour et l'amitié. Chansonnier, chanteur, comédien, agent électoral un temps, irascible, mauvais-coucheur, volontaire, hargneux, agressif, buveur et joueur bien sûr, mais aussi — irrésistible.

«Car cet homme qui n'est pas beau, qui n'est pas bien fait, qui a de moins en moins de cheveux, de plus en plus de difficultés à marcher droit, cet homme qui a des yeux d'eau trop claire, tendres ou vitriolés, est un bel exemple du charme à l'état pur, du charme qui ne doit rien aux règles conventionnelles de la beauté, mais tout à de mystérieux éléments dont le subtil mélange a brusquement provoqué cette curieuse réaction : le succès. Un succès insensé : Jacques Normand a été la plus cotée, la plus idolâtrée des vedettes canadiennes.

«Pourquoi Normand de qui on tolère tout — il est le seul à parler politique en temps d'élection, séparatisme lorsque tout le monde se fait taper sur les doigts, érotisme bien que le sujet soit tabou — n'a-t-il pas choisi, ayant été le premier, de le rester ? De ce talent éclatant qui a fait s'émerveiller la province, Jacques Normand se soucie-t-il encore ? La gentillesse discrète des amis fidèles tel Roger Baulu, saura-t-elle annuler les remarques acerbes de ceux-qui-ne-pardonnent-pas-parce-qu'ils-n'ont-jamais-failli ?

«Jacques Normand a travaillé avec obstination à se rendre odieux. Il a tapé sur tout et sur tous, s'est voulu sans attaches, a dilapidé ce qu'il a gagné et même plus, par plaisir et habitude : payer, pour lui, est un rite et il se considérerait offensé si vous n'acceptiez pas ce qu'il vous offre. Il aime étonner, scandaliser, aller au bout de ses forces physiques.

«Les boutades, les paradoxes, ce refus de vivre comme tout le monde et cette violente agressivité, quel accident, quel drame, quelle expérience les ont suscités ? Ce goût de la dérision, ce regard, ce désespoir soudain, qu'est-ce qui les ont fait naître ? Pour le public, Jacques Normand, c'est le couche-tard véritable, le noceur qui se permet toutes les exubérances et aux petites heures va dormir, la conscience apparemment tranquille. Pour ceux qui le connaissent, c'est surtout un "lutteur".»

Aux dires de ses proches, ce portrait serait le plus fidèle que l'on ait jamais fait de Jacques. Un portrait sévère mais réaliste.

L'homme est-il aussi détaché de la critique qu'il veut bien le laisser croire ? Certains en doutent et prêtent à ses exodes un parfum de déception et de lassitude. De fait, à l'été 1965, Jacques s'embarque pour la Picardie où on lui offre le premier rôle dans un long métrage. Pour avoir joué, quelques années auparavant, dans *Les lumières de ma ville,* il n'en est pas à ses premières armes au cinéma.

Ils sont nus est réalisé pas Claude Pierson qu'on dit être l'arrière-petit-fils de Napoléon III. La production est assurée par Citel Inc., une firme canadienne financée par des capitaux canadiens, mais régie par une équipe française, en terre française. Les deux frères de Jacques, Camil, chef des nouvelles à CKAC, et Pierre sont impliqués dans cette maison de production ainsi que Roger Baulu qui connaît Claude Pierson, le réalisateur. L'expérience attire d'autant plus Jacques que la Québécoise Huguette Boisvert a écrit le scénario spécialement pour lui…

Ils sont nus est tourné sur les côtes de la Picardie par un temps inclément. Aux côtés de Rita Maiden et d'Alain Saury, Jacques interprète le personnage d'un pêcheur. Comme l'accent québécois ressemble à celui de la Picardie, Jacques n'a pas trop de mal à l'imiter. Le brave pêcheur qui avait tout perdu pendant la guerre — sa barque, ses biens, tout — se retrouve de nouveau, vingt ans plus tard, complètement dépouillé et plus éprouvé que jamais. Sa femme le trompe, son fils sombre dans la folie. Pour oublier les malheurs qui s'abattent sur lui, il verse dans l'alcoolisme : pendant environ quatre-vingts minutes, Jacques joue l'ivrogne, se targuant, compte tenu de la réputation qui lui est faite, de ne pas jouer un rôle de composition.

Le film est d'une lourdeur inconcevable. Quatre-vingt-dix longues minutes au cours desquelles on assiste à un viol, à un meurtre, à un enlisement et, pour compléter le mélodrame, à la mort de la femme et du fils du pêcheur. Le générique n'affiche aucun nom de vedettes internationales. En somme, ce n'est guère qu'un produit commercial qui se solde par un échec.

L'artiste qui, depuis plus de vingt ans, semble béni des dieux, connaît de plus en plus de ratés. Qu'à cela ne tienne, refusant toujours de s'apitoyer sur son sort, hostile à toute forme de compassion susceptible de receler une lueur de pitié, il ne regarde que devant lui, saute dans le filet qui lui est tendu et affronte le défi. Son mépris des conventions se double d'une sorte de détachement pour la gloire comme pour l'insuccès. « L'essentiel, c'est d'agir. Le résultat ne m'appartient pas et c'est bien ainsi », semble-t-il dire.

Ainsi ne se fait-il pas d'illusions, lorsque, par l'entremise de son ami Paul L'Anglais, les Nations Unies l'invitent à aller se produire au Viêt-nam en compagnie d'autres artistes québécois qui parlent anglais : Jeanne-d'Arc Charlebois, Muriel Millard et la chanteuse-mannequin Élaine Bédard. Peu de Canadiens travaillent au Viêt-nam pendant que les États-Unis lui font la guerre. On recrute surtout des techniciens spécialisés dans la construction de ponts sur des rivières ; des ponts flottants composés d'un chapelet de chaloupes sur lesquels des tanks de quatre-vingts tonnes franchissent les cours d'eau. De retour au Québec, laconique comme il sait l'être, Jacques déclare : « Ce voyage n'a été d'aucun intérêt. »

En 1966, en quête de nouveautés, Pierre Petel réalise un *one man show* d'une heure avec Jacques Normand pour *Les Beaux Dimanches*. L'émission est annoncée à grands renforts de publicité sur les ondes et dans la presse écrite : « Ne manquez pas le "numéro un" des plus grands fantaisistes, l'enfant terrible des ondes... » Au cours de cette émission à caractère intimiste, Jacques se confie au public dans l'intimité de son décor... L'émission est un four. « Une émission triste à mourir », écrivent les critiques. La cote d'écoute se révèle décevante.

Persuadé que le produit est bon, Pierre Petel laisse passer un an et lance la même émission sous un autre titre : *Les confidences intimes de Jacques Normand*. L'émission défonce les cotes d'écoute. Devant ce succès, Radio-Canada récidive en 1967, sous le couvert de *Propos et confidences*. Assis chez lui, Jacques se raconte tout simplement en quatre épisodes d'une heure. L'émission reçoit le même accueil chaleureux de la part du public.

Dans la déconvenue comme dans le triomphe, Jacques se montre toujours indiscipliné et frondeur. Lors d'une émission des *Couche-tard* où Alain Stanké coanime, un invité de marque participe : Jacques Brel, qui entreprend sa « tournée d'adieu au Québec ». Son entrevue est précédée d'une saynète écrite par Alain Stanké au cours de laquelle Jacques Normand doit recevoir une tarte à la crème en pleine figure. Le gag se produit, et les spectateurs présents dans le studio rient encore du sketch, lorsque Jacques Brel sort des coulisses et vient prendre place entre les deux animateurs. Jacques étant tout barbouillé de crème, pour se montrer bon joueur Brel prélève un peu de crème sur la joue de Jacques, la porte à sa bouche et s'en pourlèche les babines en s'exclamant :

— Hum! C'est bon!...

La caméra en gros plan braquée sur lui ne tarde pas à montrer un Jacques Brel étouffé avec la crème à rasage qu'il a pris pour de la crème fouettée. S'il crache la mousse, il passera pour un balourd... Brel n'a d'autres choix que de l'avaler, sous les rires camouflés de toute l'équipe.

Vers la fin des années soixante, les scripteurs des *Couche-tard* — Alain Stanké, Gérald Tassé et Gilles Richer — s'adjoignent l'ancien directeur de la Société d'État, Roger Rolland et reconsidèrent qu'en dépit des impairs commis par Jacques, l'émission doit conserver le ton que lui ont donné ses deux animateurs. Force leur est de reconnaître que Jacques a malheureusement besoin d'alcool pour contrôler son trac. Et comme l'émission est diffusée en direct, l'équipe des *Couche-tard* doit composer avec ce problème.

Les répétitions terminées, tous jouissent de petits moments de liberté pendant lesquels Jacques demeure sous la surveillance de l'un ou de l'autre membre de l'équipe, le tour de Jean Bissonnette revenant plus souvent. Il n'est qu'un endroit où Jacques peut se rendre sans être chaperonné et il en profite pour déjouer ses « chiens de garde ». Ceux-ci le découvrent lorsqu'ils constatent que les aller-retour que fait Jacques pour aller aux toilettes lui laissent un sourire radieux sur les lèvres et lui font la démarche chancelante. «Il doit porter un flacon sur lui», se dit Jean.

Un jour, l'équipe décide, sous son regard narquois, de le fouiller. On ne trouve rien sur lui, ni dans les toilettes. Un complot s'organise finalement pour l'épier jusqu'au «petit coin». C'est là qu'on découvre le pot aux roses. Jacques s'est mis de mèche avec un technicien qui le suit et qui lui passe un flacon de cognac sous la cloison. Une gorgée, un petit dé à coudre, et Jacques part en goguette.

Un minimum de discipline étant de rigueur, Jean impose des amendes pour chaque retard et chaque absence. Un retard à une répétition coûte dix cents la minute, et l'impossibilité d'assister à une réunion coûte entre dix et vingt dollars, selon la nature de l'infraction, la gravité de l'absence et l'importance de la réunion. Les infractions permettent d'amasser dans la cagnotte une somme suffisamment substantielle pour que toute l'équipe puisse s'évader trois ou quatre jours à la pêche ou à la chasse en fin de saison. Des parties extraordinaires, grâce entre autres à Jean Baulu qui, membre d'un club de pêche, connaît tous les petits coins secrets réservés aux pêcheurs et aux chasseurs d'expérience.

Malgré sa rigueur, Jean Bissonnette garde une place privilégiée dans le cœur de Jacques Normand qui ne doute pas de sa sincère affection. Il lui en donne maintes preuves dont une qui le touche particulièrement. Lorsque Jean apprend que le Sun Valley est repris par Henri Norbert, puis par Louis Lalande, il fait part à Jacques de son souhait:

— J'espère qu'ils vont l'appeler le Théâtre Jacques-Normand. Tu le mériterais. Après tout, c'est toi qui as fondé le premier théâtre d'été au Québec.

CHAPITRE XIII

— Écoute, Jacques... Je te regardais marcher. Tu vacilles. Pire encore, quand tu essaies de te lever de ta chaise, on te donnerait quatre-vingt-dix ans, lui fait remarquer son frère Paul à qui il rend visite en rentrant du pôle Nord, où les *Couche-tard* ont enregistré une émission.

— Si je suis plus lent que d'autres et que je vacille en marchant, je m'en accommode très bien, rétorque Jacques, peu enclin à s'apitoyer sur son sort.

En 1968, l'équipe des *Couche-tard* s'est rendue à la station la plus éloignée, Alert, en passant par Thulé au Groenland et Resolute Bay, voyage organisé par le ministère canadien de la Défense. À son retour, Jacques s'est arrêté chez son frère Paul, attaché de presse du premier ministre Daniel Johnson, qui habite Québec. Il était loin de se douter qu'il allait se retrouver au centre d'une conspiration ourdie par sa famille, mais la présence d'un certain Dr Sirois éveille tout de suite sa méfiance.

— Si vous avez fait venir ce digne monsieur ici pour me livrer à la charcuterie, vous pouvez le laisser retourner auprès de ses malades, dit-il.

— Je n'ai nullement l'intention de vous opérer, mon cher monsieur Normand. Je viens simplement vous conseiller de consulter le Dr Cartier Giroux, un spécialiste que je connais bien.

— Et c'est quoi, sa spécialité? s'enquiert Jacques.

— Le Dr Giroux est un de nos meilleurs chirurgiens neurologues.

Après bien des supplications de la part de sa mère et de ses frères, Jacques consent à demeurer sous observation pour quelques jours à l'hôpital Notre-Dame. Sa mère lui rend visite quotidiennement.

Un jour, après le départ de celle-ci, le Dr Lefrançois, assistant du Dr Giroux, vient le féliciter de la décision qu'il a prise.

— Mais de quelle décision parlez-vous?

— Celle de vous faire opérer...

Jacques apprend que l'épouse de Paul a pris des informations médicales, rencontré la famille et planifié l'hospitalisation.

— Votre belle-sœur vous aime beaucoup. Suffisamment, en tout cas, pour avoir convaincu toute la famille du bien-fondé de votre opération. Imaginez! Vous allez pouvoir marcher comme un jeune homme, dit le Dr Lefrançois.

— À quel prix? demande Jacques.

— Cinq ou six heures d'anesthésie et deux incisions: une de quarante centimètres dans votre jambe, du genou à la cheville pour prélever de votre tibia la quantité d'os nécessaire pour restructurer les vertèbres brisées, et l'autre dans le haut de la colonne vertébrale.

— Les risques de rejet?

— Nuls. En matière de greffe, il n'y a pas meilleur donneur que soi-même.

Les indéniables progrès de la médecine ne suffisent pas à le rassurer. Une peur lui tord le ventre et il prend conscience que c'est surtout la douleur qu'il redoute. Le Dr Papineau, orthopédiste, tente de le rassurer, mais ce sont les exhortations et la chaleureuse présence de sa mère et des ses amis qui lui gagnent le consentement espéré. Jacques s'abandonne aux mains des dieux de la greffe.

Trois jours après l'intervention, le malade entame ses exercices de physiothérapie. Comme il n'est pas question qu'il reprenne sa place aux *Couche-tard* avant la fin de sa réhabilitation, Clémence DesRochers le remplace à l'animation.

La rééducation physique que dispense l'hôpital Notre-Dame donne des résultats tangibles. Jacques a l'impression de renaître. Sa démarche est plus assurée et ses mains ont recouvré une vigueur inespérée. Pour la première fois depuis ses dix-sept ans, il peut donner une poignée de main à la mesure de ses sentiments.

Sous le conseil de son médecin, il doit cependant renoncer à un projet qu'il caresse depuis des années et qui est sur le point de se réaliser : ouvrir une boîte de chansonniers à la française. Claude Landré et Raymond Lévesque disposeront du local qu'il convoite.

À son ami Rudel-Tessier, alors journaliste à *La Presse*, Jacques parle de retraite.

— J'ai fait des calculs. Dans un an, je serai indépendant! Aussi indépendant qu'on peut l'être quand on n'est pas obligé de travailler pour vivre.

À l'instar des proches et de la famille de Jacques, le journaliste demeure sceptique.

— Tu crois que tu seras capable de renoncer à travailler?

— Je ne quitterai pas tout à fait le show-business. La scène, la radio et la télévision, oui.

— Que vas-tu faire?

— Je serai imprésario. Je suis persuadé que cela me fera gagner un peu d'argent. On n'en a jamais trop! Et surtout, ce nouveau métier me permettra de voyager beaucoup.

— Je ne te suis pas, avoue le journaliste. Tu as l'air en pleine forme! Alors, pourquoi songer à la retraite?

— Justement, rétorque Jacques. C'est parce que je suis en pleine forme que je veux jouir de la vie! Quand on est en mauvaise santé, aussi bien travailler, mais quand on est en pleine forme, il y a mieux à faire. Tu ne penses pas? L'opération a fait de moi un homme tout neuf!

De fait, l'année 1969 augure fort bien. Non seulement Jacques a recouvré sa forme physique, mais tout lui sourit de nouveau. Sa convalescence terminée, il quitte l'appartement de son frère Pierre à Outremont pour s'installer dans un nouvel immeuble, le Gregor House, construit sur l'emplacement même d'une belle vieille maison qu'il a habitée quelques années plus tôt et qui dispose d'une piscine. Que de réminiscences pour le plongeur olympique de la fin des années trente. Trois décennies se sont écoulées depuis, et, en dépit de pronostics alarmants, Jacques a parcouru plus de continents que tous les autres membres de sa famille. Une bouffée d'optimisme le relance d'un bout à l'autre de la piscine, convaincu que ses plus belles années sont devant lui. Un projet de film, un autre voyage au bout du monde, et l'émission *Les couche-tard* qui est toujours aussi appréciée du public lui insufflent une énergie nouvelle.

Est-ce à dire que l'homme nouveau a un cœur neuf? Le 26 mai 1969, le *Journal des vedettes* fait sa une de la déclaration fracassante de Jacques qui affirme en gros titre: «À quarante-six ans, je n'ai jamais connu l'amour!» Et pourtant, au même moment, il se pavane dans les rues avec sa nouvelle flamme. Jacques se dit follement amoureux de Maya Duval, une ravissante jeune fille qui se cache continuellement derrière des lunettes noires.

Sa passion pour les voyages semble l'emporter, toutefois, puisque en ce même été il s'embarque pour la Grèce et l'Italie avant de savourer la douceur de vivre sur la Côte d'Azur. Puis il retourne passer quatre semaines au Japon, un pays qu'il adore depuis qu'il l'a connu pendant la guerre de Corée. À cette occasion, le maire de Montréal, Jean Drapeau, écrit au maire d'Osaka une lettre d'introduction pour Jacques Normand.

Ville de Montréal
Cabinet du Maire

June 26, 1969

Mr. Kaoru Chuma
Mayor
City Hall
Osaka, Japan

My dear colleague:

The bearer of this letter, Mr. Jacques Normand, is one of the prominent members of our artistic community.

He is sojourning in Japan during a few weeks, in order to acquaint himself more thoroughly with the arts and theatre of your country.

I am recommending him to you for any help or consideration you might be in a position to grant him.

I have kept the nicest memories from your recent visit in Montréal.

Sincerely yours,
Jean Drapeau
Mayor of Montréal

Jacques a beaucoup d'estime pour le maire Drapeau et ce dernier le lui rend bien. À la première émission de la saison des *Couche-tard*, Jean Drapeau est là, tous les ans. Il écrit des poèmes sur différents sujets, des quatrains qu'il récite à Jacques.

Après son séjour au Japon, Jacques retraverse la moitié du monde pour se diriger du côté d'Haïti, un autre de ses pays de prédilection. Survoler ainsi les pays d'un continent à

l'autre le comble de l'enivrante sensation de vivre sans frontières. Les balises ne sont que le fruit de l'imaginaire. Tout
en se sentant citoyen de la planète, il est heureux de rentrer
à Montréal. *Les couche-tard* reprendra l'antenne sitôt la fête du
Travail passée. Ses collègues espèrent son retour, plus particulièrement Roger Baulu et les deux plus fidèles réalisateurs
de son émission préférée, Jean Bissonnette et Pierre Petel.
Tous deux ont un style bien différent. Alors que Petel dit aux
deux animateurs : « Lâchez-vous, les gars ! » Bissonnette leur
dit : « Répétez, les gars ! », d'où son surnom de Jean-la-répète.
Jacques ne cache pas sa préférence pour Jean Bissonnette :
« C'est le meilleur que je connaisse. Il n'est pas facile de travailler avec lui, il est si minutieux. Mais il sait tout faire, et il
sait ce qu'il veut. »

Il sait tellement ce qu'il veut qu'à l'insu de Jacques, Jean
et son équipe se préparent à lancer une bombe dans l'univers
des *Couche-tard*. « Une cure de rajeunissement », disent-ils.
Lorsque les rumeurs de ce grand changement parviennent
aux oreilles de Jacques, ce dernier rugit et menace Pierre
Petel, alors directeur des émissions de variétés, de lui faire
casser les jambes s'il persiste dans ses intentions. En dépit de
cette désapprobation, la décision est prise. Jean Bissonnette
la justifie ainsi en disant à la journaliste Ingrid Saumart : « On
veut que les animateurs des *Couche-tard* soient plus mordants,
qu'ils transforment leur genre d'humour et de blagues...
Qu'ils se débarrassent des vieux clichés qu'ils traînent derrière eux depuis près de neuf ans : le nez de Baulu, la "boisson" de Jacques, la vieillesse de Baulu, les folies de Jacques...
Que l'on fasse de plus en plus appel à l'élément visuel à l'intérieur de l'émission... » Oubliant les services loyaux et la
remarquable souplesse de Roger Baulu, l'équipe de production le congédie et le remplace par Claude Landré.

En janvier 1970, Ingrid Saumart écrit encore dans *Télé-
presse* : « La venue de Claude Landré a changé beaucoup de

choses au sein de l'équipe des *Couche-tard*. Principalement, elle a eu l'effet d'une cure de rajeunissement qui a permis aux auteurs et responsables de l'émission d'en changer légèrement la formule : suffisamment pour que les réactions de leur public soient passablement violentes au début, mais pas assez pour que ce même public, bon enfant, ne s'habitue pas rapidement à ce nouveau visage de ses "couche-tard" favoris et surtout ne se laisse séduire par le charme de Claude Landré. »

— En changeant de formule, n'aurait-il pas été préférable de changer également le titre et les deux animateurs ? demande la journaliste.

— *Les couche-tard* était identifiée à Normand et à Baulu, admet le réalisateur. La Société Radio-Canada a investi beaucoup d'argent sur le nom, sur les animateurs, sur la formule. Il faut garder au moins le nom. Par exemple, le *Tonight Show* a changé je ne sais combien de fois d'animateur, mais il a toujours gardé le même nom et à peu près la même formule.

— Comment le public réagit-il à tout cela ? lui demande Ingrid Saumart.

— D'une façon excellente et qui dépasse même nos espérances. Évidemment, au début, il y a eu des réticences, mais depuis que les cotes d'écoute ont été diffusées pour cette première partie de la saison, on se rend compte qu'elles ont sensiblement augmenté si on les compare à la même période, l'an dernier. Il y a également l'indice de satisfaction qui est plus élevé. Tellement qu'on a l'impression que le public préfère la nouvelle formule. On a fait subir aux gags des *Couche-tard* le même traitement qu'aux bougies d'une voiture. Quand elles sont encrassées, on les nettoie et quand elles sont usées, on les remplace.

« Les vieux gags n'avaient plus leur place chez les "noctambules" de la télévision, de conclure Ingrid Saumart. Maintenant, on y fait plus d'imitations et des gags nouveau genre. Vive les nouveaux!»

L'émission *Les couche-tard* va-t-elle survivre à l'amputation de Roger Baulu et à la greffe d'un nouvel imitateur, fut-il du talent de Claude Landré? Celui-ci fait son possible, Jacques tente de s'intégrer, mais le charme n'y est plus. La magie qui existait entre Jacques et son ami Roger ne s'est pas transmutée. La petite étincelle à la fois si précieuse et si fragile qui engendre la créativité semble s'être éteinte. N'est-ce qu'une question de temps? D'adaptation? L'équipe de production le souhaite et garde confiance. Leur «bête de scène» saura bien se ressaisir...

Au même moment, d'autres projets pétillent dans le regard de Jacques: un troisième film dont il sera la vedette, et un retour à la chanson dans le cadre de l'émission *Zoom*. Jacques demande à Aznavour, de passage chez lui:

— Pourquoi ne m'écrirais-tu pas une chanson?

— Ça ne s'écrit pas entre deux cuillerées de marmelade, répond Charles Aznavour.

Jacques est conscient du privilège qu'il sollicite, tant ils sont nombreux les grands interprètes de la chanson française qui harcèlent Aznavour pour obtenir de lui une chanson. Mais Charles, qui a vu son ami aimer à tort et à travers, baladin et amoureux, un peu comme lui, est si impressionné par son changement de vie et de caractère depuis qu'il vit avec la patiente et charmante Maya, un amour qui dure depuis plus d'un an, qu'il décide de leur offrir ce cadeau:

«Ci-joint la chanson, musette, et parlant d'un passé qui fut celui des gens de notre espèce. Avant que de m'en servir moi-même, je te laisse l'user jusqu'à la corde (sensible) au pays renié par Voltaire (quel con celui-là)...»

À côté du titre, *Avec toi*, Charles Aznavour ajoute: «Ça rime avec Maya».

Photo : Antoine Désilets

Dissident ou provocateur? «Il avait besoin de grands espaces pour donner libre cours à son imagination débordante, à son besoin d'improvisation inassouvi», disait de lui Monique Leyrac.

En 1975, à la fin de janvier, retour aux sources et à la radio où il devient durant un an le morning man de la station CKCV, à Québec.

Il lui arrivait, entre deux éclats de rire, de laisser transparaître sur son visage la douleur qui le tenaillait sans répit.

Photo : Studio Lausanne

Ses deux sœurs religieuses, Madeleine et Marcelle, en compagnie de leur mère Alberta à l'occasion du 45e anniversaire de Jacques, en 1967.

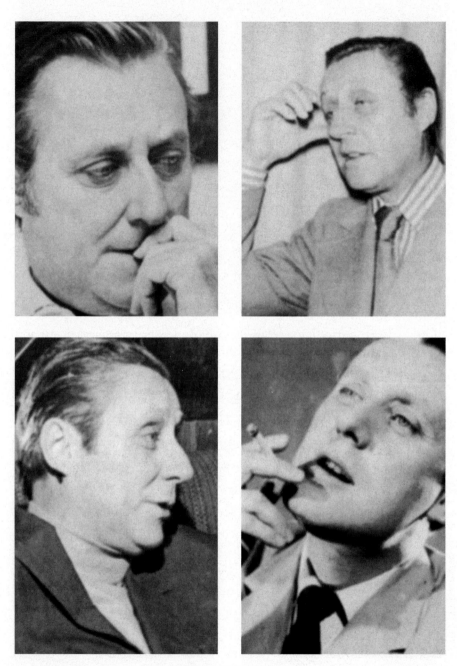

Il n'oubliait jamais, peu importe l'endroit où il se trouvait, que la personne qui l'interviewait prenait des notes.

Les deux doigts de la main, les deux inséparables, les deux grands amis, Jacques Normand et Roger Baulu au cours d'une émission des *Couche-tard*.

Une des dernières réunions de famille presque au grand complet, à l'occasion du 45ᵉ anniversaire de Jacques, en 1967. On reconnaît ses frères et sœurs, Camil Chouinard, Thérèse, la femme de Claude, Normand, son neveu, Alberta, sa mère, Jacques, Marcelle et Madeleine, ses sœurs religieuses, Pierre, Jean et Paul. À l'avant, Claude, André et Jean-Marie, le plus jeune de la famille.

Jacques ne donnait jamais tout à fait le même spectacle d'une
représentation à l'autre. Le public qui revenait était assuré
d'entendre un monologue différent, quoique toujours mordant.

Combien de fois les deux compères ont-ils concocté le punch de
l'émission devant un cocktail ?

Tout ça parc' qu'au bois de Chaville, y avait du muguet... fut le plus grand succès de Jacques. «Montréal sans nuit, Montréal s'ennuie», se plaisait-il à répéter.

NUITS DE MONTRÉAL

Paroles de
Jean Rafa.

Musique de
Émile Prud'homme.

Je viens du fond des âges et viens du bout des choses
J'ai vécu mille fois plus que n'importe qui
J'ai été dans la Lune avant qu'on ne s'y pose
Par la magie du rêve et de la poésie

J'ai fait le tour des êtres et le tour de moi-même
Associant la jeunesse à un sport dangereux
J'ai dit cent fois adieu autant de fois je t'aime
Avant que de partir sans détourner les yeux

Mais avec toi
Ma douce, ma tendre ma mie
Avec toi
Il en est autrement
Avec toi
Je cherche, j'invente, j'apprends
D'autres mots, d'autres gestes
Avec toi
Ma reine, ma belle, ma mie
Avec toi
J'ai le cœur au printemps
Avec toi
Je cherche, je rêve, j'oublie tout le reste

Je viens du fond du temps des plaisirs et du vice
D'au-delà du possible à l'imagination
Je viens du bout du monde et dans des précipices
Repose ma folie avec mes illusions

J'ai récolté du plomb dans des guerres insipides
Et j'ai semé de l'or sur des tables de jeu
J'ai vomi des alcools de tavernes sordides
J'ai imploré le ciel et j'ai blasphémé Dieu.

Aznavour lui laisse la chanson jusqu'au printemps et Jacques espère l'endisquer d'ici là. *Pour toi* sur une face, et sur l'autre, une chanson qu'il aimerait écrire en collaboration avec son ami. Une grande et belle aventure dans laquelle il désire s'engager avec tout son cœur et l'ardeur de ses quarante-sept ans.

L'amitié qui lie les deux hommes les ramène tantôt chez sa mère, tantôt à Saint-Tropez où Jacques vit des moments extraordinaires en compagnie de gens non moins exception- nels, tels Jacques Brel et Brigitte Bardot. Par ailleurs, Charles Aznavour, lors de ses passages à Montréal, ne manque jamais l'occasion de visiter la famille Chouinard. Chez eux, il est accueilli et traité comme un membre de la famille. S'il porte une chemise défraîchie, maman Berta s'empresse de la lui remettre en bon état pour l'heure du spectacle.

Très bon cuisinier, Aznavour mitonne des spécialités chipées aux plus grands cuisiniers français. Un jour, il fait déguster à Jacques et à sa mère un steak au beurre d'anchois dont ils se pourlèchent sans pouvoir en obtenir la recette.

Entre ses animations pour *Les couche-tard* et ses projets de retour à la chanson, Jacques consacre son temps au tournage du film dont il a longtemps gardé le secret. *Eliza's Horoscope,* de Gordon Sheppard, est tourné en anglais à Montréal avec, en vedette, Jacques Normand et Edwin Baker. Jacques y tient le rôle d'un évêque protestant qui fait son chemin de la Croix en voiture.

La sortie du film coïncidant avec l'enterrement des *Couche-tard,* le 30 avril 1970, Jacques en parle peu. Il confie avec une nostalgie à peine dissimulée : «Pour moi, tout cela a duré un an. Je ne peux pas m'imaginer que j'ai fait onze ans de *Couche-tard*. Il me semble qu'on a fait ça dans une saison, peut-être deux. Il y a eu des grands moments aux *Couche-tard*. Il y a eu des noms prestigieux. On interviewait de grands prophètes, de grands poètes... quand on a changé de cheval, la onzième année, ça s'est arrêté là. Je ne voulais plus le faire.»

Le temps de cuver sa déception et son indignation pour le peu d'égard avec lequel la direction a traité son ami Baulu, Jacques retrouve sa vivacité d'esprit et son humour mordant. À tort ou à raison, il demeure un bourreau de travail, mais sa moyenne au bâton diminue. À CKVL, il connaît toutefois des succès retentissants. À l'été 1971, espérant remplir la période particulièrement creuse entre une et deux heures de l'après-midi, la station de Verdun confie son antenne à Jacques Normand. Une heure de tribune téléphonique, avec Claude Séguin comme coéquipier, pour laquelle on lui donne carte blanche, l'invitant à s'amuser et à amuser les auditeurs comme il l'entend. Pour la première fois, la radio met en ondes une émission consacrée au rire et à l'humour qui apporte un vent de fraîcheur. Résultat : la cote d'écoute grimpe en flèche, et la banale émission d'été devient l'heure la plus écoutée de CKVL. La journaliste Suzanne Piuze titre dans *La Patrie* du 14 octobre 1971 : «Jacques Normand à son meilleur ! À l'heure du dessert, il anime un *hot line* gai.»

Avec cette émission, Jacques souhaite déplacer le centre de rencontre des gens du magasin général d'autrefois à la station CKVL. Il y parvient ; les dix lignes téléphoniques ne dérougissent pas. Jacques répond aux appels sans se presser, discute aussi bien littérature et théâtre, que voyage et politique. Son public n'a pas d'âge.

— Ici, on s'amuse, on rigole, on s'entraide et on ne critique pas. On est ici pour s'instruire, dit-il.

Le don d'informer dans la détente, Jacques le possède et son degré de culture impressionne le public. Gare à celui qui voudrait le prendre en défaut.

— Monsieur Normand, parlez-moi de l'auteur russe Henri Troyat, lui demande une auditrice.

— Pardon, chère, Henri Troyat est peut-être né en Russie, mais c'est un écrivain français. Prenez le dictionnaire au nom d'Henri Troyat et rappelez-moi si je n'ai pas raison.

Pendant ce temps-là, vous les auditeurs, donnez-moi des noms de dramaturges russes.

En quelques minutes, cinq auditeurs et auditrices viennent causer de leur auteur russe préféré.

Un homme lui demande un jour :

— Jacques, parlez-moi du Vieux Colombier. J'aimerais aussi discuter avec vous d'anciens chanteurs et chanteuses.

— C'est le théâtre du Vieux Colombier qui a donné naissance au théâtre russe en France. Tenez, quand vous me rappellerez pour qu'on discute chansons, dites que c'est le Vieux Colombier. Ce sera votre mot de passe.

Toujours discret sur sa vie privée, Jacques incite ses auditeurs à respecter celle des personnages publics. D'ailleurs, lui-même ne se confie jamais vraiment. Il donne l'illusion de parler de ses amours alors qu'il ne fait que discourir sur l'amour. Une dame lui demande, un jour :

— Jacques, est-ce vrai que Maurice Chevalier est père d'un enfant qui aurait quinze ans ?

— Ne vous laissez pas embarquer dans des ouï-dire. Vous savez très bien qu'il suffit d'une nuit plus noire que les autres pour qu'un enfant arrive. Mais après tout, pourquoi voulez-vous savoir ça ? Moi, ce qui m'intéresse, c'est Chevalier et ses tours de chant. Le reste, c'est de la mauvaise littérature.

Jacques ne se montre jamais vaniteux. À un compliment qu'il juge exagéré, il réplique par l'ironie.

— Vous êtes devenu un monument pour nous, lui déclare une dame.

— Pas le Monument-National, toujours ? C'est trop vieux pour moi, même si un poète français, du nom de Jacques Normand, a signé des articles en 1892. C'est pas moi, ça ! Moi, je suis né en 1922.

— Est-il vrai que Bing Crosby a déjà gagné deux mille dollars pour chanter une chanson ?

— Moi, j'en chanterais deux mille à une piastre chacune.

— Jacques, lui déclare une toute jeune fille qui doit avoir autour de seize ans, vous animez la seule bonne émission...

— Vous me faites de la peine, mademoiselle! On ne doit pas critiquer pour mieux flatter. Si vous me dites que l'émission est bonne, tant mieux. Mais ne dites pas «la seule». Au plaisir, mon petit!

Suzanne Piuze dit de Jacques, dans un article qu'elle lui consacre: «C'est un gars qui a le mérite de redonner le goût de sourire aux gens. Un homme toujours disponible aux autres, et c'est rare de nos jours. Chapeau!»

Malgré une année très active, un an après son entrevue avec son ami Rudel-Tessier, Jacques parle toujours de retraite, mais avec moins de conviction, en nuançant ses propos.

— Cinquante ans, dit-il, ce sera mon *deadline*.

Il n'a pas envie de jouer les Maurice Chevalier qui fait on ne sait plus combien de tournées d'adieu. Il n'a pas l'intention de s'accrocher. Aussi, surprend-il ceux à qui il déclare ne pas vraiment aimer son métier.

— J'y suis arrivé par «flouxe». Bien, oui! Je me dirigeais vers une carrière de sportif professionnel. Sans mon accident...

Est-ce à dire que n'ayant pu réaliser ce rêve, Jacques a fait de son métier sa plus grande comédie? N'aurait-il été qu'un imposteur, un virtuose de la duperie? Pourtant, nombreux sont les témoins de sa passion pour la chansonnette française qu'il a propagée; par l'entremise des cabarets, d'abord, de la radio et de la télévision, ensuite. N'est-ce pas essentiellement aux contraintes des textes imposés qu'il s'en prend? Incontestablement, il excelle en autant qu'il peut improviser. À preuve, ses toutes dernières saisons de télévision qui ne sont pas particulièrement époustouflantes. *Le rideau s'ouvre*, à Télé-Métropole, n'est pas une grande réussite; *Pierre, Jean, Jacques,* à Radio-Canada, manque de spontanéité et de mordant. Après une vingtaine d'émissions faibles, le public déserte les ondes et on n'a plus d'excuses, même si les deux ou trois dernières se sont quelque peu améliorées.

Jacques voudrait toutefois terminer sa carrière en beauté. Il ne dispose plus que d'une saison, croit-il, pour y parvenir. Or, il n'arrive pas à trouver son deuxième souffle. Et pourtant, après trente ans de métier, l'adolescent maigrichon est devenu un homme mûr, toujours en pleine possession de son talent, même si l'expérience des textes imposés a quelque peu émoussé son sens de l'improvisation. La plupart de ses admirateurs souhaitent le voir revenir à la télévision, mais dans un cadre moins rigide. D'ailleurs, Jacques refuse de s'engager dans une émission ordinaire. Il préfère se laisser porter par les événements.

Et comme si la presse croyait le moment venu de parler de la carrière de Jacques Normand au passé, la journaliste Michèle Tremblay écrit dans *Échos Vedettes*: «On a peut-être tout dit de lui, mais jamais les mots ne pourront décrire avec précision la tendresse, l'humanisme et l'imagination incroyable qui se cachent derrière ces yeux coquins, ce petit sourire narquois et ces mains... souvent trop agiles.»

Pendant qu'on prophétise sur son retrait du show-business, Jacques mûrit un projet jugé farfelu: une station radiophonique de cinquante mille watts qui diffuserait des chansons et des messages publicitaires sur les alcools et le tabac à partir des îles Saint-Pierre et Miquelon jusqu'à la côte américaine. Le projet est suffisamment sérieux pour que le gouvernement français entame des discussions avec Jacques ainsi qu'avec certains associés potentiels qui ont montré de l'intérêt pour la chose.

Aussitôt qu'il s'absente du petit écran, la presse écrite fait feu de tout bois de tout ce qui lui tombe sous la main. Le 23 octobre 1971, le *Journal des vedettes* écrit: «Jacques Normand est amoureux d'une lutteuse!» Vivianne Vachon, la sœur de

Mad Dog Vachon, mannequin pour l'agence Constance Brown avant de devenir lutteuse, a séduit le grand charmeur. Au journaliste venu l'interviewer dans le studio de CKVL où il fait son émission quotidienne, il déclare :

— J'avoue que je commence à éprouver des sentiments profondément affectueux. Il est rare de rencontrer une femme qui, tout en exerçant ce dur métier, sache conserver et développer sa féminité.

Les autorités sportives du Canada ayant interdit la lutte aux femmes sur le ring, Vivianne passe la majeure partie de son existence à l'étranger, plus particulièrement à Minnea-polis. Du fond de son exil, elle s'ennuie de «l'homme le plus charmant et le plus attachant» qu'elle ait jamais connu.

Hélas! «Loin des yeux, loin du cœur», la relation s'effrite.

Et comme si une déroute amoureuse devait toujours se doubler d'une méprise ou d'un relâchement professionnel, Jacques multiplie les impairs à CKVL. Un des plus gros com-manditaires de la station est Dominion, une chaîne d'épicerie concurrente de Steinberg. Un jour, Jacques entre dans le studio et s'écrie devant les micros ouverts :

— Qu'est-ce que vous avez à nous parler de Dominion? De toute façon, vous savez bien que les gens vont continuer d'aller faire «leur» Steinberg.

Menacé de perdre un de ses principaux bailleurs de fonds, Jack Tietolman doit mettre Jacques à la porte.

En dépit de ses mauvais coups, Jacques conserve l'estime de ses employeurs et la faveur de sa mère. Cependant, Alberta n'aime pas tellement le regarder à la télévision. Elle a horreur de le voir se mettre les pieds dans les plats. Elle n'est pas sans savoir que les critiques n'ont pas toujours été tendres envers lui au cours des dernières années et elle en est très peinée. Ce qui la tracasse le plus, c'est que l'on fasse constamment allusion à son penchant pour l'alcool. Elle reproche aux reporters de ternir la réputation de son fils, alors qu'ils savent très bien qu'il n'est pas alcoolique. «Jacques est un homme qui, depuis un grave accident survenu dans sa jeunesse, doit sans cesse combattre son mal pour se tenir debout. Et quand il marche, de cette démarche un peu bizarre qu'on lui connaît, c'est que sa colonne vertébrale lui fait trop mal», soutient-elle. Alberta sait qu'à l'intérieur de cet homme bouffon et volage bat un cœur d'or qui lui inspire des gestes d'une grande générosité. À l'occasion de ses soixante-dix-huit ans, par exemple, il l'emmène sur le *Vama,* un paquebot qui les berce jusqu'aux îles Saint-Pierre et Miquelon. «Tout le long de la croisière, il m'a traitée comme une vraie reine», dira-t-elle, avec une fierté et une gratitude belles à voir.

— Préparez-vous, maman. Votre prochain voyage, ce sera Paris, lui dit Jacques en revenant de cette traversée.

Alberta a une sainte frousse de l'avion, même si Jacques lui dit qu'elle risque beaucoup moins dans les airs que sur la route en voiture.

— Moi, je ne vole pas, tranche-t-elle. Si le bon Dieu avait voulu qu'on vole, il nous aurait mis des ailes...

Ses proches l'exhortent à ne pas laisser passer une telle chance. Elle y réfléchit et revient sur sa position :

— Je serais bien bête de m'en priver parce que des avions, il n'en tombe pas souvent. Pas un sur mille. Alors, quand tu voudras... Je suis prête.

Un mois plus tard, elle part célébrer la fête du Travail à Paris. Le vol se fait sans qu'elle n'éprouve le moindre pincement au cœur, du moins en apparence. Les rigolades de son fils la distraient au point qu'elle est surprise d'entendre le pilote annoncer l'imminence de l'atterrissage. Le confort de l'avion, les égards des hôtesses, ces quelque sept heures de tête-à-tête avec son fils l'ont charmée.

En route vers leur hôtel, près de l'Opéra, elle contemple les monuments et les édifices en les désignant par leurs noms comme si elle avait habité Paris toute sa vie. «Ça, c'est l'Université de Paris. Ici, c'est la Sorbonne...» Elle a vu tellement de films dont l'action se déroule à Paris qu'elle sait tout cela par cœur. Les parents de Jacques ont toujours aimé les films français. Leurs héros étaient Charles Boyer, quand l'acteur jouait en français, et Maurice Chevalier dans les variétés avec Jeannette McDonald.

Pour la première fois de sa carrière, en 1973, à l'émission *Altitude 755,* Jacques Normand apparaît en public avec celle qu'il affectionne plus que toutes, sa mère. Alberta va avoir quatre-vingts ans en juillet et jouit encore d'une très bonne santé. Toujours très active, elle s'occupe cette année-là des Loisirs du Foyer de l'Âge d'or. Pour célébrer son quatre-vingtième anniversaire, Jacques décide de lui faire visiter l'Europe. Quelle n'est pas sa surprise, en arrivant en Touraine où demeurent encore de lointains cousins, de découvrir, dans le petit village de ses ancêtres, que son fils chéri a organisé une réception monstre. Histoire de se reposer un peu après tant d'émotions, Alberta et son fils passent sept jours à Paris avant de prendre la route d'Épernay, en Champagne.

Au retour de ce voyage, Jacques dit avec raison :

— Je suis l'homme qui peut le plus parler de toutes les églises de France. À en faire une indigestion. Mais ma mère, à quatre-vingts ans, est dix fois plus solide que moi. Rien ne l'arrête. Alors, c'est moi qui l'ai suivie et non pas elle qui m'a emboîté le pas.

Jacques entreprend aussitôt la rénovation complète de son vaste appartement rue McGregor. Un projet d'écriture et de publication justifie qu'il fasse de son bureau la pièce centrale de la maison. Une vaste salle bien éclairée où il veut installer une secrétaire à plein temps. Les Éditions La Presse se sont engagées à publier le livre qu'il projette d'écrire : *Les nuits de Montréal.*

De plus, toujours pour l'automne, il prévoit ouvrir un nouveau cabaret style Trois castors ou Faisan Doré, version 1973, où il présenterait lui-même les spectacles de trois troupes tout en faisant revivre la belle époque des nuits de Montréal.

Son livre sera publié avec un an de retard, et son projet de cabaret ne verra jamais le jour, pas plus que sa station radiophonique de cinquante mille watts.

Par ailleurs, deux événements heureux marquent cette année 1973: tout d'abord, Richard Martin, de Radio-Canada, réalise dans le cadre des *Beaux Dimanches* une émission d'une heure trente intitulée *À ta santé, Jacques,* qui met en vedette une pléiade d'artistes. En plus de sa mère Alberta, de son frère Jean et de ses deux sœurs religieuses, Madeleine et Marguerite Chouinard, que les caméras de Richard Martin traquent dans leur couvent respectif, le public peut voir Monique Leyrac, Odette Laure, Guylaine Guy, Annie Cordy, Lucille Dumont, Clémence DesRochers, Dominique Michel, les Trois Ménestrels, Jean Rigaud, Darry Cowl, Mouloudji, les Frères Jacques, Raymond Lévesque, Paul Berval, Gilles Pellerin, Jean Mathieu, Normand Hudon et Roger Baulu. En tout, une trentaine d'artistes et une quinzaine d'hommes politiques sont au rendez-vous, surtout des chefs de parti dont René Lévesque, Gabriel Loubier, Yvon Dupuis, Camil Samson et Jean Drapeau.

Richard Martin et son équipe se déplacent jusqu'à Paris pour filmer Jacques entouré d'artistes et d'amis français. Vingt-cinq jours de tournage à Paris, et quinze à Québec et à Montréal avec un Jacques Normand à son meilleur, l'œil toujours coquin et pétillant, le sourire gouailleur, la verve toujours aussi vive. Jacques se surpasse lors de ces rencontres humoristiques, entrecoupées de chansons et de dessins animés. La taquinerie fine et le mot d'esprit intelligent aux lèvres, en renouant avec ses vieux amis, Jacques retrouve du même coup son côté drôle et amusant.

Le public se remémore les grands succès de Jacques. L'orchestre est sous la direction d'Yvan Landry. L'émission qui regroupe l'équipe du Saint-Germain-des-Prés et du Faisan Doré est remplie d'humour et de tendresse.

Cet automne-là, Télé-Métropole lui prépare une heureuse surprise : *Normandises*. La saison précédente, Radio-Canada et Télé-Métropole se sont livré une chaude lutte en opposant deux *talk-shows* : *Appelez-moi Lise* et *Altitude 737*. Un lance-missiles contre un tire-pois...

La rumeur qui court à l'effet que le Canal 10 songe à opposer Jacques Normand à Lise Payette est fondée. Jacques anime une nouvelle version d'*Altitude 737* où il a le loisir de présenter des numéros de cabaret entrecoupés d'interviews. Ainsi, peut-il reprendre son métier de chansonnier tout en traitant de l'actualité dans son style le plus pur.

Toutefois, cet engagement à *Normandises* n'étouffe pas le désir de Jacques de posséder un jour un grand cabaret. Il ne cache à personne son intention d'ouvrir un superclub l'année suivante. Il se vante même d'avoir obtenu le permis de la Régie des alcools.

— Fiez-vous à moi, dit-il, je m'y connais en cabaret. Les jeux Olympiques approchent et à Montréal, on ne s'amuse plus depuis quelques années. À part manger et allonger l'heure du souper dans un restaurant, on ne sait plus quoi faire dans cette ville.

Parallèlement, et grâce au concours de sa petite amie Denise Monté, l'écriture de son livre *Les nuits de Montréal* avance à grands pas. Bref, l'enfant terrible, l'amuseur professionnel, l'impitoyable metteur en boîte bouillonne d'idées.

Il n'appréhende pas moins le défi que lui présente *Normandises*. Deux cent soixante-dix-sept émissions consécutives, c'est un pensez-y-bien. En revanche, n'est-ce pas l'occasion idéale de faire revivre le Saint-Germain-des-Prés ? À défaut de le faire au cabaret, ne peut-il pas le faire à la télévision ?

Hélas ! *Normandises* est reçu avec une certaine tiédeur. Certes, personne ne s'attendait que l'on puisse véritablement ressusciter l'ambiance d'un cabaret dans un décor de studio de télévision, mais le public a l'impression que Jacques Normand tente d'imiter Jacques Normand.

Il a été le seul artiste populaire dont la réputation n'a pas subi de choc fatal en passant du music-hall à la télévision. Tout en se pliant aux servitudes de cette dernière, il a su quand même lui imposer son style de chansonnier. On aurait cherché en vain quelqu'un qui pût se targuer d'un pareil exploit.

Tout compte fait, Jacques Normand n'a jamais cessé d'être un chansonnier. Il tient le flambeau d'une tradition dont les derniers rejetons n'étaient pas encore nés quand le maître incontesté du genre faisait rire le tout Montréal la nuit.

Personne n'a jamais égalé sa goguenardise. Ses meilleurs morceaux sont des petits bijoux de finesse, de mordant et de satire. Il n'y a pas de grands noms de la politique ou du domaine public qui n'aient pas goûté à sa médecine. Son cas est unique dans les annales du spectacle. Ses détracteurs finissent toujours par se rétracter quand Jacques revient, plus cinglant que jamais.

Entré de son vivant dans la légende, on lui pardonne plus difficilement un faux pas, une faiblesse, une baisse du feu sacré. Or, dix jours après le début de la nouvelle émission, grand branle-bas à Télé-Métropole. La direction décide de réajuster son tir en faisant sauter des têtes. Le grand bouc émissaire, le réalisateur Laurent Larouche, est remplacé par Jacques-Charles Gilliot. Sa trop grande familiarité avec son animateur Jacques Normand en serait la cause. On souhaite donner à celui-ci un patron capable de le dompter; ce que même Jean Bissonnette n'est pas parvenu à faire.

Normandises ne donne pas les résultats espérés et on craint que sa rivale, *Appelez-moi Lise,* une émission d'une durée d'une heure, n'ait le haut du pavé comme à la saison précédente. Il faut dire que *Normandises* doit se contenter d'une petite demi-heure d'antenne.

En réalité, on n'a pas grand-chose à reprocher à *Normandises,* sinon ses inégalités. Certes, la qualité des artistes qu'on y présente n'est pas en cause. Plutôt que de continuer la lutte contre *Appelez-moi Lise,* ne vaudrait-il pas mieux déplacer l'émission sur la case horaire ? Faut-il vraiment remplacer son réalisateur ?

Les téléspectateurs assidus d'*Appelez-moi Lise* écoutent cette émission parce qu'ils aiment les interviews de son animatrice. Ils ne regardent donc *Normandises* qu'accidentellement. De son côté, Jacques a choisi une formule qui s'apparente au music-hall. Ce n'est pas l'invité qui prend la vedette, c'est l'animateur. Certains invités n'arrivent pas à placer trois mots de suite. Ils se contentent d'être là, témoins peu bavards.

Malgré son immense talent et ses trente ans de métier, Jacques ne comprend pas vraiment ce qu'on attend de lui. Il transpose sur le plateau de Télé-Métropole une partie du Saint-Germain-des-Prés qui a fait les beaux jours de Montréal, mais en d'autres temps et en d'autres lieux.

Normandises demande une telle énergie à son animateur que celui-ci doit démissionner de *Feu vert,* à la radio de Radio-Canada, peut-on lire dans les journaux. Jacques réfute cette allégation et justifie son départ par le simple fait que, à compter du 5 novembre, *Normandises* sera enregistrée le matin, à la même heure que *Feu vert,* diffusée en direct.

En novembre, on voit fréquemment Jacques en compagnie d'une ravissante jeune femme de vingt-cinq ans, Michèle Cournoyer, la fille de l'ancien député de Sorel, Gérard Cournoyer. Ancienne élève de l'école des Beaux-Arts, la jeune femme est peintre-décoratrice. On rencontre le couple au restaurant, dans les salles de spectacle, ou devant la maison du Canal 10 où Michèle Cournoyer vient parfois le chercher après son émission.

Aux regards qu'ils échangent, à la façon dont ils se parlent, personne n'est dupe. Michèle et Jacques filent le parfait amour. Celui-ci proteste pourtant avec fermeté :

— C'est une bonne copine, nous avons énormément d'affinités qui font que nous avons beaucoup de plaisir à être ensemble. Mais il n'a jamais été question de mariage entre nous. D'abord, à mon âge, raille Jacques, on ne se marie plus. Et de plus, à cinquante et un ans, je pourrais être son père. Remarquez qu'à notre époque, l'âge est de moins en moins un obstacle à l'amour. Mais, je vous le répète, même si nous avons l'air d'être très liés, il ne s'agit, entre Michèle et moi, que d'une amoureuse camaraderie...

La popularité de Jacques subit-elle quelques écorchures que les contrats ne cessent pour autant d'affluer. En décembre, il anime *À la bonne vôtre,* à Télé-Métropole, une émission d'information et d'humour où l'on retrouve une brochette de célébrités : Roger Baulu, Dominique Michel, Doris Lussier dans la peau du père Gédéon, Juliette Huot, Rose Ouellette, Jean-Guy Moreau, Denis Héroux, Doris Blanchet, Marcel Béliveau, Les mimes électriques, Gilles Renaud, Anne Létourneau, Jacques Lavallée et le professeur Henri Bernard, ainsi que Rod Tremblay et ses musiciens.

De retour d'un séjour d'un an en France, Jacques est engagé à la station radiophonique CKCV, à Québec, un poste affilié au réseau Télémédia, pour animer l'émission du matin à titre de *morning man.* Sa dernière émission de radio — une tribune téléphonique à CKVL — remonte à l'année précédente. Il compte faire la navette Montréal-Québec selon ce qu'il pourra décrocher à Montréal.

Jacques aime Londres, Copenhague, Amsterdam, Montréal, là où les shows se déroulent dans les rues, sur les terrasses des cafés, là où le monde a plein d'argent et le sourire aux lèvres. À Québec, il s'ennuie.

La vie monacale que lui impose une émission en ondes dès six heures tous les matins lui est difficile à supporter. Et pourtant, contrairement à ce que plusieurs ont pensé, Jacques ne manquera son rendez-vous matinal qu'une seule fois, le jour de son anniversaire. Dans la plus grande fidélité, il est *morning man* neuf mois durant et signe une rubrique quotidienne dans *Le Soleil*.

Sitôt cette série terminée, Jacques quitte Québec et croit préférable de s'installer à Saint-Bruno plutôt qu'à Montréal. Mais il se sent triste comme un veuf qui aurait habité une ville déserte. Ce vieux rêve d'ouvrir sa boîte ressurgit. Une boîte qui offrirait un spectacle différent chaque soir. Un lieu où le public pourrait monter sur scène quand il aurait le goût de se délier la langue. Un spectacle ininterrompu qui se terminerait quand les derniers couche-tard cogneraient des clous et commenceraient à chercher leur adresse dans le fond de l'ultime verre... Et Jacques Normand se promènerait de la salle à la scène pour serrer des mains, pour mettre rapidement un nom sur un visage familier. Il se moquerait de lui, du public, des politiciens, de Roger Baulu, il serait là à faire grincer des dents, à chanter, à faire chanter les nuits de Montréal, et à étaler son humour aussi longtemps que son public en aurait envie...

A-t-il voulu effectuer son retour à Montréal dans la discrétion, son passage à l'émission *Parle, parle, jase, jase* a pour effet de braquer de nouveau les projecteurs de l'actualité sur lui. Les recherchistes du *talk-show* télévisé ont la bonne idée d'inviter Jacques à un débat sur la venue de la reine d'Angleterre aux jeux Olympiques. Dans ce débat, Jacques est confronté aux dirigeants de la Société Saint-Jean-Baptiste avec lesquels il se montre lucide et brillant comme dans ses meilleurs jours.

Dans les corridors de Télé-Métropole, Jacques rencontre Marcel Brouillard qui assume la direction de la Casa Portuguesa — La Portugaise, comme tout le monde l'appelle, située en face de Dupuis frères, où il organise des spectacles du mardi au dimanche. Pendant plus d'une année, de nombreux artistes ont défilé sur la scène de son restaurant-cabaret : Serge Laprade, Michel Louvain, Claude Valade... À la fin de février, il y invite Jacques pour un passage de trois jours. Mais comme il bat tous les records, Marcel Brouillard le convainc de prolonger son séjour. Ce succès vient renforcer son envie d'ouvrir un cabaret de chansonniers le plus vite possible. «Le *timing* n'a jamais été aussi bon. Le public s'ennuie de ce genre de boîtes», pense-t-il.

Le journaliste et chroniqueur Rudel-Tessier, qui a assisté à son spectacle, ne tarit pas d'éloges bien que le titre de son article donne l'impression d'un amas de bémols, plutôt que d'une avalanche de félicitations : «Un Jacques Normand nostalgique et trop gentil».

«Jacques Normand fait sa rentrée au cabaret. Ou presque! La Portugaise n'est pas, en effet, un cabaret ni une boîte de nuit, mais un restaurant qui propose depuis quelque temps des "vedettes québécoises", qui sont quelquefois de grandes vedettes.

«Jacques Normand s'est laissé persuader (facilement, peut-être, car on voyait bien, l'autre soir, qu'il s'amusait comme un petit fou) de faire une semaine sur la petite scène de La Portugaise, mais il va prolonger, car la réaction de ses premiers publics, et les réservations qui remplissent le grand livre de l'établissement pour les prochains jours, ont rendu la direction éloquente.

«Donc, si j'ai bien compris, Jacques Normand restera à l'affiche encore plusieurs semaines.

«Mardi soir, il y avait beaucoup de monde, même si ce n'était pas plein. Il s'agit d'un grand restaurant et Jacques Normand était en verve et son public, en or. Il y en a qui disaient qu'il n'avait pas changé, mais moi qui le connais bien, et depuis longtemps, j'étais bien obligé de constater qu'il avait changé. Quand même ce ne serait que parce qu'il était beaucoup moins méchant. Tellement moins méchant qu'il ne l'était pour ainsi dire pas du tout. À peine taquin!

« Il a été un peu nostalgique, très gentil, de cette gentillesse qu'il a toujours eue, qui a toujours fait partie de sa personnalité, et qui corrigeait toujours (presque toujours) les vacheries qu'il faisait à son public. Il a monologué, il a dialogué (il invite au dialogue), et il a chanté "ses chansons": *Tout ça parc' qu'au bois d'Chaville,* bien sûr, et aussi sûrement *Les nuits de Montréal* de Jean Rafa et Émile Prud'homme et *Retour,* que Pierre Roche et Charles Aznavour avaient écrite pour lui, et qui avait été la chanson de son retour, après une longue absence à Paris.

« Mais j'y pense ! Quel numéro a-t-il présenté, hier ? Car j'étais en train d'oublier qu'avec lui, on ne sait jamais (qu'on n'a jamais pu savoir !), qu'il improvise tous les soirs, et que son humeur change comme il change de chemise ! Alors, ceux qui iront l'entendre, ce soir ou les autres soirs, doivent savoir qu'ils peuvent avoir des surprises.

« Quoi qu'il en soit, agressif ou nostalgique, Jacques Normand c'est Jacques Normand — unique et imprévisible, à tout prendre inchangé parce qu'il ne changera jamais. Car d'une certaine façon, il n'est pas un "artiste". Il n'a jamais fait un numéro. Il était pour ceux qui le connaissaient, quand il est arrivé à Montréal de son Québec natal, le même qu'il fut au micro ou sur les scènes, quand il s'y retrouva en liberté. À la ville comme à la scène, ou à la scène comme à la ville: Jacques Normand, homme d'esprit, essentiellement, critique par vocation et terriblement verbal.

« Il a fait carrière de chansonnier, dans le sens pratique du mot, mais les chansonniers parisiens, eux, sont des "artistes", qui écrivent des numéros, les polissent et les repolissent, et les débitent tous les soirs ou plusieurs fois par jour, durant des mois et des années, sans en changer une virgule, sans jamais renoncer à un geste, un regard, un temps.

« Cela ne les empêche pas d'avoir du talent, d'être drôles et méchants, et même d'avoir de l'esprit, mais pour eux, ce

Jacques Normand a toujours été un "cas". Rigaux disait: "Comment il fait, ce mec, pour improviser tous les soirs, je ne comprends pas. C'est inhumain!"»

Jacques Normand ne remplit pas la salle autant que d'autres peuvent le faire, mais la clientèle qui vient l'entendre se révèle beaucoup plus payante pour le cabaret. C'est peut-être moins que les deux cents personnes qu'attirent d'autres artistes comme Paolo Noël — on ne compte en effet que cinquante personnes —, mais quelle clientèle! Des «grosses madames» avec leur chauffeur: un monde de buveurs de champagne et de cognac; on est loin des buveurs de bière.

Certes, Marcel Brouillard connaît quelques difficultés avec Jacques. En cas de retard, il a prévu qu'à cinq minutes d'avis, Jean Rafa ou Paul Berval peuvent prendre la relève.

Il arrive que Jacques se plaigne de ce que les autres le copient. Marcel Brouillard lui rafraîchit la mémoire:

— Toi, tu as eu la chance d'aller à Paris avant tous ceux-là et tu as eu l'intelligence de transposer cela en québécois.

«Jacques Normand est tellement supérieur et intelligent, de dire Marcel Brouillard, qu'il n'est pas étonnant qu'on cherche à l'imiter.»

Jacques connaît un tel succès à La Portugaise, que Marcel Brouillard décide de le garder pour un temps indéterminé. Beaucoup d'amis artistes assistent à son spectacle et le public adore les voir monter sur scène et improviser un numéro avec lui. Claude Landré, Paul Berval, Jean Rafa, Jean Lapointe, Georges Coulombe viennent l'applaudir. Roger Baulu, qui s'est fait une règle de ne jamais manquer une première de Jacques, est là, lui aussi. Et chaque fois, le public a droit à des improvisations de qualité.

Malheureusement, Jacques éprouve de nouveau de sérieux problèmes de santé. Certains jours, ses jambes ne peuvent plus le porter et il lui faut recourir à une injection pour en retrouver l'usage. Marcel Brouillard doit souvent l'aider à monter dans sa voiture.

Et, comme si l'action et l'espièglerie anesthésiaient ses douleurs, l'enfant terrible ne se contente pas de s'adonner à ses frasques sur la scène ou devant les caméras de télévision. Un jeudi saint, il réquisitionne un confessionnal au service des décors et le fait installer dans un studio de radio; il placarde les couloirs de Radio-Canada d'affiches avisant les gens qu'en prévision de la fête de Pâques, l'aumônier Chouinard entendra les confessions des fidèles qui n'ont pas le temps d'aller à l'église de leur paroisse.

Déguisé en prêtre, Jacques donne pieusement l'absolution aux employés de Radio-Canada venus en grand nombre confesser leurs péchés. Quand sonne l'heure du dîner, il pousse la plaisanterie jusqu'à se faire livrer du poulet BBQ à la porte de son confessionnal.

Le 11 avril 1976, il en est à sa sixième semaine de représentations à La Portugaise.

Maurice Côté écrit dans sa chronique : «Bien que Jacques Normand entreprenne mardi une septième semaine à La Portugaise, mon petit doigt me dit qu'il hésitera à poursuivre ses activités à cet endroit plus longtemps parce que je sais qu'il bénéficiera sous peu d'une importante nomination qui prendra presque tout son temps. De toute façon, il prendra une décision à ce sujet au cours de la semaine. Il importe d'ajouter qu'il y a toujours foule tous les soirs.»

CHAPITRE XIV

En 1976, il est beaucoup question de Jacques Normand dans les journaux du Québec. Le président de la section montréalaise de la société Saint-Jean-Baptiste, Marcel Couture, lui propose d'être président des fêtes de la Saint-Jean.

— Nous prévoyons de grandes célébrations, plus impressionnantes encore qu'en 1975, lui dit-il. Nous avons l'intention de les tenir encore une fois sur le mont Royal.

L'année précédente, les fêtes de la Saint-Jean ont connu un succès sans précédent sous la présidence de Lise Payette.

Jacques ne comprend pas. Tout le monde sait que le président des Fêtes sera le commentateur sportif Richard Garneau.

— Il vient de se raviser et m'a remis sa démission, ajoute Marcel Couture. Il prétend qu'avec l'arrivée des jeux Olympiques il aura trop de travail pour s'acquitter de si lourdes responsabilités.

Jacques hésite. Avant de prendre une décision, il consulte plusieurs ex-présidents des Fêtes: Mia Riddez, Jean Duceppe, Gilles Pelletier, Yvan Canuel, Roger Baulu, tous l'incitent à accepter.

— Je n'ai pas été élu, ni nommé, dira-t-il avec humour, mais conscrit!

Après la nomination de Jacques, des rumeurs continuent de circuler voulant qu'il y ait divers problèmes au sein de l'organisation. Beaucoup s'interrogent sur les dessous de l'affaire. De son côté, la Corporation du comité des fêtes nationales déclare aux journaux qu'elle a proposé la présidence à Jacques Normand parce qu'il est au Québec ce que l'humour est à l'esprit, et que sa carrière, tant au théâtre, au cabaret et à la radio qu'à la télévision, témoigne d'une sensibilité qui s'apparente à celle des Québécois.

En 1975, les fêtes de la Saint-Jean ont attiré un million cinq cent mille personnes sur la montagne. Jacques a l'intention d'en faire une célébration plus grandiose encore. Il souhaite que tous les Canadiens de bonne volonté enterrent la hache de guerre, ne serait-ce que pour vingt-quatre heures. Il espère associer étroitement à ces fêtes tous les francophones nord-américains du Canada et des États-Unis, ceux de l'Ouest canadien et ceux de l'Acadie comme ceux de la Louisiane et des États de la Nouvelle-Angleterre. À minuit, sur les deux rives du Saint-Laurent, sur le mont Royal où le signal sera donné, on verra s'allumer des feux jusque sur la Côte-Nord, à Natashquan. Cette idée de Roger Baulu, Jacques est fier de la remettre à l'honneur.

Afin de se consacrer totalement à la préparation des festivités de juin, Jacques quitte La Portugaise, où il tient la vedette depuis plusieurs semaines.

Pour l'enfant terrible, les fêtes nationales sont d'abord un spectacle et c'est dans cette perspective qu'il les organise. Il est tellement entraîné à improviser, qu'il ne semble nullement inquiet du retard qu'accuse la Corporation des fêtes. À la même date, l'année précédente, Lise Payette avait déjà donné plusieurs conférences de presse, annoncé le mode de financement, les lieux de festivité, et elle se préparait à publier la liste des spectacles. Jacques ne dispose que de deux mois pour accomplir ce que Lise Payette a fait en sept mois.

Le nouveau président se donne corps et âme. Quel défi! D'autant plus que pour la première fois, grâce aux satellites, les fêtes seront diffusées partout dans le monde.

Du 22 au 26 juin, la *Grande Fête du soleil* va réunir une brochette de vedettes: Pauline Julien, Raymond Lévesque, Claude Gauthier, Gaston Brisson, Plume Latraverse, Louise Forestier, Contraction, Harmonium, Octobre, Raôul Duguay, Richard Séguin, Georges Langford, Dionysos, Fabienne Thibeault, Boule Noire, Angèle Arsenault, Lawrence Lepage, le groupe Match et de nombreux autres artistes qui se partageront les différentes scènes. Un système de son diffusera en permanence de la musique québécoise le long des voies d'accès asphaltées menant au mont Royal. De partout on entendra la chanson-thème, la création de Gilles Vigneault, *Gens du pays*.

À quelques jours des célébrations, l'ambiance est à son meilleur. Divers événements, comme le lancement du film documentaire tourné lors de la fête de l'année précédente par le cinéaste Jean-Claude Labrecque, la préparent. De plus, sur la grande scène du lac des Castors, on donne des spectacles. On a aussi pensé aux enfants à qui on permet de participer activement à de nombreuses activités artistiques: ateliers d'arts plastiques, exercices de gymnastique, de son et de danse. Une fanfare agrémente la fête de tous ses cuivres et les enfants sont encouragés à écrire des poèmes dont on fera la lecture. Enfin, les petits seront invités à venir former un immense soleil sur le terrain. Ensuite, on verra défiler des équipe d'animateurs, de clowns et de chenilles géantes créant une grande parade colorée et bruyante qui s'étirera jusque vers le Centre d'art où aura lieu un grand spectacle.

Le 25 juin au matin, Jacques Normand et son comité sont encensés par la presse. En dépit du succès remporté, Jacques demeure plutôt modeste. Il avoue à Rudel-Tessier n'avoir que peu de mérite.

— Tu sais, ça fait longtemps qu'on sait qu'un ministère peut se passer de ministre. Les véritables artisans d'une réussite comme celle-là, ce sont les techniciens, les technocrates, les gens qui pourraient se passer de président.

Bien que cette présidence soit beaucoup moins éprouvante qu'il ne l'avait craint, Jacques se prépare à repartir pour la France où il va chercher un peu de repos.

— Et que comptes-tu faire à la rentrée? lui demande Rudel-Tessier.

— Il faut que je pense sérieusement à ce cabaret dont l'idée ne m'a pas quitté depuis le Saint-Germain-des-Prés. Ce sera une scène sur laquelle se produiront beaucoup de jeunes. Les vedettes, d'autres s'en occupent déjà. J'ai envie de faire le travail de prospection. Je veux m'offrir, à moi et au public, les joies de la découverte.

— Et cette retraite dont tu m'avais parlée, il y a quelques années?

— J'ai compris que je n'avais pas la vocation pour la retraite! N'en parlons plus!

Un changement marque le retour de Jacques à la fin de cet été 1977. L'homme de la ville loue une maison à flanc de montagne, à Saint-Bruno-de-Montarville. Il l'a louée parce qu'il n'est pas sûr de s'y plaire.

Quelques mois suffisent pour qu'il songe à s'établir dans la région. Il cherche alors une maison avec un grand terrain, au bord de l'eau autant que possible. Il envisage même de s'acheter un gros chien pour lui tenir compagnie au cours de ses longues promenades. Un chien qui pourra faire ami-ami avec son chat.

— Quand la campagne n'est pas trop loin de la ville, c'est parfait. Et c'est très propice pour l'écriture.

Jacques a mis un autre livre en chantier. L'ouvrage doit paraître aux éditions Stanké en 1980 sous le titre *De Québec à Tizi-Ouzou*.

En septembre, il reprend l'affiche à La Portugaise, où il prend la relève de Monique Vermont et de Jean Faber, qui ont connu un bon succès. Depuis les fêtes de la Saint-Jean, on ne l'a plus revu à la télévision, sauf à l'émission de Télé-Métropole *C'était le bon temps* qu'il anime depuis son retour de France. Il apporte d'importantes modifications à son spectacle et prépare d'excellents monologues pour ce retour à la scène.

— On ne pourra pas m'accuser de présenter du réchauffé, dit-il.

Il s'isole pendant une quinzaine de jours au camp de pêche de La Minerve, dans le parc de La Vérendrye, afin de mieux se concentrer sur son travail.

Après avoir été si apprécié comme président des fêtes de la Saint-Jean, Jacques fait l'objet de commentaires acerbes en acceptant la présidence des futures fêtes du Canada. «Vire capot! Traître!» entend-il murmurer dans son dos.

Pour répliquer à ses détracteurs, Jacques profite de la tribune que lui offre son émission spéciale *Propos et confidences,* une minisérie de quatre heures diffusée dans le cadre des *Beaux Dimanches* à Radio-Canada, qui lui est entièrement consacrée.

— Quand j'ai organisé les fêtes de la Saint-Jean, je l'ai fait en tant que Québécois. J'animerai la fête du Canada en tant que Canadien. Et, que je sache, il n'y a personne qui a décidé encore que le Québec et le Canada étaient deux pays.

En réalité, Jacques est tout simplement pour les «contre». Tout au long de sa carrière, il a préféré être contre pour le simple plaisir d'être contre.

C'est en travaillant à la préparation de ces fêtes, en 1977, que Jacques rencontre Francine Mercier.

— Est-ce que tu serais prête à m'accompagner dans des réceptions? lui demande-t-il.

Ainsi commence leur idylle qui après de nombreux soubresauts va se stabiliser.

Francine ne peut échapper à la séduction de «cet homme si attachant, quand il le veut». Dans les moments difficiles, elle se dit: «C'est fini, fini...» Mais il n'a qu'à lui téléphoner et elle lui retombe dans les bras.

En août de cette même année, CKAC a réuni de nouveau les deux bons vieux compères des *Couche-tard* dans le cadre d'une émission diffusée tous les dimanches soir de huit heures à minuit, *Les couche-tôt*.

À la première émission sont invités le maire de Montréal, Jean Drapeau, Alain Stanké qui vient parler d'Idi Amin Dada, le grand maréchal-président de l'Ouganda, ainsi que Jean-Pierre Ferland qui interprète la chanson-thème qu'il a composée pour cette émission. Quatre heures d'antenne qui font place à la chanson, à des discussions autour de l'actualité, des activités artistiques et littéraires, le tout agrémenté de souvenirs échangés entre les deux animateurs.

L'émission des *Couche-tôt* remporte un succès appréciable. Roger et son ami Jacques croient le moment venu de recourir à un agent, Michel Chamberland, qui s'occupera de leur carrière. Mais les frasques de Jacques ont vite fait de mettre fin au contrat et d'assombrir les relations entre les trois hommes.

Jacques, qui prévoit exercer son métier encore plusieurs années, désire en faciliter l'accès aux jeunes. Mais voilà qu'en 1979, des problèmes de santé le forcent à réduire considérablement ses activités. Il se limite à rédiger une chronique dans *Métro Matin,* qui s'intitule *En prenant votre café avec Normand.* Il y aborde tous les sujets sans restrictions et en profite pour faire valoir ses opinions sur à peu près tout, des arts à la politique.

À cinquante-huit ans, il se prépare à sortir de scène, à son corps défendant.

Sept ans plus tard, il visite l'Europe pour la dernière fois. Sa santé lui donne du souci. Il doit écourter son voyage pour revenir après seulement dix jours d'absence. On diagnostique un cancer de la prostate.

En novembre 1991, il subit une intervention chirurgicale dont les résultats lui laissent peu d'espoir d'améliorations.

— Vous en avez pour deux ans à vivre... Faites pour le mieux, tirez-en le meilleur parti..., lui recommande son médecin.

— Ils ont bien menti, dira Jacques deux ans plus tard.

En effet, les médecins ne décèlent plus aucune trace de cancer, pas une seule métastase.

De quoi vivra-t-il désormais? Qu'est-ce qui viendra alimenter son indéfectible optimisme?

Il boucle la boucle amorcée à dix-sept ans, alors que condamné à l'inaction, il meublait son existence de culture, de rêves et de souvenirs. Ses proches s'inquiètent parfois, et pour cause.

Après son accident, on l'entendait fréquemment dire:

— Le jour où ça ne marchera plus, je ne niaiserai pas longtemps! Si je ne me suicide pas, c'est parce que maman est là.

Alberta l'a quitté, mais Jacques s'accroche encore à la vie. Il souhaite vivre assez longtemps pour recueillir les quelques bons moments qu'elle lui réserve. Le 25 janvier 1995, il est reçu chevalier de l'Ordre national du Québec. Quelques mois plus tard, dans le cadre de l'émission *Les refrains d'abord*, son animatrice Monique Giroux et sa réalisatrice, Martine Jessop, lancent vingt-deux de ses plus grands succès sur disque compact. Malgré ses soixante-treize ans bien sonnés et ses jambes qui lui permettent à peine de franchir les quelques pas qui le séparent de son fauteuil au lutrin, son humour acéré fait crouler l'assistance de rire.

À l'automne 1996, le *Festival juste pour rire* lui rend un vibrant hommage et, la même année, on diffuse à la télévision un documentaire d'une heure au cours duquel le public est à même de constater qu'il n'a rien perdu de sa verve.

Au début de l'année 1997, après un séjour à l'hôpital, Jacques va habiter à la résidence Les jardins de l'intérieur, à Saint-Lambert, tout juste à l'étage au-dessous de son grand ami Roger Baulu. Jacques est ravi de cette heureuse coïncidence et il anticipe la joie de leurs retrouvailles. Hélas! la maladie d'Alzheimer a déjà fait ses ravages; Roger Baulu, son idole et son meilleur ami, ne le reconnaît pas. Cette épreuve accable Jacques et le plonge dans la tristesse.

Conscient de toucher la fin de son voyage, il fait les louanges de ce métier qui a été pour lui une source de joie et de valorisation. Ce métier qui lui aura permis de voyager, ce dont il rêvait depuis sa plus tendre jeunesse. Voir la France, y vivre, le hantait. Il y a vécu. Il a rêvé faire le tour du monde. Il a visité le pôle Nord, le Japon, la Corée, le Viêt-nam, les Antilles, l'Algérie, l'Allemagne, la Russie, la Lithuanie et la Lettonie.

— J'ai fait des conneries. J'ai fait des bêtises. Il n'y a rien que je n'ai pas fait... Mais regretter, c'est comme plumer une poule pendant une tempête de vent. On ne peut retrouver toutes les plumes et les remettre à leur place! Alors, ça ne sert à rien de pleurer là-dessus. Ce n'est pas dans mon tempérament. C'est fini, c'est fini! C'est passé, dit-il avec quelque chose dans la voix qui ressemble à une pointe d'amertume. Hier m'intéresse très peu. À mon âge, on n'a pas de projet. On n'en a plus.

Et pourtant, quelques jours plus tard, il implore son ami Jean Bissonnette de lui accorder une dernière faveur:

— J'aimerais que tu me réserves ta journée, le 15 avril prochain.

— Jacques, le 15 avril 1997, c'est certain, je vais être libre. Même si je dois partir, je ne m'en irai pas. Je serai là.

— Vois-tu, pour mon soixante-quinzième anniversaire, j'aimerais remonter sur scène. J'aimerais faire un dernier show et j'aimerais que tu le montes...

Un cancer de la gorge qui attaque le fond de sa langue mettra fin à ce projet.

— On est toujours puni par où l'on a péché! s'exclame-t-il, l'œil coquin malgré son anxiété.

Les séances de radiothérapie l'affectent beaucoup. Il sombre alors dans un profond coma, et on lui administre les derniers sacrements.

— Il ne faut pas qu'il l'apprenne, dit Francine, sa fidèle compagne des vingt dernières années. Il va se fâcher. Jacques se dit athée, mais je sais qu'il est croyant, même s'il ne croit pas en tout.

Parfois, il sort du coma durant quelques minutes.

Son frère Camil vient le voir. C'est l'heure du dîner et l'infirmière s'apprête à lui donner à manger, car il ne peut se servir de ses mains qui sont retenues par les tubes. C'est Camil qui le fait manger. Cela lui rappelle le temps où son grand frère était dans le plâtre, à la maison de Québec, en 1939. Camil avait six ans à cette époque. Cette image fait partie de souvenirs enfouis dans sa mémoire depuis soixante ans. Son frère ne savait pas si bien dire, quand il disait à la blague que, puisqu'il était né dans un cimetière, il finirait bien par boucler la boucle. Le voilà dans le même état que l'année de ses dix-sept ans, cloué sur un lit d'hôpital.

Son frère Paul vient lui rendre visite, lui aussi. Il a le bonheur de le trouver dans un de ses rares moments de lucidité. Ils se parlent comme ils ne s'étaient pas parlé depuis longtemps, et Paul rentre chez lui avec l'impression que Jacques Normand est redevenu le Raymond Chouinard de sa jeunesse.

N'importe qui dans son état serait passé de vie à trépas. Pas Jacques! Ses racines sont bien ancrées dans la vie. Pareil à une plante vivace, il s'accroche et puise sa sève on ne sait où. Il ne veut pas mourir, non pas parce qu'il craint la mort, mais parce qu'il est convaincu qu'il n'y a rien après la vie et que, par conséquent, mieux vaut prendre tout ce qu'elle a à offrir maintenant. Chaque battement de cœur, chaque respiration sont des instants inappréciables.

Un beau matin, il sort enfin du coma et, bien qu'amaigri par plusieurs jours d'intraveineuses et affaibli par trois semaines d'immobilité, il reprend rapidement du mieux. Peu à peu, sa voix se raffermit.

Bien que redoutant sa réaction, Francine décide de lui avouer qu'on lui a administré les sacrements aux malades.

Pour tout commentaire, Jacques lance l'une de ses boutades dont il aura le secret jusqu'à la fin :

— Je n'ai rien contre ! Ça ne fait pas mourir, comme tu peux voir !

Par la suite, il n'en parlera plus.

Jacques est bien, à l'hôpital. On le traite avec considération. Tout le monde s'en occupe. Les infirmières sont aux petits soins pour lui. Au moment où on s'apprête à lui donner de la physiothérapie pour lui réapprendre à marcher, voilà que la bougeotte le reprend.

Sachant pertinemment qu'on l'empêchera de partir s'il émet le désir de rentrer à sa résidence des Jardins de l'intérieur, il joue les enfants gâtés pour parvenir à ses fins. Il commence par se plaindre qu'il est tanné d'être là. Puis, du jour au lendemain, plus rien ne fait son affaire. Il bougonne contre tout et contre tout le monde. «Les médecins sont comme ci, les médecins sont comme ça !... Les gardes-malades m'énervent ! Les infirmières ne savent pas faire leur métier !...», l'entend-on marmonner comme un vieux grincheux qu'il n'est pas.

Plus rien ne trouve grâce à ses yeux dans cet hôpital qu'il adorait encore la veille. Quand Jacques veut quelque chose, tous les moyens sont bons pour l'obtenir. En décembre 1997, à quelques jours de Noël, son médecin traitant finit par céder et lui accorde son congé. Jacques a gagné, il rentre chez lui aux Jardins de l'intérieur.

★ ★ ★

Hélas! son congé est de courte durée. À peine trois mois plus tard, soit le 16 avril, précisément le lendemain de son soixante-seizième anniversaire, les ravages de la maladie le contraignent à retourner à l'hôpital Notre-Dame.

Cette fois, son état se révèle plus sévère. Le médecin prévient sa compagne:

— Il ne sortira plus d'ici...

À ses visiteurs, Jacques parle de l'appartement de la rue Drummond où il compte retourner bientôt vivre avec Francine.

— Je n'ai qu'une couple d'examens de routine à passer. Après, je rentre à la maison. Je n'ai rien à faire ici. Je me sens en pleine forme, assure-t-il en guettant la réaction de ses visiteurs dans leurs yeux. Car Jacques craint moins la mort que la compassion.

Du 16 avril au 7 juillet, son état s'aggrave lentement, comme si la mort avait choisi de s'approcher sur la pointe des pieds. Francine ne quitte son chevet que pour aller prendre une bouchée. Bien qu'il soit lucide presque tout le temps, Jacques ne fait aucune allusion à sa fin prochaine. C'est une pensée qu'il chasse de son esprit. Il se montre disert, gai, frondeur. Il tente encore de faire rire son monde. Il n'est pas pressé de s'en aller.

Un jour, en juin, afin de le préparer à l'idée que ses jours sont comptés, on lui demande ce qu'il pense de la réanimation.

— Si j'ai toute ma tête, je souhaite qu'on me réanime, réplique-t-il. Je ne crois pas à la vie éternelle, je crois à la vie tout court et je veux vivre le plus longtemps possible. Mais si je n'ai pas toute ma tête, laissez faire...

Quelques jours plus tard, il dit à Francine :

— Si je m'en sortais, mon plus grand désir, ce serait de retourner à Paris avant de mourir.

Un autre jour, un peu plus confus que d'habitude à cause des médicaments contre la douleur qu'on lui administre, il s'en prend à Francine.

— Qu'est-ce que tu attends pour m'emmener à la maison ? Si tu n'as pas ton auto, appelle un taxi pour qu'il vienne me chercher !

Son frère Camil lui rend visite le samedi qui précède sa mort. Jacques oscille entre la conscience et l'inconscience. On lui injecte à petites doses un dérivé de la morphine...

Jacques se montre un peu blagueur, un peu souriant et gentil, avant de se rendormir. Francine confie alors à Camil ce que Jacques vient de lui dire quelques minutes avant qu'il n'arrive :

— J'ai l'impression qu'il y a un mur devant moi et que j'arrive à ce mur...

— Il veut nous dire qu'il ne peut plus y échapper, qu'il ne peut plus contourner la mort, dit Francine. Jacques ne peut plus manger, ni boire. C'est sa façon à lui de nous prévenir qu'il s'éteint.

Cependant, le malade n'en conserve pas moins sa bonne humeur, la mort ne l'effraie pas, c'est évident.

Il n'y a plus aucun traitement possible, ne restent que les soins palliatifs. Jacques refuse toute nourriture. Il refuse de boire également. Alors, on lui administre un peu de soluté par intraveineuse pour l'hydrater. Mais ses veines sont si petites et se font si rares qu'il faut introduire la seringue dans son pouce.

Le dernier matin, il arrache ses tubes. Par ce geste, il vient de renoncer à la vie. Quand on connaît Jacques, on sait que cela signifie que «ça» ne passe plus. Il accepte que tombe le rideau de scène.

Vers les onze heures trente, il s'endort une dernière fois. La mort le prend sans qu'il le sache.

C'est ainsi que Francine le découvre, ce midi du 7 juillet 1998. En entrant dans la chambre, elle le trouve tout calme.

— Il était beau, tout bien coiffé... Je ne le voyais jamais sur le dos, il ne pouvait pas se coucher sur le dos. Je me suis approchée du lit et je me suis dit : « Il ne respire plus ! » Alors, j'ai couru au poste...

★ ★ ★

Quelques jours plus tard, Francine recevra cette lettre :

Chère Francine,

Il est des jours où un vent brutal souffle sur les braises des souvenirs pour raviver des images vivant au creux de nos mémoires, d'un temps proche et pourtant lointain, gravé dans nos cœurs et nos esprits qui viennent nous rappeler qu'une page de notre vie vient de se tourner, et qu'un peu de nous-même disparaît à tout jamais, on en reçoit l'annonce comme un coup de poignard.

Mais où sont nos folies d'antan, de jeunesse, de rires et de chansons à l'époque où je découvrais le Québec qui découvrait la chanson française, où Jacques et moi nous nous appelions les cousins d'outre-Atlantique, où son humour dévastateur me transportait, où fourchette et verre à la main, nous pensions être invulnérables et immortels, où nous refaisions le monde, et où Jacques se battait à sa manière pour notre langue et la culture de sa terre ?

Je ne reviendrai jamais plus au Québec sans avoir cette curieuse impression qu'il y manque quelque chose, et quelqu'un d'indispensable à mon cœur.

J'espère que le Québec a dignement honoré ce Québécois majuscule, je regrette pour ma part de ne pas avoir été prévenu plus tôt, je serais venu me fondre à la foule de ses amis et admirateurs.

Merci, Francine, d'avoir été ce que vous avez été près de lui, je vous embrasse.

Charles Aznavour

Jacques Normand repose désormais en paix, avec les artistes qui l'ont précédé, au cimetière de la Côte-des-Neiges.

POSTFACE

Chanteur, chansonnier, humoriste
animateur, pamphlétaire
« Sacré bonhomme, sacré caractère »
tour à tour charmant, caressant
grinçant, féroce, dérangeant
décapant,
c'est
Jacques Normand
l'homme est fait ainsi
comme sculpté dans le bois tendre et solide
des forêts canadiennes
à la ville, à la radio, sur scène
il a son franc parler
et bien que maîtrisant parfaitement
l'autre langue du Canada
c'est en français
qu'il décide un jour de s'adresser au public
qui jusqu'alors
n'avait droit au show business
« Oh pardon »
aux spectacles,
dans les nombreuses boîtes
de Montréal et du Québec
qu'aux seuls artistes
de langue anglaise.
Tenace, déterminé,
il lui faut peu de temps pour s'imposer
et offrir au public québécois avide,
le bonheur et la fierté
d'applaudir enfin un nombre
chaque jour croissant
de talents du cru

que Jacques découvre et présente
tant sur scène que dans ses émissions
publiques, radiophoniques, et qui battent
tous les records d'audience.
Il est l'ami de la France
et celui de tous les artistes
français qui se produisent
de plus en plus nombreux
dans la « Belle province ».
Il est sur tous les fronts
il est incontournable
il est formidable,
il sait qu'une nouvelle page vient
de s'inscrire dans le livre gelé
de sa terre natale
il fait tout ce qui est en son pouvoir
pour qu'elle s'imprime
en lettres d'or.
Les années qui suivent son apparition
lui donnent raison.
Les artistes québécois de toutes disciplines
commencent à sillonner tout d'abord
la France, l'Europe,
puis, grâce au marché américain,
le monde.
J'ai la conviction que les artistes du Québec
lui doivent beaucoup
il a été le premier à briser la glace
et faire fondre les réticences.
Le Québec peut s'enorgueillir
d'avoir enfanté ce diable d'homme.
Pour ma part je suis fier d'être
en quelque sorte son cousin
d'outre-Atlantique
Et surtout de l'avoir pour ami.

CHARLES AZNAVOUR

Ouvrages parus aux
Éditions de l'Homme

Affaires et vie pratique

* 1001 prénoms, leur origine, leur signification, Jeanne Grisé-Allard
  100 stratégies pour doubler vos ventes, Robert L. Riker
* Acheter et vendre sa maison ou son condominium, Lucille Brisebois
* Acheter une franchise, Pierre Levasseur
* Les assemblées délibérantes, Francine Girard
* La bourse, Mark C. Brown
* Le chasse-insectes dans la maison, Odile Michaud
* Le chasse-insectes pour jardins, Odile Michaud
* Le chasse-taches, Jack Cassimatis
* Choix de carrières — Après le collégial professionnel, Guy Milot
* Choix de carrières — Après le secondaire V, Guy Milot
* Choix de carrières — Après l'université, Guy Milot
  Clicking, Faith Popcorn
* Comment cultiver un jardin potager, Jean-Claude Trait
  Comment rédiger son curriculum vitæ, Julie Brazeau
  Comment voir et interpréter l'aura, Ted Andrews
* Comprendre le marketing, Pierre Levasseur
  La conduite automobile, Francine Levesque
  La couture de A à Z, Rita Simard
  Des pierres à faire rêver, Lucie Larose
* Des souhaits à la carte, Clément Fontaine
* Devenir exportateur, Pierre Levasseur
* Écrivez vos mémoires, S. Liechtele et R. Deschênes
* L'entretien de votre maison, Consumer Reports Books
* L'étiquette des affaires, Elena Jankovic
* Faire son testament, Mᶜ Gérald Poirier et Martine Nadeau
* Fleurs de villes, Benoit Prieur
* Fleurs sauvages du Québec, Estelle Lacoursière et Julie Therrien
* La généalogie, Marthe F.-Beauregard et Ève B.-Malak
* Gérer ses ressources humaines, Pierre Levasseur
  La graphologie, Claude Santoy
* Le guide Bizier et Nadeau, R. Bizier et R. Nadeau
* Le guide de l'auto 98, J. Duval et D. Duquet
* Guide des arbres et des plantes à feuillage décoratif, Benoit Prieur
* Guide des fleurs pour les jardins du Québec, Benoit Prieur
* Le guide des plantes d'intérieur, Coen Gelein
* Guide des plantes pour la maison, Benoit Prieur
* Guide des voitures anciennes, J. Gagnon et Colette Vincent
* Guide du jardinage et de l'aménagement paysager au Québec, Benoit Prieur
* Guide du potager, Benoit Prieur
* Le guide du vin 98, Michel Phaneuf
* Guide gourmand 97 — Les 100 meilleurs restaurants de Montréal, Josée Blanchette
* Guide gourmand — Les bons restaurants de Québec — Sélection 1996, D. Stanton
  Guide pratique des vins d'Italie, Jacques Orhon
* Guide Prieur saison par saison, Benoit Prieur
  L'île d'Orléans, Michel Lessard
* Les hémérocalles, Benoit Prieur
* J'aime les azalées, Josée Deschênes
* J'aime les bulbes d'été, Sylvie Regimbal
  J'aime les cactées, Claude Lamarche
* J'aime les conifères, Jacques Lafrenière
* J'aime les petits fruits rouges, Victor Berti
  J'aime les rosiers, René Pronovost

* **Plamondon — Un cœur de rockeur**, Jacques Godbout
* **Pleins feux sur les... services secrets canadiens**, Richard Cléroux
* **Pleurires**, Jean Lapointe
  Québec, ville du Patrimoine mondial, Michel Lessard
* **Les Quilico**, Ruby Mercer
  René Lévesque, portrait d'un homme seul, Claude Fournier
  Riopelle, Robert Bernier
  Sauvez votre planète!, Marjorie Lamb
* **Saveurs des campagnes du Québec**, Jacques Dorion
* **La sculpture ancienne au Québec**, John R. Porter et Jean Bélisle
  Sir Wilfrid Laurier, Laurier L. Lapierre
  La stratégie du dauphin, Dudley Lynch et Paul L. Kordis
* **Le temps des fêtes au Québec**, Raymond Montpetit
* **Trudeau le Québécois**, Michel Vastel
* **Un amour de ville**, Louis-Guy Lemieux
  Villages pittoresques du Québec, Yves Laframboise

Cuisine et nutrition

* **À la découverte des vins et des boissons artisanales du Québec**, Rudy Le Cours
  Les aliments et leurs vertus, Jean Carper
  Les aliments pour rester jeune, Jean Carper
  Les aliments qui guérissent, Jean Carper
  Le barbecue, Patrice Dard
* **Bien manger sans se serrer la ceinture**, Marie Breton
* **Biscuits et muffins**, Marg Ruttan
  Bon appétit!, Mia et Klaus
  Les bonnes soupes du monastère, Victor-Antoine d'Avila-Latourrette
  Bonne table, bon sens, Anne Lindsay
  Bonne table et bon cœur, Anne Lindsay
* **Bons gras, mauvais gras**, Louise Lambert-Lagacé et Michelle Laflamme
  Le boulanger électrique, Marie-Paul Marchand
* **Le cochon à son meilleur**, Philippe Mollé
* **Cocktails de fruits non alcoolisés**, Lorraine Whiteside
  Combler ses besoins en calcium, Denyse Hunter
  Comment nourrir son enfant, Louise Lambert-Lagacé
  La congélation de A à Z, Joan Hood
  Les conserves, Sœur Berthe
* **Crème glacée et sorbets**, Yves Lebuis et Gilbert Pauzé
  Cuisine amérindienne, Françoise Kayler et André Michel
  La cuisine au wok, Charmaine Solomon
* **La cuisine chinoise traditionnelle**, Jean Chen
  La cuisine des champs, Anne Gardon
  La cuisine, naturellement, Anne Gardon
* **Cuisiner avec le four à convection**, Jehane Benoit
  Cuisine traditionnelle des régions du Québec, Institut de tourisme et d'hôtellerie du Québec
  Le défi alimentaire de la femme, Louise Lambert-Lagacé
* **Délices en conserve**, Anne Gardon
  Des insectes à croquer, Insectarium de Montréal et Jean-Louis Thémis
* **Les desserts sans sucre**, Jennifer Eloff
  Devenir végétarien, V. Melina, V. Harrison et B. C. Davis
* **Du moût ou du raisin? Faites vous-même votre vin**, Claudio Bartolozzi
* **Faire son pain soi-même**, Janice Murray Gill
* **Faire son vin soi-même**, André Beaucage
* **Le guide des accords vins et mets**, Jacques Orhon
  Harmonisez vins et mets, Jacques Orhon
  Le juste milieu dans votre assiette, Dr B. Sears et B. Lawren
* **Le livre du café**, Julien Letellier
  Mangez mieux, vivez mieux!, Bruno Comby
* **Menus et recettes du défi alimentaire de la femme**, Louise Lambert-Lagacé
* **Les muffins**, Angela Clubb
* **La nouvelle boîte à lunch**, Louise Desaulniers et Louise Lambert-Lagacé
  La nouvelle cuisine micro-ondes, Marie-Paul Marchand et Nicole Grenier
  La nouvelle cuisine micro-ondes II, Marie-Paul Marchand et Nicole Grenier

Psychologie, vie affective, vie professionnelle, sexualité

Santé, beauté

Alzheimer — Le long crépuscule, Donna Cohen et Carl Eisdorfer
L'arthrite, Dr Michael Reed Gach
Bien vivre, mieux vieillir, Marie-Paule Dessaint
Bon vin, bon cœur, bonne santé!, Frank Jones
Le cancer du sein, Dr Carol Fabian et Andrea Warren
* **Comment arrêter de fumer pour de bon,** Kieron O'Connor, Robert Langlois et
      Yves Lamontagne
Cures miracles, Jean Carper
De belles jambes à tout âge, Dr Guylaine Lanctôt
* **Dites-moi, docteur...,** Dr Raymond Thibodeau
Dormez comme un enfant, John Selby
Dos fort bon dos, David Imrie et Lu Barbuto
Dr Dalet, j'ai mal, que faire?, Dr Roger Dalet
* **Être belle pour la vie,** Bronwen Meredith
La faim de vivre, Geneen Roth
Guide critique des médicaments de l'âme, D. Cohen et S. Cailloux-Cohen
L'hystérectomie, Suzanne Alix
L'impuissance, Dr Pierre Alarie et Dr Richard Villeneuve
Initiation au shiatsu, Yuki Rioux
* **Maigrir: la fin de l'obsession,** Susie Orbach
Maladies imaginaires, maladies réelles?, Carla Cantor et Dr Brian A. Fallon
* **Le manuel Johnson & Johnson des premiers soins,** Dr Stephen Rosenberg
* **Les maux de tête chroniques,** Antonia Van Der Meer
Maux de tête et migraines, Dr Jacques P. Meloche et J. Dorion
La médecine des dauphins, Amanda Cochrane et Karena Callen
Mince alors... finis les régimes!, Debra Waterhouse
Perdez du poids... pas le sourire, Dr Senninger
Perdre son ventre en 30 jours, Nancy Burstein
La pharmacie verte, Anny Schneider
Pourquoi les femmes vivent-elles plus longtemps que les hommes?, Royda Crose
* **Principe de la technique respiratoire,** Julie Lefrançois
* **Programme XBX de l'aviation royale du Canada,** Collectif
Qi Gong, L.V. Carnie
Renforcez votre immunité, Bruno Comby
Le rhume des foins, Roger Newman Turner
Ronfleurs, réveillez-vous!, Jocelyne Delage et Jacques Piché
La santé après 50 ans, Muriel R. Gillick
Santé et bien-être par l'aquaforme, Nancy Leclerc
Savoir relaxer — Pour combattre le stress, Dr Edmund Jacobson
* **Soignez vos pieds,** Dr Glenn Copeland et Stan Solomon
Le supermassage minute, Gordon Inkeles
Vaincre les ennemis du sommeil, Charles M. Morin
Vaincre l'hypoglycémie, O. Bouchard et M. Thériault
Vivre avec l'alcool, Louise Nadeau

le jour,
éditeur

Ouvrages parus au Jour

Affaires, loisirs, vie pratique

* **L'affrontement,** Henri Lamoureux
* **Les bains flottants,** Michael Hutchison
* **Conte pour buveurs attardés,** Michel Tremblay
* **La France à la québécoise,** André Bergeron et Émile Roberge
* **Le guide du répondeur bien branché,** Robert Blondin et Lucie Dumoulin
* **J'avais oublié que l'amour fût si beau,** Évette Doré-Joyal
* **Jean-Paul ou les hasards de la vie,** Marcel Bellier
* **Oslovik fait la bombe,** Oslovik
* **Questions réponses sur vos droits et recours,** François Huot

Animaux

Attirer les oiseaux, les loger, les nourrir, André Dion
Le beagle, Dr Joël Dehasse
Le berger allemand, Dr Joël Dehasse
Le berger belge, Dr Joël Dehasse
Le bichon maltais, Dr Joël Dehasse
Le bobtail, Dr Joël Dehasse
Le boxer, Dr Joël Dehasse
Le braque allemand, Dr Joël Dehasse
Le braque de Weimar, Dr Joël Dehasse
Le caniche, Dr Joël Dehasse
Le chat de gouttière, Nadège Devaux
Le chat himalayen, Nadège Devaux
Chats hors du commun, Dr Joël Dehasse
Chiens hors du commun, Dr Joël Dehasse
Le chow-chow, Dr Joël Dehasse
Le cochon d'Inde, Michèle Pilotte
Le cocker américain, Dr Joël Dehasse
Le colley, Dr Joël Dehasse
Le dalmatien, Dr Joël Dehasse
Le doberman, Dr Joël Dehasse
Le dogue allemand (le danois), Dr Joël Dehasse
L'épagneul breton, Dr Joël Dehasse
Le fox-terrier à poil dur, Dr Joël Dehasse
Le golden retriever, Dr Joël Dehasse
Le husky, Dr Joël Dehasse
Les inséparables, Michèle Pilotte
Le Jack Russell terrier, Dr Joël Dehasse
Le labrador, Dr Joël Dehasse
Le lhassa apso, Dr Joël Dehasse
Le persan chinchilla, Nadège Devaux
Les persans, Nadège Devaux
Le rottweiler, Dr Joël Dehasse
Secrets d'oiseaux, Pierre Gingras
Le serin (canari), Michèle Pilotte
Le shar-peï, Dr Joël Dehasse
Le sheltie, Dr Joël Dehasse
Le shih-tzu, Dr Joël Dehasse
Le siamois, Nadège Devaux
Le teckel, Dr Joël Dehasse
Le westie, Dr Joël Dehasse
Le yorkshire, Dr Joël Dehasse

Peter Pan grandit, Dʳ Dan Kiley
Le pouvoir créateur de la colère, Harriet Goldhor Lerner
Le pouvoir de la motivation intérieure, Shad Helmstetter
La puissance de la pensée positive, Norman Vincent Peale
Prier pour lâcher prise, Guy Finley
La puissance de votre subconscient, Dʳ Joseph Murphy
★ **Quand l'amour ne va plus,** Ann Jones et Susan Schechter
Quand on peut on veut, Lynne Bernfield
Questions réponses sur le plaisir sexuel de la femme, D. Brouillette et M. C. Courchesne
★ **La rage au cœur,** Martine Langelier
Rebelles, de mère en fille, Linda Schierse Leonard
Réfléchissez et devenez riche, Napoleon Hill
Retrouver l'enfant en soi, John Bradshaw
S'affirmer — Savoir prendre sa place, R. E. Alberti et M. L. Emmons
S'affranchir de la honte, John Bradshaw
S'aimer ou le défi des relations humaines, Leo Buscaglia
S'aimer sans se fuir, Roy F. Baumeister
Savoir quand quitter, Jack Barranger
Les secrets de la communication, Richard Bandler et John Grinder
Se faire obéir des enfants sans frapper et sans crier, B. Unell et J. Wyckoff
Seuls ensemble, Dan Kiley
La sexualité des jeunes, Dʳ Guy Falardeau
Le succès par la pensée constructive, Napoleon Hill
La survie du couple, John Wright
Tous les chemins mènent à soi, Laurie Beth Jones
Triomphez de vous-même et des autres, Dʳ Joseph Murphy
★ **Un homme au dessert,** Sonya Friedman
★ **Uniques au monde!,** Jeanette Biondi
Vaincre l'ennemi en soi, Guy Finley
Vivre à deux aujourd'hui, Collectif sous la direction de Roger Tessier
Vivre avec passion, David Gershon et Gail Straub
Les voies de l'émerveillement, Guy Finley
Votre corps vous parle, écoutez-le!, Henry G. Tietze
Vouloir vivre, Andrée Gauvin et Roger Régnier
★ **Vous êtes doué et vous ne le savez pas,** Barbara Sher
Vous êtes vraiment trop bonne..., Claudia Bepko et Jo-Ann Krestan

---

★ Pour l'Amérique du Nord seulement.

(98/06)

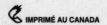